KB181611

나는 김태홍입니다

나는 김태홍입니다

어느 재일 한국인의 옥중 생활기

1판1쇄 | 2022년 7월 11일

지은이 | 김태홍
정리 | 박수정

펴낸이 | 안중철, 정민용
책임편집 | 윤상훈
편집 | 심정용, 이진실, 최미정

펴낸곳 | 후마니타스(주)
등록 | 2002년 2월 19일 제2002-000481호
주소 | 서울 마포구 신촌로14안길 17, 2층 (04057)
전화 | 편집_02.739.9929/9930 영업_02.722.9960 팩스_0505.333.9960

블로그 | blog.naver.com/humabook
트위터, 페이스북, 인스타그램 | @humanitasbook
이메일 | humanitasbooks@gmail.com

인쇄 | 천일문화사_031.955.8083 제본 | 일진제책사_031.908.1407

값 19,000원

ISBN 978-89-6437-415-3 04300
      978-89-90106-16-2 (세트)

우리시대의
논리
28

김태홍 지음 / 박수정 정리

나는 김태홍입니다

어느 재일 한국인의 옥중 생활기

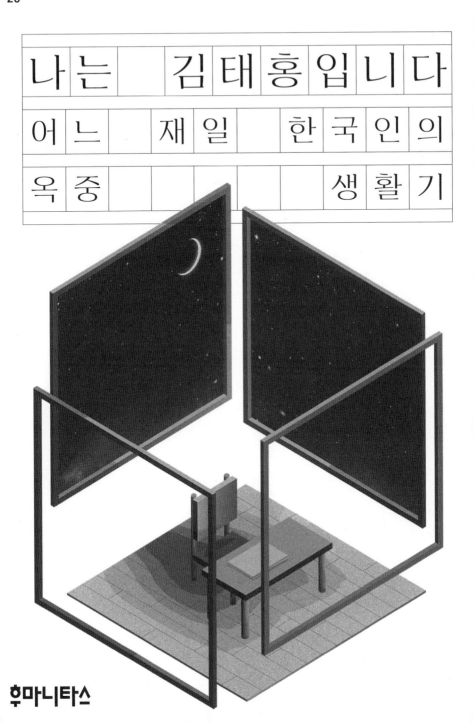

후마니타스

일러두기

1. 단행본·정기간행물에는 겹낫표(『 』)를, 시·기사·논문·보고서 등에는 홑낫표(「 」)를, 법률,
   방송 프로그램, 온라인 매체, 그림·노래·영화 등 작품명에는 홑화살괄호(〈 〉)를 사용했다.
2. 본문에 언급되는 양심수와 일반수, 수사관과 검사 등은 되도록 실명으로 적되 그중 일부 및
   교도관의 이름은 익명으로 처리했다.
3. 외국 고유명사의 우리말 표기는 국립국어원의 외래어표기법을 따랐다.

차례

고난의 36년과 어머니의 원한

이와부치 노리요시

/ 전 고등학교 교사, 고베 구원회 대표

"선생님, 우리 태홍이는 언제 돌아오나요? 내가 살아 있을 때 돌아올 수 있을까요?"

태홍의 어머니 심복수 님을 만날 때마다 이런 말을 들었다. 아니, 추궁을 당했다. 어떻게 할 수도 없으면서 나는 그때마다 "걱정 마세요. 곧 돌아오니까"라든지 "어머니가 살아 계신 동안에는 꼭 돌아올 수 있어요"라고, 아무 위로도 안 될 말을 앵무새처럼 되풀이했다. 오로지 아들이 집으로 돌아오기만을 기다리다 세상을 떠난 어머니. 나는 어머니의 원한을 표현할 말을 아직도 찾지 못했다. 아들이 체포되기 1년 전에 돌아가신 아버지 김필도 님은 어머니처럼 고뇌에 찬 나날을 보내지 않아도 돼 차라리 다행이라고 생각했다.

김태홍은 1973년 4월, 당시 내가 근무하던 야간학교 히가시고베고등학교에 입학했고, 나는 그의 담임이 되었다. 태홍은 민족의식이 높은 아버지 뜻에 따라 일본식 이름인 통명을 쓰지 않고 한국식 이름인 본명을 썼다. 히가시고베고등학교 재학 중에 재일 한국인이라는 이유로 취직 문제에서 차별받는 등 태홍의 고

난은 이때 벌써 시작되었다.

이듬해 태홍은 다시 시험을 쳐서 주간 고교인 아카스카야마 고등학교에 입학했다. 졸업하고서는 조국으로 유학을 떠나, 서울 연세대학교 학생이 되었다. 1981년 9월 9일, 4학년 2학기가 시작되고 얼마 지나지 않은 그날, 국군 보안사령부(보안사)는 그를 간첩으로 몰아 불법 체포·구금해서는 가혹한 고문으로 거짓 자백을 강요했다. 형식적인 공판이 다섯 차례 진행되는 동안 검찰은 그에게 사형을 구형했고, 1983년 법원은 무기징역을 확정했다.

태홍을 담당한 태윤기 변호사를 통해 두꺼운 기소장을 입수했다. 지인에게 번역을 부탁해 자세히 읽어 보았다. 기소 내용이 너무도 허술해 깜짝 놀랐다. 이북 공작원의 지시에 따라 고속도로가 몇 차선인지, 학생들 분위기가 어떠한지 탐지하고 수집했다는데, 일상생활에서 누구라도 쉽게 알 만한 내용이 국가 기밀로 둔갑했다.

어쩌면 정의감이 강한 태홍이 학생들 선두에 서서 반정부 활동을 했을지도 모른다는 생각에 불안했지만, 기소장을 읽고서 나는 무죄를 확신했다. 곧 그가 조기 석방되도록 아카스카야마고등학교의 교원과 동창생이 중심이 되어 '김태홍을 구원하는 모임'을 만들었다.

태홍이 체포된 그해 얼마 안 있어 고베 세이료고등학교 출신인 이헌치가, 그리고 두 해 뒤인 1983년에 효고고등학교 출신인 서성수가 연달아 간첩 혐의로 체포되어, 그들을 아는 사람들 사이에 큰 충격이 일어났다. 처음에는 세 사람을 후원하는 구원회를 각각 만들어 활동했는데, 이후 서로 알게 되면서 '재일 한국인 정치범을 구원하는 고베 시민의 모임'을 만들어 함께했다.

우리는 무엇을 어떻게 하면 좋을지도 모르는 채로 거리 선전과 집회를 하고, 고베시청 북쪽 꽃밭에 설치된 시계 앞에서 단식투쟁을 하고, 모금 활동을 병행하기도 했다. 그리고 일본 법무부와 교섭하거나 한국에서 양심수 석방을 위해 활동하는 가족 단체인 민주화실천가족운동협의회(민가협)를 비롯한 여러 단체와 연대해 공동 투쟁도 벌여 나갔다. 일본 땅에서 아무리 조기 석방을 외쳐도 한국에서 군사정권이 계속되는 한 절망적이라고 생각하면서도 우리가 할 수 있는 일은 정력적으로 해나갔다.

한편 석방까지는 몇 년이 걸릴지 모르니 옥중에 있는 태홍과 아들의 석방을 간절히 기다리는 어머니를 정신적으로 지원하는 일을 가장 중요하게 생각하고 구원 활동을 이어갔다. 어머니를 모시고 광주교도소로 태홍을 면회하러 간 게 마치 어제 일처럼 기억에 선명하다. 어머니에게 광주 가는 길은 상당히 멀었다. 어머니는 다리가 불편해 에스컬레이터를 무서워했다. 그래서 손을 잡고 한 걸음 한 걸음 지하철 계단을 오르거나 내려가야 했다.

아들을 보고 싶다는 일심으로 천천히 걸어서 드디어 광주교도소에 도착했다. 하지만 접수처 담당자는 '친족 이외에는 면회를 허가하지 않는다'는 규칙을 내세워 내 면회를 허가하지 않았다. 그러자 늘 얌전하던 어머니가 사납게 따졌다.

"일부러 선생님이 일본에서 왔는데 왜 만나지 못하게 하느냐? 내 아들이 무슨 나쁜 짓을 했느냐?"

어머니의 한국어는 잘 통하지 않았지만, 어머니의 고함에 교도관들이 밀려 나도 같이 면회하게 되었다. 어머니는 면회에 입회한 교무과장에게도 따졌다.

"내 아들은 아무 나쁜 짓을 하지 않았어. 대체 우리 아들을 언제 내주나?"

난처해진 과장은 종이에 한자로 '남북 분단 비극'이라고 써서는 내게 도움을 요청했다.

시간이 있을 때마다 가수가노미치역 부근, 태홍의 어머니 댁에 들러 어머니의 추억을 듣는 일이 내 중요한 '활동'이 되었다. 마침 내가 가까운 곳에 살아 어느 시기에는 날마다 방문하기도 했다. 차츰 움직이지 못하고 누워 있게 된 어머니를 찾아가 그 고뇌를 들어주는 게 내가 할 수 있는 유일한 일이었다.

태홍이 석방되기까지 장장 15년이 걸렸다. 15년의 세월은 너무나도 길다. 인생에서 가장 기쁨이 넘치는 청춘을 옥중에서 지내야 했던 괴로운 시간이었다고 생각한다. 다만 태홍은 바깥에서 예상한 것과 달리 정신적으로도 육체적으로도 튼튼해 면회하러 가면 도리어 우리가 격려받았다. 가혹한 고문이나 긴 옥중 생활로 마음도 몸도 망가진 많은 정치범·양심수를 생각하면 다행한 일이었다.

15년 옥중 생활 이후, 태홍은 고베시 나가타의 구두 공장 등에서 일하며 조용히 살아왔다. 체포된 지 36년 세월이 흐른 2017년, 드디어 재심에서 무죄를 쟁취해 참말로 감동적이었다. 어머니가 살아 계신다면 얼마나 기뻐하셨을지……. 앞으로 태홍의 새로운 인생이 시작된다. 잃어버린 시간이 너무나도 길지만, 남은 시간을 소중하게 살고 잃은 것을 되찾으면서 더 좋은 삶을 보내기를 간절히 바란다.

구원 활동을 하며 많은 사람을 만났는데, 이는 태홍의 덕분이다. 우선 태홍의 변호를 맡은 고 태윤기 변호사와 민가협의 고 조만조* 어머님은 방한할 때마다 꼭 만났으며 여러 도움을 받았다. 두 분의 다정한 인품이 지금도 추억으로 남아 있다.

태홍의 석방을 부탁하려고 서울시 마포구 동교동에 있던 고 김대중 대통령 댁을 방문한 일도 있었다. 당시 김대중 씨가 구속되어 부인인 고 이희호 씨가 맞아 주었다. 고뇌를 마음속에 숨기고 삼가던 그분의 표정과 교회에서 조용히, 오로지 기도하던 모습을 잊어버릴 수 없다.

또 구원 활동을 통해 한국의 교직원노동조합과 교류하게 되어 다행이었다. 투옥되고 해직당하면서도 불굴의 정신으로 민주화 운동을 추진해 온 평생의 친구 전 전교조 전라남도 지부장 고 진형(전 전라남도 교육위원회 의장)을 비롯한 전교조 교원들과 만나게 된 것도 태홍 덕분이다.

사다마츠 도루, 무라이 마사키요, 혼다 요시노부, 오카우치 요시에, 차미옥, 구조 나오코, 고 구로이시 아키라 등 헤아릴 수 없이 많은 사람과 만나 태홍의 구원 활동을 함께 추진한 것은 내 삶에서 귀중한 경험이었다. 그때마다 만난 사람들의 표정과 말, 동작이 귀중한 추억으로 아로새겨졌다.

김태홍이 글로 기록한, 체포에서 석방까지 15년 옥중 생활이

---

* 전 민가협 공동 대표, 양심수후원회 부회장 역임. 2005년 10월 3일 별세. 딸 민향숙은 간첩 방조죄로 3년 6개월 옥고를, 사위 이철은 재일 동포 간첩단 사건으로 13년 옥고를 치렀다.

이번에 책으로 나오게 되었다. 아무리 군사정권 시대라 하더라
도 순수하게 조국을 사랑하던 청년을, 자신의 정체성을 찾고자
조국에 와서 배우던 청년의 인생을 빼앗은 것은 용납할 수 없다.
이 책은 민주화와 인권을 헤아리는 데 귀중한 기록이다.

우리 앞에 온 그의 과거와 현재, 미래에
위로와 경의를 보내며

조영선

/ 변호사, 전 국가인권위원회 사무총장

사람이 온다는 건
실은 어마어마한 일이다.
그는
그의 과거와
현재와
그리고
그의 미래와 함께 오기 때문이다.
한 사람의 일생이 오기 때문이다. ……◈

2011년 3월 11일, 일본 후쿠시마 원자력발전소가 대규모 지
진과 해일에 무너진 날. 일본 오사카에 도착했을 때 '양심수 동
우회' 분들을 비롯해 재일 동포들은, 그 어마어마한 일이 터지는

◈ 정현종,「방문객」,『광휘의 속삭임』, 문학과지성사, 2008, 55쪽.

중인데도 태연자약하게 오사카로 온 한국 변호사와 활동가 들을 환영했다. 재일 동포 간첩 조작 사건 피해자들과 함께하는 3박 4일간 만남이 그렇게 시작되었다. 그를 처음 만난 건 이때에서 몇 달이 지난 그해 여름이었다.

'간첩' 하면 예전 텔레비전 드라마 〈113 수사본부〉에서 본 모습이 떠오른다. 뭔가 분위기가 음습하고, 이불을 뒤집어쓰고 라디오에서 흘러나오는 암호 숫자를 받아쓰고, 무인 포스트에서 이상한 물건을 꺼내며 두리번거리는 사람……. 내가 상상하는 간첩은 그런 모습이었다.

그런데 막상 맞닥뜨린 그는 초라하리만치 참 자그마한 체구였다. 부서지기 쉬운, 그래서 부서지기도 했을 그의 마음이 작은 체구에 담겨 울려왔다. 어눌한 한국말이었지만, 차분하고 담담하게 과거를 밝히는 무척 꼼꼼한 '간첩'이었다. 그렇게 나는 그의 과거와 현재와 만났다.

김태홍.

그는 1981년 9월 9일 체포 당시 스물다섯 살 꿈 많은 재일 동포 청년이었다. 조국에 와서 민족과 문화를 알고 싶었고, 공부하고픈 열정을 가진 청춘이었다. 오로지 북에 대한 호기심과 북으로 떠난 작은형에 대한 그리움으로 북에 한 번 다녀온 게 전부였다. 불행히도 그는 형을 만나지 못했다. 일본에서 나고 자란 스물다섯 살의 김태홍에게는 이적 목적이나 잠입, 탈출, 지령은 그 의미조차 알지 못하는 낯선 외국어에 불과했다.

그러나 그가 그토록 그리워한 조국은 그를 간첩으로 만들었다. 불법 체포하고 구금한 뒤 잠을 안 재우는 등 온갖 고문을 했다. 그는 체포된 1981년 9월 9일부터 가석방된 1996년 8월 15일까지 약 15년에 걸쳐, 5455일 동안 조국의 교도소에 갇혀 조그만 창으로 조국 하늘을 바라봐야 하는 비운의 청춘이 되었다.

이 책은 김태홍이 5455일간 서울구치소와 광주·대구·대전 교도소 등에서 생활한 내용을 담담하게 그려 낸 '감옥 일기'다. 무서울 정도로 침착하게, 한 올의 기억도 잃지 않으려는 그의 꼼꼼함이 빛난다. 절망적인 상황에서도 희망을 노래할 수 있음을 말하고, 억울과 분노, 증오를 넘어서는 극복의 경지를 보여 준다. 가석방되리라 기대하고 짐을 싸놓았다가 헛물만 켜고 낙심한 날도 있고, 교도소의 불합리에 저항해 단식투쟁으로 맞서 끝내 승리하는 통쾌한 일도 있다. 양심수들의 이야기와 함께, 갇힌 인생들의 다양한 고뇌와 삶의 방식을 보면, 제한된 공간 또한 세상 밖과 다르지 않음을 보여 준다. 물론 '갇힘'에서 벗어나려는 몸부림을 보자면, 감옥은 감옥이다.

재일 동포 간첩 조작 사건 피해자 김태홍의 5455일, 깨어진 아스팔트 사이로 피어난 꽃처럼 질긴 그의 여정이 책에서 펼쳐진다. 우리 앞에 그의 과거와 현재, 미래가 함께 왔다. 지난하고 모진 세월을 참고 견뎌 온 김태홍 선생에게 진심으로, 마음을 담아 위로와 경의를 표한다.

1981년 9월 9일 보안사 요원들에게 납치된 나는 35일간 불법 구금되었다. 그 뒤 서울구치소, 광주교도소, 대구교도소, 대전교도소에서 15년을 갇혀 지냈고, 1996년 8월 15일에 석방되었다. 스물다섯 살이던 내가 마흔이 되어 감옥 밖으로 나왔다.

일본에 살면서는 유치장 근처에도 가본 적이 없었건만, 모국에 온 지 5년 만에 간첩죄, 〈국가보안법〉 위반, 〈반공법〉 위반이라는 어마어마한 죄명을 뒤집어썼다. 단지 모국과 모국어를 알고 싶다는 일념으로 고등학교를 졸업하자마자 한국에 와서 공부한 게 다였다. 사형 구형에 무기형을 선고받고서, 나 자신이 정말 그렇게 엄청난 죄를 지었는지 곰곰이 생각해 보았다. 아무리 따져 봐도 내가 죄를 지었다고 판단할 수 없었다.

나를 비롯해 간첩으로 조작당한 사람들이 경험한 바로 말한다면, 간첩은 따로 있는 게 아니다. 한국에서는 정보·수사기관에 재수 없이 걸리면 아무나 간첩이 된다. 수사관이 '너는 간첩이다'라고 말하는 순간 간첩이 된다. 간첩이 뭔지 몰라도, 간첩 행위를 한 게 없어도, 수사관에게서 간첩 혐의를 받는 것만으로도 간첩이 된다. 일상생활에서 누구나 알 만한 내용을 국가 기밀이라고 한다면, 누구라도 간첩으로 만들 수 있다. 이렇게 필요에 따라 간첩을 만들어 내니, 간첩이란 어떤 것인지 알 수 없다.

재일 교포 간첩단 사건은, 현실성도 타당성도 없는 선전용 영화에 지나지 않는다. 일본에서는 아무것도 아닐 일상적인 일을 극대화하고 왜곡해 마치 대단한 일처럼 꾸며서 만든 선전 영화, 즉 정권 안보를 위해 수사기관이 상부 지시에 따라 조작하기 쉬운 재일 교포를 잡아서 꾸며 낸 일대 사기극이다.

사람은, 끊임없이 폭행과 협박을 받으면 견디지 못하고 굴복하게 된다. 육체적·정신적 고통을 계속 받으면 자포자기하게 되어 모든 의욕을 잃어버린다. 악랄한 고문 기술자들은 사람을 극한 상태로 몰아 교묘하게 사건을 꾸며 냈다. 사람이 사람을 학대한다니 얼마나 슬픈 현실인가. 도대체 어쩌다 이런 참담한 사회가 되었을까. 이제는 이런 슬픈 세상, 이런 가혹한 세상이 되어서는 안 된다. 기본권이 보장된 세상, 사람이 사람답게 사는 세상이 되어야 한다.

감옥은 현실 사회의 모순이 여실히 드러나는 곳이다. 한 사회의 문제점이 집약된 공간이 바로 감옥이다. 감옥을 들여다보면 사회의 실상을 잘 알 수 있다. 고문, 조작 간첩, 북한 파견 첩보원, 유격대, 비전향 장기수, 통일혁명당, 남민전, 오송회, 재일 교포, 양심수……. 분단 사회라서 생기는, 분단 사회라서 조작이 가능한 사건들로 무수한 사람이 죄를 뒤집어쓰고 감옥에서 살아야 했다. 한편으로 일반수로서는, 빈부 격차가 심한 한국 사회에서 가장 배고프고 힘없는 사람들이 감옥에서 고통스러운 시간을 보냈다. 그래서 역설적이게도, 내가 감옥에서 지낸 15년은 한국 사회를 이해하는 시간이기도 했다. 이 책을 통해 그 많은 사람이 왜 감옥에 들어가게 되었는지, 어떻게 감옥살이했는지, 당시 한국 사회의 속살은 어떠했는지 알 수 있을 것이다.

15년 동안 잊지 않고 끊임없이 기억하려 했던 이야기를 석방 이듬해인 1997년부터 2년간 기록했다. 옥중에서는 기록을 남길 수 없었다. 그래서 이 책의 내용은 거의 모두 내 기억에 따른 기록이다. 몰래 기록해 보관하는 방법도 있겠지만, 발각되면 몰수당해 위험이 컸다. 1987년 6월 민주화 투쟁 이후 감옥 안에서도 집필이 허가되었지만, 검열받아야 했기에 나는 기록하지 않고 기억했다. 감옥에 갇힌 내게는, 기록보다는 기억이 무난했다. 옥중에서 보고 듣고 겪은 일을 언젠가는 책으로 쓰려고 중요한 내용은 잊지 않으려 노력했다.

갇힌 공간이었지만, 그 안에서 나와 다른 사람들을 만나 그들이 각자 어떤 삶의 길을 걸어왔는지 가능한 대로 기회를 만들어 이야기를 듣고 기억하려 애썼다. 어떤 일을 잘 기억하는 방법 중하나는, 그 일을 몇 번이고 거듭 생각하는 것이다. 운동 시간에 운동장을 달릴 때나 방에서 요가 운동을 할 때 늘 중요한 일을 생각해 내려고 애썼다.

세상으로 돌아온 지 26년이 지났다. 그사이에 나는, 보통은 20대에 시작하는 직장 생활을 마흔에서야 시작해야 했다. 내 나이대 다른 사람들이라면 어느 정도 생활이 안정될 무렵 나는 생활 기반을 마련하려 분주히 노력해야 했다. 그사이에 나는, 내가 한 번도 인정하지 않은 내 죄가 무죄임을 밝히려고 재심을 신청했고, 2017년에야 무죄판결을 받아 냈다. 그래서 15년 동안 기억했던 이야기, 그것을 기록해 놓고 다시 20여 년을 묵힌 이야기를 이제야 꺼내 놓는다.

프롤로그
모국으로

일본 학교에 다닌 교포 학생들은
대부분 우리말을 할 줄 몰랐다.
나도 고등학생이 될 때까지는 우리말을 몰랐다.
하지만 내가 누구인지는 분명히 알았다.

가족

아버지는 경상남도 양산의 농가에서 태어났다. 여섯 살부터 스무 살이 조금 넘을 때까지 서당에서 한문과 동양의학을 공부했다. 어머니는 경상남도 울산의 지주 집안에서 태어나 비교적 유복하게 자랐다. 한자는 몰랐으나 편지를 쓸 만큼 한글을 익혔다. 여성이 글을 배울 기회가 많지 않던 시절이었다.

두 분은 결혼해 큰형을 낳고서 일본으로 건너갔다. 제2차 세계대전이 일어나기 전이었다. 처음에는 홋카이도에서 살았고, 동북 지방과 나고야로 여러 번 이사하면서 점차 남쪽으로 내려왔다. 나고야에서 살 때 전쟁이 끝났다. 부모님은 고베에 정착했고, 나는 그곳에서 6남 1녀 중 막내로 태어났다.

1957년, 갓 태어났을 때 내 몸무게는 약 680그램이었다. 열 달에 훨씬 못 미쳐 세상 밖으로 나왔다. 다른 아기처럼 숨을 쉬며 울어야 하는데 울지도 않았다. 의사는 어머니에게 아기가 인큐베이터에 들어가도 살 가망성이 없다며 포기하라고 했다. 그런데 분명 죽는다던 내가 아무 치료도 받지 않았는데 죽지 않고 살아났다. 그 뒤 알레르기성 비염에 걸려 코가 자주 막히는 것 말고는 비교적 건강하게 자랐다.

아버지는 일본에 와서도 계속 한문으로 된 동양의학 서적을 연구했다. 자주 한약을 만들었고, 몸이 안 좋은 사람에게 가끔 침을 놓아 주었다. 나는 아버지에게 동양의학에 관한 이야기를 들으며 자랐다. 그러다 보니 어려서부터 의학에 관심을 두었고 건강을 조심했다. 이런 관심이 나중에 감옥에서 생긴 만성병을 스스로 치료하는 데 도움이 되었다.

일본의 조선인 차별 정책 탓에 취직이 제대로 안 된 아버지는 장사를 할 수밖에 없었다. 밀주 막걸리를 만들어 팔기도 하고, 전기 제품 등을 분해하는 고물상 하청업을 하기도 했다. 부모님은 어려운 생활 속에서도 7남매를 학교에 보내고 학비를 다 마련해 주었다.

큰형은 고등학교를 졸업하고 조총련(재일본조선인총연합회) 일꾼으로 일했다. 몇 년 뒤에는 조총련 효고현 가와니시 지부 조직부장을 맡았다. 조총련 일꾼은 봉급이 아주 형편없어 생활이 어려웠다. 나중에는 조총련에서 비상근으로 일하면서 고물상을 함께했다.

둘째 형은 대학교에 재학하던 1960년대 초, 귀국선 '만경봉호'를 타고 북한으로 갔다. 그 당시 재일 교포들의 생활은 아주 어려웠다. 가난한 생활에서 벗어나려고 많은 재일 교포가 북한으로 갔다.

셋째 형은 야간 고등학교를 다니며 구두 도매상 종업원으로 일하다, 20대 중반 구두 도매상을 직접 경영했다. 1970년대에 장사가 어느 정도 궤도에 오르면서 아버지에게 생활비를 보태 주어 집안 살림살이가 좀 나아졌다. 형이 독립할 때 아버지가 자금을 마련해 준 데 대한 보답이었다.

넷째 형은 일본 국립대학교 농과대학 육종학과를 졸업했지만, 일본 기업에 취직하지 못하고 셋째 형 가게에서 오랫동안 함께 일했다. 일본 사람이라면 국립대학교를 졸업한 뒤 당연히 좋은 기업에 취직했지만, 교포는 한국인이라는 이유로 거의 그러지 못했다.

누나는 고등학교를 졸업하고 나서 주고베 한국 영사관에서 아르바이트로 일한 적이 있었다. 한국말을 몰랐지만, 그래도 할 만한 일이 있었다. 영사관 일 말고도 이런저런 아르바이트를 했는데 회사의 정사원으로 일한 적은 없었다. 그렇게 몇 년 동안 지내다가 재일 교포 남성과 결혼해 아들 둘을 낳았다. 자형은 아주 좋은 사람으로, 내가 출소한 뒤에도 나에게 잘해 주었다.

다섯째 형은 고등학교를 중퇴하고 구두 관련 회사를 이리저리 옮겨 다녔다. 한때 구두 도매상을 경영하다 부도를 막지 못해 어려움도 겪었지만, 나중에 구두 소매 가게를 운영했다.

아버지는 민족의식이 강한 분이어서 일제강점기에 일본식 이름인 통명을 강제로 쓰게 할 때를 빼고는 쭉 본명인 한국 이름을 썼고, 우리 7남매 또한 일본 학교에 다니는 내내 본명을 썼다. 일본식 이름을 따로 짓지도 않았다.

해방되면서 형식적으로는 통명 쓰기가 해제되었다지만, 재일 교포들은 일본식 이름을 계속 썼고, 자녀에게도 여전히 일본식 이름을 지어 주었다. 이는 민족 차별이 심한 일본 사회를 사는 데 필요한 방어 수단 가운데 하나였다.

본명으로 일본 학교에 다니니 누구든 내가 한국인임을 단박에 알았다. 내가 한국 사람이라는 걸 알고는 어색하게 대하는 일본 학생도 있었다. 자연스레 나는 어려서부터 '차별'을 알게 되었고, 이런 태도와 분위기가 영 못마땅했다.

부모님은 우리에게 본명을 쓰게 했지만, 우리말을 가르치지는 않았다. 두 분은 우리말로 이야기하면서도 우리에게는 일본어를 썼다. 민족 차별이 심한 일본 사회에서 일본 학교에 다니는 자녀들이 언어 문제로 더 피해를 볼까 염려했던 듯하다.

그래서 나는 한국말을 거의 몰랐다. 아버지의 영향으로 민족의식이 싹텄던 나는 고등학교 시절부터 모국어를 공부했다. 우리말을 본격적으로 배우고자 모국의 대학에 가기로 마음먹었다. 1977년 3월 고등학교를 졸업하고, 한국 문교부에서 선발한 장학생으로 5년간 모국 유학길에 올랐다.

학창 시절

재일 교포 학생들은 민족학교보다는 일본 학교에 많이 다녔다. 요새는 과외 시간에 우리말을 가르치는 학교도 있지만, 내가 학교에 다닐 당시에는 일본 학교에서 우리말을 가르치는 과목은 없었다. 교포 가정도 대개 집에서 일본말로 대화했다. 그래서 일본 학교에 다닌 교포 학생들은 대부분 우리말을 할 줄 몰랐다. 나도 고등학생이 될 때까지는 우리말을 몰랐다. 하지만 내가 누구인지는 분명히 알았다.

나는 초·중·고 모두 고베에 있는 일본 학교에 다녔다. 소학교(초등학교) 6학년 때, 같은 반 학생이 갑자기 나에게 아주 모멸적인 말투로 "조센진!"이라고 했다. 화를 참지 못해 싸움이 붙었는데, 그때 느낀 불쾌감은 지금도 잊을 수가 없다.

중학교 2학년 때도 비슷한 일이 있었다. 같은 반 학생이 학교 운동장에서 나한테 아주 업신여기는 말투로 "조센진!"이라고 했다. 내가 그 아이에게 던진 돌이 비켜 나갔고, 그 애는 아주 겁을 먹었다. 그때까지만 해도 웬만큼 사이좋게 지낸 친구였는데, 갑자기 왜 그랬는지 이해되지 않았다.

이 밖에도 나를 거듭, 아주 불쾌하게 놀린 학생들도 있었다. 지금도 치가 떨리는 기억이다. 어른들을 보고 배우는 어린이들과 학생들은 차별에 물든 말과 행동을 그대로 따라 했다.

1973년 3월, 중학교를 졸업하고 후키아이고등학교에 들어가려고 입학시험을 보았다. 중학교 담임은 내 성적이면 틀림없이 합격한다고 했지만 뜻밖에 떨어졌다. 모집 인원 400명에 응시생이 408명이었고, 떨어진 여덟 명은 거의 다 재일 교포였다. 후키아이는 교장이 합격 여부를 결정했다.

후키아이에 응시하기 한 해 전, 학교 운영에 불만을 가진 학생들이 학교 간부들과 교사들을 규탄하며 시위와 집회를 벌여 교장과 교사들이 궁지에 몰린 일이 있었다. 여기에 재일 교포 학생들이 앞장섰던 만큼, 교장은 다음번 입학시험에서 재일 교포 학생을 배제한 것이 아닐까 싶다.

후키아이 입시에서 떨어지고서 한 달 뒤에 히가시고베고등학교에 응시해 다니게 되었다. 4년제 야간학교로, 학생 대부분이 낮에는 일했다. 나도 어느 인쇄 회사에 취직을 신청했다. 그런데 회사에서 내 취직을 거절했다.

이 사실을 알고 담임과 여러 선생님이 나섰다. 교사들이 회사

경영자를 학교에 불러 질문하며 따져 보니, 회사가 민족 차별을 한 게 명백했다. 선생님들은 회사 사람과 대화한 내용을 모두 녹음하고 타이핑해서 정리했다. 그리고 이것을 바탕으로 회사에 민족 차별을 하지 말고 나를 고용하라고 끈질기게 요구했다. 마침내 회사 경영자가 고용을 약속했다. 하지만 나는 그렇게 민족 차별을 하는 회사에 들어가 봤자 직장 생활이 힘들 거라고 생각해 취직을 포기했다. 선생님들의 노력을 수포로 만들어 미안했고, 한참 지나서까지 후회했다.

나는 다른 일을 찾았다. 6개월가량 아침과 저녁으로 하루 두 번씩 신문을 배달했다. 중학교 때 육상부에서 달리기를 연습한 덕에 체력이 좋아 배달소 주인 다음으로 빨리 배달했다. 그 밖에 이사 센터에서도 일해 보고, 기계로 건물 내부를 청소하는 일도 했다. 청소 일은 고등학교를 졸업할 때까지 꾸준히 했다.

나는 다시 입시에 응시해 아카스카야마고등학교를 1학년부터 다니게 되었다. 아무래도 야간 고등학교는 대학 진학에 불리해 주간 고등학교로 옮긴 것이다. 나는 이과 과목인 지학·생물학·화학·물리·수학 과목을 아주 잘했다. 호기심과 탐구심이 커서 철학에도 관심이 많았다. 형들이 갖고 있던 철학책을 자연스럽게 접하며 고민하게 되었다. 철학에는 수학·물리·화학·사회·역사·경제 등이 모두 포함돼 있었다.

고등학교 2학년 때 수학을 더 잘해 보려고 『자본』을 탐독했다. 넷째 형 책이었다. 다 읽는 데 6개월이나 걸렸다. 그래도 도중에 포기하지 않고 붙들었다. 1950~60년대 일본에서는 좌익 계열 학생들이 힘이 셌다. 일본 국립대학교에 다닌 넷째 형의 책

목록에는 마르크스·레닌주의 책이 많았다. 일본에서는 대학생이라면 마르크스·레닌주의나, 자본주의 비판과 관련한 지식이 필수였다. 이런 책을 읽지 않으면 대화에 끼지도 못했다.

공부와 더불어 운동도 중요하게 여겼다. 소학교에서는 기계체조, 중학교에서는 육상부 활동, 고등학교에서는 당수를 했다. 당수는 태권도와 비슷한 무술이다. 야간 고등학교에 다닐 때, 3인조 불량배에게 습격당한 뒤로 나를 지킬 수단이 필요하다고 생각했는데, 마침 학교에 당수부가 있었다. 같이 들어간 동기 20명 중세 명만 남았을 만큼 연습이 고되었지만 그 덕에 몸을 단련했다.

우리말 공부

일본 사회는 한국 민족을 차별했다. 가끔은 노골적으로 드러났다. 학교도 예외는 아니었다. 전보다는 덜하지만, 차별은 아직뿌리 깊게 남아 있다. 교포들은 취직, 결혼, 사회 진출에서 여러모로 차별받았다. 실력이 있어도 취직이 안 되었다. 도쿄대학교를 나와도 한국인이라는 이유로 막노동판에서 생활하는 사람도있었다. 단단한 차별의 벽 앞에 자포자기하는 사람이 많았다. 민족 차별은 책에만 나오는 말이 아니라, 재일 교포들이 하루하루삶 속에서 피부로 느끼는 문제였다. 재일 교포들은 자신이 한국인임을 감추고 숨어들었다.

한편으로는, 일본의 민족 차별에 반발하고 반감을 품었다. 재일 교포 출신 깡패가 많은 이유도 그래서다. 취직이 어렵고 생활이 불안하면 사회에 반발심이 생긴다. 차별을 없애고 사회를 바

꿔야 한다는 생각도 싹텄다. 한국인이라는 사실을 감춰야 살아
남는다고 생각했지만, 결국 그렇지 않다는 것을 깨달았다.

이 차별을 없애려면 무엇보다 먼저 '나'는 누구인지, '우리'가
누구인지 알아야 했다. 재일 교포 중에는 우리말도, 역사나 문화
도 전혀 모르는 사람이 많았다. 교포 학생들 사이에서 우리 민족
을 알고 민족성을 되찾자는 운동이 벌어졌다.

1970년대 고등학교에서 활발하게 활동한 '조선문화연구회'
가 대표적이다. 주로 공립학교를 중심으로 생겨났는데, 일본 학
교도 활동을 허가했다. 일교조(일본교직원조합)에 소속한 의식 있
는 일본인 교사들이 차별을 목격하고, 한국 학생에게 한국 문화
와 역사, 모국어를 가르쳐 민족성을 되찾게 하고 자긍심을 갖고
살게 하자며 자발적으로 만들고 지도했다. 다만 한국의 언어, 역
사, 문화를 일본인 교사가 가르치기 어려워 조총련에 협력을 요
청했다. 재일 교포 조직으로 민단◆도 있었지만, 주로 조총련이 적
극 협력해 강사를 학교에 파견했다.

조총련은 일본 정부의 민족 차별 정책에 반대하고 재일 교포
의 이익을 지키려고 만든 합법단체로 일본의 여러 정당 및 단체
와 유대 관계를 가졌다. 그래서 재일 교포들도 조총련과 관계를
맺는다. 민단도 재일 교포의 이익을 옹호했지만, 적극성이 덜했
으며 교포들에 대한 영향력도 조총련만 못했다. 교포 자녀들은

◆ 1946년 10월 3일 설립한 재일본조선인거류민단이 1948년 8월 15일 대한
  민국 정부 수립과 더불어 9월 8일 재일본대한민국거류민단으로 개칭했고,
  1994년 지금의 재일본대한민국민단이 되었다.

일본 학교, 조총련계 학교, 민단계 학교 등에 다녔는데, 일본 학교에 다니는 경우가 제일 많았고, 그다음이 조총련계 학교였다. 민단계 학교에 다니는 학생은 극소수였다.

나는 야간 고등학교에서 조선문화연구회를 만났다. 담임인 이와부치 선생님이 권유해 참여했다. 영어 교사인 나가시마 선생님과 함께 두 분이 만든 모임이었다. 당시 둘 다 20대이자 대학 선후배 사이였다. 일교조 조합원이기도 했다.

모임은 일주일에 한 번씩 두 시간가량 진행되었다. 우리말과 한국의 역사, 문화를 공부했는데, 우리말 교육 비중이 가장 컸다. 나는 이때 처음으로 모국어를 배웠다. 이듬해 옮긴 주간 고등학교도 공립이었지만 이런 서클은 없었고, 이와부치나 나가시마 선생님처럼 의식 있는 교사를 만나지 못했다.

한편 각 고등학교 조선문화연구회 회원들은 연합체로 '학생회'를 만들어 활동했다. 학생회는 조총련의 영향을 받았지만, 어디까지나 일본 고등학교에 다니는 교포 학생들의 친목 단체였다. 나도 고등학교를 졸업할 때까지 활동했다. 오전 수업만 있는 토요일이 정기 모임 날이었다. 오후 3시에 모여 두 시간여 함께 공부했다. 보통 20~30명이 모였는데, 여러 학교 학생들이라 재미있었다. 우리말과 일제의 식민지 지배 역사, 일본 정부의 재일 교포 차별 정책, 북한의 사회주의 체제 등을 배웠고, 여름방학에는 강습회도 열렸다.

학생회에서 우리말을 공부하는 것만으로는 부족해, 고등학교 2학년 때부터 독학도 했다. 누가 시키지도 않았는데, 나 스스로 공부하자는 마음이 들었다. 그해 난생처음 모국을 방문한 영향이 컸다. 4월 5일 식목일에 맞춰 나무를 심는 '60만 새마음 심기 운동'◆에 참여해 조국에서 열흘가량 지내며 우리말 공부를 해야 겠다는 의욕이 더욱 강하게 일었다.

독학하려도 방법을 알아야겠기에 도와줄 사람을 찾았다. 마침 형님 친구 중에 한청(재일한국청년동맹)에서 문교부장을 맡았던 이규섭◆◆이라는 사람이 있었다. 한청은 민단 소속이었는데 1972년 에 민단에서 쫓겨났다. 형님 친구는 우리 집 가까이 살았고, 부모 끼리도 서로 친했다. 그는 한국에 1년간 유학해 우리말을 배웠고, 나름의 우리말 공부 방법도 있었다. 한글로 된 책을 일본어로 번역하면서 공부하는 방법이었다.

교재로 함석헌 선생이 쓴 『뜻으로 본 한국역사』를 정해 한 권을 다 번역해 가며 공부했다. 이규섭 형님이 대체적인 방법을 알려주면, 나는 혼자 책을 읽어 가며 일본어로 번역했다. 한 달에 두 번 만나 내가 번역한 내용을 형님이 검토하면서 도움말을 주었다. 6개월쯤 진행하니 요령을 알게 되어 그 뒤로는 혼자서도 하게 되었다. 이렇게 독학하며 우리말 실력을 부쩍 늘렸다.

◆ 재일 동포 1세가 재일 동포 숫자만큼 마련한 묘목 60만 그루를 재일 동포 2세, 3세가 조국에 와 식수한 사업이다. 모국 강산을 푸르게 하는 한편, 민족 의식을 심자는 취지에서 민단 주최로 1973년부터 시작해 1976년까지 모두 162만 9800그루를 심었다(『경향신문』과 『월드코리안뉴스』 참조).
◆◆ 2017년부터 2021년 3월까지 민단 효고현 본부 단장 역임.

재외국민교육원

1976년 12월, 고등학교 3학년 막바지. 나는 한국 문교부가 시행하는 모국 유학생 선발 시험을 보았다. 이 시험에 합격하면 한국에서 제공하는 국비 장학금으로 대학 공부를 할 수 있었다. 재외국민교육원 1년 과정과 대학 과정 4년, 합쳐서 모두 5년(의과대학은 7년) 동안 학비 전액과 생활비의 반가량이 나왔으니 장학금 규모가 아주 컸다.

가끔 들르던 민단 한국청년회(재일한국청년회)에서 이 장학금 정보를 알게 되었다. 일본에서는 대학교를 졸업해도 취직하기가 정말 어려웠다. 그렇다면 차라리 한국에 가서 우리말과 우리 사회에 대해 배우는 게 좋겠다 싶어 한국에 있는 대학에 가기로 마음먹었다.

한국 문교부에서 장학금을 준다는 것은 국가가 교포 학생을 모국에 초대하겠다는 의미다. 재일 한국 영사관에서도 모국 유학 장학생을 적극 유치하려고 했다. 장학금 지급에는 조건이 하나 있었는데, 졸업하고 일본으로 돌아가 장학금을 받은 기간만큼 민단에서 일하는 것이었다. 형식적으로 붙은 조건이라 이를 지킨 사람은 별로 없었다.

나는 1977년도 장학생으로 한국에 왔다. 그해 장학생은 나를 포함해 25명이었다. 우리가 첫해 공부한 재외국민교육원은 장학생이 아니더라도 원하는 재일 교포 학생은 공부할 수 있는 과정이었다. 그해 재외국민교육원에 진학한 재일 교포는 장학생을 포함해 100명이었다.

재외국민교육원은 당시 서울 공릉동에 있던 서울대학교 공과대학 안에 있었다. 약 8개월간 국어·역사·국민윤리·영어·수학 등을 배웠다. 국어 시간이 가장 많았는데, 독해·작문·문법 등 세부 과목으로 나뉘었다. 수업은 월요일부터 토요일까지 날마다 있었다.

재외국민교육원에서 국민윤리를 담당한 강○○ 교사는 중앙정보부 요원이라는 얘기가 돌았다. 나중에 보안대 공작과에 잡혀가 알게 되었는데, 소문대로 정보기관 요원이었다. 다만 중앙정보부가 아니라 보안사◆ 요원이었다. 수업에서 그는 거의 일본말을 썼다. 일본말로 수업하면 우리말을 배우는 데 도움이 안 되어 나는 곧잘 그에게 우리말로 수업하자고 제언했다. 돌이켜 보니, 그 발언도 보안사에 요시찰이 된 원인이었을 듯하다. '개구리'라는 별명이 붙은 국어 교사도 중앙정보부 요원이라는 소문이 나있었다. 오래된 교사가 드물어서, 오래 근무한 사람은 정보부 요원이라는 말들이 나왔다.

재외국민교육원에서는 때때로 수학여행이라며 우리를 이리저리 데려갔다. 삼팔선 부근에 있는 땅굴, 포항제철소, 경주, 설악산 등이었다. 수학여행 비용을 모두 학교 측이 부담해, 거의 모

◆ 1948년 조선경비대 정보처 특별조사과에서 시작해 육군 특무부대, 방첩부대, 보안사령부로 변모해 왔고, 1991년 국군기무사령부(기무사)로 개편되었다. 2018년 여론 조작과 민간인 사찰 논란으로 27년 만에 폐지되었고, 대체 조직으로 같은 해 9월 1일 군사안보지원사령부가 창설되었다(다음백과 참조).

든 학생이 참가했다. 그런데 나중에 이 수학여행에 다녀온 것을 "국가 기밀을 탐지하러 갔다"고 보안사가 꾸며 댔다. 온 세상에 공개한 관광지와 공공 기관이 국가 기밀이라니. 그런 명승지 방문이 우리나라의 지리나 역사, 문화를 이해하는 데 도움이 되었는데 말이다.

재외국민교육원에서 공부하는 동안은 당시 동대문구 묵동(지금의 중랑구 묵동)에서 지냈다. 아카스카야마고등학교 선배 소개로 들어간 하숙집이었다. 선배도 같이 하숙하면서 재외국민교육원에 다녔다. 하숙생 대여섯 명이 모두 재일 교포라 아무래도 일본말을 많이 쓰다 보니 우리말을 배우는 데 지장이 있었다. 나는 가까이에 있던 다른 하숙집으로 옮겼다. 새로 옮긴 하숙집의 주인은 충청도 사람으로 아주 얌전했다. 그 무렵 나온 한국 소설책을 보다가 모르는 게 나오면 집주인에게 물어보았고, 그럴 때마다 친절하게 가르쳐 주었다.

재외국민교육원은 한국에 있는 대학교에 들어가기 전 예비과정인 셈이었다. 이 시기에는 재일 교포가 입학시험을 치르는 학교는 연세대와 서울대뿐이었다. 나머지 대학교는 지원만 하면 시험을 치르지 않고 들어갔기에 수료생 중 반 이상이 한국에서 대학교에 들어갔다. 그러나 입학은 쉬워도 기본 실력이 안 되면 졸업하기가 힘들었다. 우리말을 잘 이해하지 못해 수업을 제대로 듣지 못한 교포 학생이 많았다. 나는 고등학교 때부터 우리말을 공부해 교육원에서나 대학에 진학해서도 수업을 듣는 데 별로 지장이 없었다.

대학 생활

나는 연세대학교 상경대학 경제학과에 지원했다. 시험 과목은 국어·영어·수학 세 가지였다. 1977년 12월에 시험을 보고 나서 바로 경제학과장인 윤석범 교수와 면담을 했다. 그때 윤 교수는 내 고등학교 성적표를 보면서 몇 가지를 묻고는 "연세대 경제학과에 들어오면 열심히 공부하시오"라고 말했다. 합격 통보는 시험을 치르고 3주 뒤에 받았지만, 윤 교수는 나하고 면담하면서 바로 결정한 것 같다.

전공으로 경제학을 선택한 이유는 고등학교 때 경제학이 가장 이해하기 어려워서였다. 이과 계열인 수학·생물·물리·화학은 잘했는데 경제학만 어려웠다. 나는 내가 잘하는 것이 아니라, 잘 모르는 것을 공부하고 싶었다.

연세대 경제학과 정원은 60명이었다. 개중에 일본어를 배우고 싶다는 친구가 있으면 가르쳐 주었다. 아무리 좋은 경제학 책이 있어도 일어로만 출간된 경우에는 친구들이 바로 읽을 수 없으니 궁금해했다. 대학 도서관에 있는 『자본』도 일어책이었고, 일어를 아는 대학원생 이상이나 볼 수 있었다.

학생들은 전국 각지에서 왔다. 지방 출신 학생들은 학교 기숙사에 들어가거나 하숙을 얻어야 했는데, 몇몇 재일 교포들은 국제학사라는 기숙사에 들어갔다. 우리말을 배우는 데 지장이 있을 듯해 나는 하숙을 선택했다. 우연인지는 몰라도 대구 출신 학생들과 같이 하숙하며 친하게 지낸 일이 많았다. 한국 학생들은 당구와 바둑을 좋아했다. 필수로 익히는 취미 같을 정도였다. 나도 당구를 좀 할 줄 알았고, 바둑도 7급 실력은 되었다. 친구들 하숙방에 놀러 가면 바둑을 자주 두었다.

학생들은 정치에 관심이 많았다. 학생운동을 하는 동기들도 있었다. 권력자의 권위적인 탄압 정책이나 정치인의 부정부패에 학생들 대부분이 분개했다. 빈부 격차가 심한 것도 학생들의 정치 관심도를 높였다.

반일 감정도 있었다. 일제강점기에 일본이 우리나라에서 인권을 유린하고 민족말살정책을 감행했던 역사를 잘 아는 만큼 당연했다. 그러나 일본 제품, 특히 전자 제품을 좋아하는 것은 그 반일 감정과 아무래도 모순되었다. 생활과 이념이 꼭 일치하지는 않았다.

한국 학생들은 교포 학생끼리 일본말을 쓰는 것도 곱게 보지 않았다. 재일 교포들은 먹고살기 힘들어 가정에서 자녀에게 민족 교육을 할 여유가 없었고, 한국인에게 차별 정책을 쓰는 일본 사회에서 살아가려면 일본인 행세를 하는 게 편했다. 한 공간에서 공부하는 우리는 서로 알고 이해하는 데 시간이 더 필요했다.

1981년, 나는 졸업반이 되었다. 대학을 마친 뒤 뚜렷한 계획은 없었지만, 일단 일본으로 돌아가 일을 좀 하면서 나름껏 사회활동을 하고 싶었다. 일본 사회의 차별에 반대하는 운동이나 노동운동을 하려고 생각했다.

그해 8월, 현대그룹에서 취직 안내서를 마포구 연남동 외오촌 조카 집으로 보내왔다. 어떻게 주소를 알았는지 모르지만, 정보 수집 능력이 상당하다고 느꼈다. 연행되기 며칠 전에 친척집에 들러 안내서를 보았다. 보안사에 잡히지 않고 현대그룹에 취직했다면 내 인생은 상당히 달라졌을 것이다.

하지만 나는 연세대학교 상경대학 경제학과 4학년 2학기 재학 중에 납치되었고, 이후 이 사건은 어지럽게 전개되었다. 이 책에 나오는 사람들에 대한 경칭은 생략했다.

1장

국군 보안사령부에서

19	81	년		9	월		9	일	~
				10	월		25	일	

**거짓을 사실이라 인정해야 잠시 고문이 멈췄다.
언제 끝날지 모르는 두려운 시간이 계속되었다.**

1981년 9월 9일 오후 3시 무렵이었다. 학교까지는 걸어서 5분 거리라, 3시 수업에 맞춰 10분 전에 서울 서대문구 창천동 하숙집을 나섰다. 그런데 문 앞에서 낯선 남자 셋이 막아섰다.

"친구 일로 물어볼 게 있어 같이 가야겠소."

"지금 수업받으러 가야 해서 안 됩니다."

"오래 걸리지 않으니 같이 가죠."

어쩔 수 없었다. 들고나온 교과서를 방에 두고 그들을 따라나섰다. 골목을 벗어나 큰길에 이르자, 차 한 대가 대기해 있었고 사람이 한 명 더 있었다. 그들은 나를 차에 태우고 어디론가 출발했다. 앞서 하숙집에서 나를 찾는다며 전화를 바꿔 줬는데 내가 받자 아무 말 없이 뚝 끊겼다. 내가 있는지 확인하려고, 이들이 걸었던 걸까. 이들은 누굴까? 나는 이들이 형사나 안기부◆ 사람이라고 추측했다.

침묵 속에 차는 어느새 서울역 근처를 지났다. 잠시 뒤 언덕길을 오르더니 커다란 집 앞에서 멈춰 섰다. 정문 안에 군인 몇이 보였다. 살림집처럼 보였지만, 그들의 비밀 근거지◆◆였다.

◆ 1961년 5월 20일 만들어진 중앙정보부가 1981년 1월 1일 국가안전기획부를 거쳐, 다시 1999년 1월 21일 국가정보원으로 개칭했다.
◆◆ 서울 갈월동 보안사 대공처 공작과 분실.

그들은 나를 2층 방으로 데려갔다. 방이 꽤 컸다. 문은 바깥에서만 잠겼다. 방 안에 있던 남자 네댓 명 가운데 얼굴이 검고 야윈 중년 남자가 말했다.

"여기는 국군 보안사령부 대공부다. 우리는 이미 모든 걸 안다. 지금부터 너에 대해 전부 말하지 않으면 너는 여기서 살아나가지 못한다. 우리는 너를 화학약품으로 고문해 망가뜨릴 수도 있다. 너 하나 죽이는 것쯤은 일도 아니다. 네 시체를 아무도 모르게 처리할 수도 있다."

말만으로도 눈앞이 깜깜해지고 식은땀이 흘렀다. 그런 공포는 처음이었다. 말로만 들은 고문 전문가가 눈앞에 있었다. 어떻게 이 상황을 대처해야 할지 아무 생각도 떠오르지 않았다.

남자들이 나를 둘러싸더니 몽둥이로 다리부터 시작해 온몸을 두드려 팼다. 그렇게 고문이 시작되었다. 처음 대엿새 동안은 한잠도 못 자게 한 채 내리 구타했다. 관절을 얻어맞으면 너무 아파 나도 모르게 비명이 쏟아져 나왔다. 몸 곳곳에 시꺼먼 멍이 들었다. 손가락에 볼펜을 교차해 끼우고는 볼펜을 세게 누르는데, 한 번이 아니라 수십 번 계속되니 나중에는 손가락이 마비되었다. 그들은 나를 엎드려뻗친 상태에서 발바닥, 다리, 엉덩이를 몽둥이로 때렸다. 처음에는 가볍게 때리다가 점점 강도가 세졌다. 발바닥을 몽둥이로 아주 세게 맞으면 그 충격이 머리끝까지 들어와 견디기 힘들었다. 다리는 까맣게 변했다. 발관절을 맞을 때에는 죽을 지경이었다. 폭행은 다리에서 멈추지 않았다. 어깨, 허리, 팔 등 온몸으로 이어졌다. 폭행과 협박이 되풀이됐다. 내가 납치되어 여기 있다는 사실을 아무도 모른다. 영장도 없이 불법 구속된 나는, 누구한테도 연락할 수 없었다. 이들은 이러다 죽겠다는 위험까지 느끼게 고문했다. 거짓을 사실이라 인정해야 잠시 고문이 멈췄다. 언제 끝날지 모르는 두려운 시간이 계속되었다. 나는 자포자기해 그들이 요구하는 대로 허위로 진술했다.

그들은 조서에 고등학교 때부터 지금까지 8년 동안 있었던 일을 기록하라고 했다. 자신들이 생각하는 각본의 흐름에 들어맞을 때까지, 쓰는 동안도 계속 때렸다. 몇 월 며칠까지 시나리오를 세세히 제시하며 베껴 쓰라고 했다.

그들은 고등학교 때 학생회에 참여했던 것을 트집 잡아 내가 북한 간첩이고, 반국가 단체에 가입해 반국가적 행동을 했다고 조서를 꾸몄다. 학생회에 참여하다 보면 자연스럽게 조총련 사람을 만나 여러 이야기도 나눈다. 그런 과정에서 북한이나 주체사상 관련 책을 보게 되었고, 같이 사는 넷째 형의 서재에 꽂힌 마르크스·레닌주의 관련 책도 봤는데, 이런 일은 일본에서는 합법행위다. 그러나 보안사는 이를 불법행위로 간주했다.

재외국민교육원에서 수학여행으로 간 포항종합제철소, 현대미포조선소, 제2 땅굴 견학과 김포공항에서 하숙집에 갈 때 본 고속도로 상황, 구독해 읽은 『조선일보』에 실린 기사, 대학 친구들과 나눈 대화 내용을 국가 기밀을 탐지했다고 몰고, 이를 북한 당국에 보고했다며 억지를 부렸다. 보안사가 제시한 국가 기밀은 기밀도 아니고 일상생활에서 누구나 알 만한 내용이었다.

결과적으로 그들이 조총련과 나를 연관해 날조한 조서는 이런 내용이었다.

'조총련은 북한의 지도에 따라 한국 정부를 전복하려고 한다.

김태홍은 조총련의 대남 공작원에게 포섭돼 한국에서 북한을 지지하는 혁명 조직을 만들어 결정적 시기가 되면 남쪽의 정권을 전복하는 원동력이 되라는 지시를 받고, 간첩 활동과 파괴 활동을 목적으로 한국에 잠입했다.'

이런 일은 한국에서 '대범죄'라 중형이 선고될 게 분명했다.

고문 수사는 나를 절망에 빠뜨렸다. 이제 내 인생은 끝장났고, 수렁 속에 영원히 빠진 심정이 되었다. 보안사의 표적이 된 나는, 집권자가 정권을 유지하는 데 필요한 먹잇감에 불과했다.

고등학교 시절 조총련과 연계된 조선문화연구회와 학생회에서 활동한 데다, 조총련에서 일하는 큰형과 북으로 간 둘째 형까지 두었으니, 그들에게는 내가 간첩으로 날조하기에 얼마나 안성맞춤이었겠는가.

모국어를 배우고 공부하겠다고 찾아온 나를, 그들은 지난 5년간 재외국민교육원에서부터 눈여겨보며 잡아들일 시기를 저울질했다. 실제 나는 북한에 다녀왔지만, 아주 오래전 헤어진 둘째 형을 만나고 싶어서였다. 늘 그리웠고 기회가 있으면 형을 만나고 싶었다. 정작 북한에 가서 형은 만나지 못하고 북한 사회의 우월성을 선전하는 이야기를 들었지만, 나는 그들에게서 아무 지령도 받지 않았고, 나중에 도움받은 일도 없었다.

나를 처음에 수사한 곳은 보안사 대공부 소속 공작과였다. 수사관 중에 정인덕이라는 재일 교포가 있었다. 그는 도쿄 호세이대학교에서 경제학과 박사과정을 밟다가 한국에 와서 붙잡혔다. 당국에 적극 협력해 석방되었고, 보안사 공작과에서 수사관으로 오랫동안 활동했다. 보안사 수사관들은 그를 '정 박사'라고 불렀

다. 하숙으로 나를 납치하러 온 사람들 가운데 한 명이 바로 정
인덕이었다. 재일 교포 담당 수사관인 그에게 수사받은 재일 교
포가 많았다. 『보안사』를 쓴 재일 교포 김병진◆도 그를 잘 알 것
이다.

공작과에 납치돼 고문받은 지 3주가 지나자, 그들은 나를 서
울 서빙고에 있는 보안사 수사과로 끌고 갔다. 기관총으로 무장
한 군인들이 서빙고 분실 정문을 경비했다. 복도와 방마다 허리
에 권총을 찬 군인이 지켰다. 탈주자를 뒤쫓는 사나운 개도 여러
마리 길렀다. 담 위에 쳐놓은 철조망에는 전기가 흘렀다.

수사과에서 나를 담당한 수사관은 장병화와 고병천◆◆이다. 이
이름은 『보안사』에도 나온다. 공작과와 달리 수사과는 완전히
군대 분위기였다. 수사과에 배치된 군인 중에는 태권도 고단자
와 권투 동양 챔피언이나 레슬링 국가 대표 선수 경력을 지닌 격

◆ 김병진은 내가 보안사에서 수사받은 지 2년쯤 뒤에 잡혀 보안사 수사과 수
사관으로 활약했다. 『보안사』는 이때 일을, 일본으로 돌아가 쓴 책이다. 일
본에서 두 달 먼저 발간되었고, 한국에서는 1988년 8월 소나무 출판사에
서 발간했다. 책이 나오고 얼마 안 된 8월 26일 경찰이 출판사를 압수 수색
해 지형紙型을 압수하고 출판사 관계자를 연행한 것을 시작으로 4일간 전
국 서점에서 영장 없이 책 4000권을 압수했다(『한겨레』 1988년 8월 27일자,
1990년 6월 14일자). 이후 『보안사 : 어느 조작 간첩의 보안사 근무기』(이매
진, 2013)로 재출간했다.

◆◆ 1972~95년까지 보안사에서 근무했고, 주로 재일 동포 학생들을 간첩으
로 조작했다. 2010년 12월 재일 동포 윤정헌의 재심 재판에서 고문한 사실
이 없다고 거짓 증언한바 윤정헌이 위증죄로 고소해 2018년 4월 2일 법정
구속되어 5월 28일 1심에서 징역 1년을 선고받았다. 8월 30일 항소심에서
항소 기각, 징역 1년 원심 유지 판결이 났다.

투기 도사가 많았다. 한 군인이 자랑하듯 "최영의*라도 여기에 서는 도망칠 수 없다"고 말했다.

수사과에서는 공작과에서 날조한 조서를 좀 더 정밀하게 다듬어 나갔다. 이 정도면 충분하겠다 싶은 시점이었을까. 1981년 10월 13일 화요일, 보안사는 내가 "북한의 지령에 따라 교포 유학생을 가장하여 국내 학원가에 침투, 좌경 성향의 일부 학생들에게 폭력에 의한 국가 전복을 유도하며 암약하였으며, 1981년 1월 28일~2월 21일 원산을 경유하여 평양에 들어가 간첩 밀봉 교육을 받고 노동당에 입당하였다"고 언론에 발표했다. 피의 사실의 요지도, 변호사 선임권과 진술을 거부할 권리도 고지하지 않고 나를 납치해 불법 구금한 지 35일째 되는 날이었다.

다음 날인 10월 14일에는 내게 간첩죄, 〈국가보안법〉 위반죄, 〈반공법〉 위반죄라는 이름으로 구속영장이 집행됐다. 그들은 나를 검거한 날짜도 조작했다. 수사 보고서에서는 9월 20일로, 대국민 언론 보도문에서는 9월 30일로, 보안사령관에게 보고한 보고서에서는 10월 5일로 검거 날짜가 제각기 달랐다. 불법 구금되어 고문당한 지난 35일간은 아무도 모르는 감춰진 시간이 되었다.

10월 29일 안기부가 서울지방검찰청으로 사건을 송치했고, 11월 20일 검찰에서 공소를 제기했다. 1982년 1월 18일에는 사형이 구형되었다. 4월 12일 무기징역 선고**에 이어 항소와 상

◆ 일본 공수도 극진회 창시자.

고, 파기환송을 거쳐 1983년 5월 10일, 무기징역이 확정되었다.

◆◆ 당시 1심 재판부는 피고인에게 적용된 법령에 관해, 회합·통신, 연락의
점은 〈반공법〉(법률 제643호) 제5조 1항과 〈국가보안법〉(법률 제549호) 제
8조 1항, 금품수수의 점은 〈반공법〉 제5조 1항과 2항, 찬양고무·동조의 점
은 〈반공법〉 제4조 1항과 〈국가보안법〉 제7조 1항, 잠입·탈출의 점은 〈반
공법〉 제6조 4항과 3항, 탈출·잠입의 점은 〈국가보안법〉 제65조 2항, 간첩
의 점은 〈국가보안법〉 제2조와 〈형법〉 제98조 1항, 도서 취득·복사·반포
의 점은 〈반공법〉 제4조 2항과 1항, 〈국가보안법〉 제7조 1항 등에 해당한
다고 판시(서울형사지방법원 1982. 4. 12. 선고 81고합1145판결)했다. 여기서
'잠입·탈출'은 한국에 왔다가 일본으로 간 것을, '탈출·잠입'은 일본에 갔다
가 한국으로 온 것을 말한다. 예를 들면, 대학교 생활 중 여름방학 때 가족
이 있는 일본 고베 집으로 간다면 이를 간첩 행위에 따른 탈출로, 개강을 앞
두고 일본에서 한국으로 오면 간첩 활동을 하러 오는 잠입으로 간주했다.

2장
서울구치소에서

19	81	년	10	월	26	일	~
19	83	년	5	월	24	일	

사람들은 어떤 식으로든 통방을 시도했다.
세면장에 가거나 운동하러 갈 때를 자주 이용했다.
눈에 띌 때마다 통방하지 말라고 교도관이 주의를 줬다.
1사에 있는 양심수들은 저녁을 먹고 나면 화장실 창으로 통방했다.
구치소에 들어온 경위, 학교나 정치 이야기를 하면 재미있었다.

구치소의 하루

1981년 10월 26일, 보안사는 나를 서울구치소에 수감했다. 구속 영장이 집행된 10월 14일에 서울구치소로 이송되었지만, 보안사에서는 조사 명목으로 나를 다시 보안사 수사분실로 데려가 며칠씩 붙잡아 두고 돌려보내지 않았다. 명백한 위법이다.

수감 첫 절차는 검사다. 교도관이 내 소지품을 샅샅이 검사했다. 입고 있던 옷을 죄다 벗으라더니 항문까지 검사했다. 나는 교도관이 내준 청색 죄수옷을 입고, 밥그릇과 젓가락을 받아 들고 교도관을 따라 1사 상◈ 14방으로 갔다.

구치소와 교도소에서 말단 교도관 직책은 '담당'이다. 그 위로 부장, 주임, 계장, 과장, 부소장, 소장이 있다. 구치소에서는 부장이 주임이나 과장보다 아래로, 일반 회사와 개념이 다르다.

담당 중에서도 본무 담당은 한 사동을 맡아 직접 관리하는 책임자다. 각 방의 문을 여닫는 업무, 필요한 사항을 기록하는 업무, 재소자를 상담하고 재소자에게 주의를 주는 업무 등을 한다. 본무 담당은 오전 9시부터 오후 6시까지 근무하는데, 하루 세 번

◈ '하'는 1층, '상'은 2층을 가리킨다.

가량 있는 휴식 시간에는 교대 담당이 대신 근무하고, 야간에는 야근 담당이 번갈아 근무한다. 1사를 담당하는 교도관은 조○○ 본무 담당이었다. 그는 내게 주의 사항을 알려주고는 구치소 규칙을 잘 준수하라며 몽둥이로 내 엉덩이를 두드렸다. 아무렇지 않게 가하는 폭력에 기분이 상했다. 1사에 있던 양심수 모두 그를 '나쁜 놈'이라고 욕하며 싫어했다.

구치소에 갇혔지만, 일단 고문당할 위협에서 벗어났다는 생각에 오히려 마음이 놓였다. 보안사에서는 옆에 늘 감시자가 있어서 긴장했는데, 구치소에서는 방에 혼자 있으니 긴장이 풀렸다. 그러나 앞으로 상황이 어떻게 전개될지 몰라 불안했다. 재판이 진행되는 과정을 봐가며 판단할 수밖에 없었다.

수감된 방은 넓이가 약 5.8제곱미터였다. 벽이 두껍고 천장이 높았다. 문에 난 작은 창으로 교도관이 방 안을 들여다보며 감시했다. 문 옆 벽에 달린 사방 25센티미터쯤 되는 네모난 구멍으로 물품이나 음식물을 받았다. 화장실은 문 반대쪽 마루에서 50센티미터쯤 올라가 있었다. 화장실 창으로 밖이 보였다. 사방 1미터 크기에 유리 대신 투명한 비닐을 붙인 창이었다. 방에는 큰 이불 한 채, 빗자루, 쓰레받기, 쓰레기통, 물통이 있었다.

새벽 6시면 울리는 기상나팔* 소리에 하루가 시작되었다. 일어나 이불을 개고 방을 정돈하고 나면, 10분쯤 뒤에 교도관이 점검하러 왔다. 합방에서는 한 명씩 번호를 불러 점호했다. 독방에

---

* 서울구치소에서 동절기 기상 시각은 새벽 6시 30분이었다.

서는 방 한가운데에 앉아 있으면 되었다. 점검이 끝나면 방마다 차례로 세면장에 갔다. 가는 길에 쓰레기를 버리고, 얼굴을 씻고, 물통에 물을 채워 방으로 돌아왔다. 세면 시간이 짧아 조금이라도 행동이 굼뜨면 교도관이 재촉했다.

오전 7시에 아침밥을 배식했다. 밥은 쌀 30, 보리 40, 콩 30퍼센트 비율로 지었다. 일명 형태밥◆이다. 밥양을 일정하게 맞추려고 원통형 용기에 담아 본을 떠서 이런 이름이 붙었다. 형태밥은 겨울에는 차갑게 굳어 먹기가 힘들었다. 김치와 국은 거의 고정되었고, 여기에 반찬 하나가 더 나왔다. 형태밥과 반찬 모두 '이 세상에 이렇게 맛없는 음식이 있을까' 싶을 정도였다.

아침을 먹고 나면 검찰청이나 재판소에서 부른 구속자는 출정했다. 이후 시간은 대략 오전 9시에 점검, 정오에 점심 배식, 오후 5시에 마지막 점검, 6시 저녁 배식으로 이어졌다.

그사이에 휴일을 빼고 날마다 20분씩 운동 시간이 있었다. 독방 수감자는 운동도 혼자 했다. 운동장은 '격벽장'이라고 해서 시멘트벽으로 나뉜 비좁은 공간이었다. 운동하기에 충분한 조건은 아니었지만, 나는 최대한 앞뒤로 달리기를 해서 체력과 건강을 유지하려고 노력했다. 방에서도 매일 운동했다. 아침에는 팔굽혀펴기나 복근 운동을, 밤에는 태권도와 유연체조를 했다. 규칙적으로 운동하면 심리적인 불안과 고통, 스트레스도 누그러뜨리거

◆ 형型밥, 가다かた밥이라고도 불렀다. '가다'는 '틀'을 뜻하는 일본말로 교도소에서는 가다밥이라는 말을 주로 썼다.

나 없앨 수 있었다.

저녁 6시 30분부터 한 시간 반 동안은 방마다 설치된 스피커로 음악, 삼국지 이야기, 목사 설교, 불교 이야기를 비롯해 여러 가지 프로그램이 방송되었다. 기존 라디오방송이 아니라 교정 기관에서 따로 제작해 들려주는 듯했다.

저녁 8시, 취침나팔이 울리면 사람들은 이부자리를 깔고 잘 준비를 했다. 이렇게 교도소는 공식적인 하루를 마감한다. 하지만 곧바로 자는 사람은 거의 없었다. 대체로 한두 시간 지나 잠들었다. 나는 밤 10시까지 책을 읽었다.

격동의 시간

내가 수감된 1981년 10월 26일에서 딱 두 해 전인 1979년 10월 26일, 대통령 박정희가 중앙정보부장 김재규가 쏜 총에 암살됐다. 당시 학생들은 박정희 독재 정권에 반대하며 민주화를 요구했고, 그해 9월 대구와 인근 대학교 학생들이 대구 시내에서 합동 시위를 일으켰다. 시민도 참가해 규모가 커졌다. 10월에는 부산에 있는 여러 대학교가 합동해 계획적으로 시위를 주도했다. 부산에서도 시민이 많이 참가했고, 시위는 마산까지 이어졌다.

부마 민주 항쟁은 박정희 사망으로 일단 끝났다. 12·12 쿠데타로 수립된 전두환 군사정권은 계엄령으로 시위를 금지했다. 그러나 민주화 열망을 총검으로 막을 수는 없었다.

1980년 3월, 새 학기가 시작되자 전국 각 대학교에서 민주화를 요구하는 시위가 일어났다. 5월이 되면서 서울을 비롯한 여러 도시, 주요 대학교에서 철야 농성에 들어갔다. 학교에서는 수업이 거의 이루어지지 않았다. 학생들은 5월 12일까지는 주로학교 안에서 시위하고, 학교 밖으로는 나가지 않았다.

5월 13일, 연세대를 비롯한 서울 지역 여섯 개 대학교 학생 2500명이 세종로 일대에서 거리 시위를 벌였다. 이를 계기로 다른 대학교 학생들도 일제히 학교 밖 시위에 돌입했다. 14일에는서울 주요 대학교 학생들이 대대적으로 학교 밖으로 나왔다. 경찰 기동대가 막지 못할 정도였다. 이날, 시내 각 대학교에서 출발한 시위대는 서울 중심가에 모여 밤늦게까지 행진했다. 15일에는 서울역 앞 광장에 학생 10만 명이 모였다. 시위 규모가 커지자 학생운동 지도부는 16일부터 학교 밖 시위를 자제했다.

5월 17일, 이화여자대학교에 전국의 학생회장이 모였다. 앞으로 어떻게 할지 방침을 협의하는데 군대가 급습해 학생운동지도자를 거의 다 잡아갔다. 그날 자정을 기해 계엄령이 전국으로 확대되고 휴교령이 선포되었다. 모든 대학교에 군대가 주둔해학생들은 학교로 들어가지 못했다.

광주는 상황이 달랐다. 공수부대◆가 사람들을 곤봉으로 때리고 총검으로 찔러 죽였다. 이 잔혹한 광경을 눈앞에서 본 시민들과 학생들은 봉기했다. 광주에서는 시위에 모인 인원이 최대 30

◆ 1980년 5월 광주 항쟁 당시 특수전사령부 산하 3·7·11공수특전여단이 광주에 투입되었다.

만 명에 달했다. 공수부대는 학생과 시민을 향해 무차별적으로 총격을 가했다. 이에 학생과 시민 중 강경파를 중심으로 시민군을 만들어 무장투쟁을 전개했다. 끝까지 무력으로 저항한 사람들은 거의 다 죽었다. 광주 민중 항쟁(5·18민주화운동) 열흘 동안 죽은 사람이 2000명이 넘는다고 전해졌다.

전두환 군사정권은 학생과 시민을 총검으로 짓밟았다. 군사정권에 대한 증오심이 점점 커졌다. 자연스레 학생들은 정권에 맞서 싸웠고, 1980년대 감옥에 갇힌 양심수 가운데 반 이상이 학생이었다. 내가 감옥살이하는 동안에 만난 연세대 출신 학생만도 30명이 넘었다.

학생운동가

구치소에서는 다른 방 사람과 이야기하는 '통방'을 금지했다. 독방에 있는 사람은 봉사원*이나 교도관의 보조인 지도** 외에 다른 재소자와는 이야기할 수 없다는 규칙이 있다. 그래도 사람들은 어떤 식으로든 통방을 시도했다. 세면장에 가거나 운동하러 갈 때를 자주 이용했다. 눈에 띌 때마다 통방하지 말라고 교도관

◆ 각 사동에서 청소를 하거나 밥이나 구매물을 나눠 주는 일을 도맡은 출역수. 기결수 중 징역형은 출역해 일하고, 금고형은 출역하지 않는다. 다만 운영상 억지로 출역시키지는 않으며, 문제가 있으면 본인이 원해도 출역시키지 않는다. 이는 양심수와 일반수 모두에 해당한다. 금고형이라도 본인이 원하면 출역할 수도 있으며, 미결수와 사형수는 출역하지 않는다.
◆◆ 재소자를 감시하는 출역수로, 교도관 동반 없이 이동하는 독보권이 있다.

이 주의를 줬다. 1사에 있는 양심수들은 저녁을 먹고 나면 화장실 창으로 통방했다. 구치소에 들어온 경위, 학교나 정치 이야기를 하면 재미있었다. 양심수 중에는 대학생이 가장 많아서 학교나 학생운동 이야기를 주로 나눴다.

내 바로 아랫방에 박영창이라는 학생이 있었다. 아래윗방이라 소리가 잘 들려 이야기를 자주 했다. 그는 나와 같은 연세대 4학년생으로 신학과에 다녔고, 학생운동 서클(조직)에서 활동했다. 1980년 봄, 박영창네 서클 구성원 모두가 남산에 있는 안기부로 연행되어 조사를 받았다.

박영창은 얼마나 많이 얻어맞았는지 다리가 새까맣게 멍이 들고 심하게 부어 걷지를 못했다. 그런데 우연히도 그를 담당한 수사관이 누나의 고등학교 시절 영어 교사였다. 그런 인연으로 수사관은 그가 기소되지 않게 했다. "여기에서 나가면 인생을 다시 산다고 생각하고 새로운 마음으로 살라"며 풀어 주었다. 함께 연행된 동료가 5년 형을 받았으니, 그 점에서는 다행이었다. 하지만 자신을 가르친 선생이 자기 동생을 고문한 이야기를 들으면 누나는 어떻게 생각할까. 슬픈 현실이었다.

안기부에서 풀려난 박영창은 학교로 돌아갔다. 글재주를 살려 무협 소설을 썼는데, 어떤 사람이 읽고는 공산주의를 찬양하는 문장이 있다며 경찰에 신고했다. 이번에는 기소되어 실형 1년 반을 선고받았다. 1981년 『무림파천황』 필화 사건이었다.

1982년 봄, 내 옆방에 들어온 대학생은 노동운동을 하다 구속되었다. 그의 아버지는 노동자였는데 아무리 열심히 일해도 가난했다. 내가 세상 어디에도 구치소 밥처럼 맛없지는 않겠다고 했더니, 그는 "여기 밥이 우리 집 밥보다 더 맛있다"고 했다.

금지 사항

서울구치소에 있는 내내 나는 독방에서 생활했다. 그런대로 혼자 지내기에 여유가 있었다. 일반수는 내 방만 한 데서 일고여 덟 명이 생활했다. 방이 좁아 머리와 다리 방향을 서로 엇갈려 자느라, 얼굴 양쪽으로 다른 사람의 다리와 발이 닿았다. 게다가 좁은 공간에서 여럿이 지내다 보니 스트레스가 쌓여 사람들이 자주 싸웠다. 주로 사소한 일로 충돌했다. 내기 장기나 바둑을 두다가도 싸웠고, 그러다 사람이 죽기도 했다.

내 방은 천장이 높았는데 거미줄이 가득해 바라볼 때마다 언짢았다. 천장에 매달린 20와트 전구 하나가 방 안을 어슴푸레 비췄다. 이런 데서 오랫동안 책을 봐서인지 1.0이던 시력이 1년 만에 0.5로 떨어졌다.

겨울에는 나무판으로 된 방바닥에 거적을 깔았다. 시멘트벽이 어찌나 찬지 기대앉으려면 등에 담요를 대야 했다. 부족한 담요는 구매부에서 샀다. 서울구치소에서는 담요를 비롯해 우유, 사과, 빵, 비스킷, 알사탕, 마가린, 달걀, 칫솔, 치약, 수건, 비누, 약, 튀김, 국수, 고기덮밥, 찌개 등 여러 물품을 팔았다.

담요를 밖에서 가족이나 친척이 넣어 줄 수도 있었다. 옷과 책도 마찬가지다. 옷은 단추나 옷깃이 없어야 하고, 색이 화려하거나 고급품이어도 안 되었다. 속옷, 양말, 잠방이, 스웨터, 조끼 정도가 가능했다. 책은 사상을 다루거나 에로틱한 책, 그리고 만화

나 잡지가 아니라면 대부분 허가되었다. 하지만 신문은 볼 수 없었다.

신문 때문에 겪은 일이 있다. 11월 10일, 일본 고베에 있는 형이 내게 태윤기◆ 변호사를 선임해 주었다. 나를 담당한 검사가 10월 15일부터 11월 19일까지 구치소에 접견 금지 조치를 해놔서 그동안 나는 가족의 면회와 편지를 차단당했고, 변호사 선임도 뒤늦게야 할 수 있었다.

태윤기 변호사가 나를 두 번째 면회하러 온 날, 내 사건을 다룬 신문 기사를 보여 주었다. 입회한 담당이 별말을 안 해, 변호사가 신문 기사를 보여 주는 건 규칙을 위반하지 않는 줄 알았다. 친척에게 편지를 쓰며 그 신문 기사 내용을 조금 언급했다. 그랬더니 이게 문제가 되었다.

주임이 나를 관구실(관할구역실)◆◆로 불러서는, 신문 기사 내용을 어떻게 알았는지 물었다. 변호사가 보여 주었다고 하자, 주

◆ 1942년 일본 메이지대학을 졸업하고 만주 고등문관시험에 합격한 뒤 중국 시안으로 건너가 한국광복군 제2지대에 입대해 항일운동을 펼쳤다. 1955년부터 변호사로 활동했고, 군사독재 시절 인권 변호사로서 마산 의거 사건 1, 2차 조사위원, 진보당 사건, 10·26 사건, 전국민주청년학생총연맹(민청학련) 사건 등을 맡았다. 민권수호국민총연맹 상임위원, 인권옹호위원회 부위원장, 민주화추진협의회 부의장, 광복회 감사, 백범 진상규명위원회 법정위원장, 한국광복군동지회 부회장 등을 역임했다. 2012년 5월 13일 94세로 별세했다(『법률신문』 2012년 5월 15일자).

◆◆ 교도소에서는 몇 개 사동을 하나의 관할구역(관구)으로 묶어 감독·관리한다. 그 사무실을 관구실이라고 한다. 주로 수용자를 상담하거나 훈계하는 곳이었는데, 인권유린 및 폭력이 자행되기도 했다.

임은 면회에 입회했던 담당에게 사실을 확인했다. 담당은 그런 일이 없었다고 잡아뗐다. 주임은 더는 추궁하지 않고, 내 편지를 불허하는 정도로 마무리했다.

감옥에서는 금지 사항으로 재소자의 기본 권리를 빼앗는 곳이다. 금지 사항이 셀 수 없이 많았다. 마치 거미줄처럼 언제든 걸리게, 그리고 걸리면 빠져나오기 어렵게 만들어 놓았다. 때로는 교도관마저도 그 제약으로 피해를 보았다.

수감되고 일주일쯤 지날 무렵, 야근하던 교도관에게 하숙에 있는 내 소지품을 친척에게 가져가도록 연락해 달라고 부탁했다. 교도관은 그런 짓을 하면 모가지가 날아간다며 거절했다. 그런데 어떤 일반수가 대화를 엿듣고는 구치소 측에 밀고했다.

며칠 후 그 일로 조사를 받았다. 나에게는 경고가 내려졌고, 교도관은 경위서를 써야 했다. 나는 구치소에 온 지 얼마 안 돼 교도소 규칙을 잘 몰랐지만 어쨌든 규칙을 어겼으니 경고를 받는다 쳐도, 교도관은 내 부탁을 분명히 거절해 처벌받을 이유가 없는데도 경위서를 썼다. 이해 못 할 일이다. 상식으로는 별일 아닌 일도 감옥에서는 난리가 난다.

사형 구형, 무기형 선고

1982년 1월 18일 재판에서 검사가 내게 극형을 구형했다. 극형이 무엇을 뜻하는지 처음에는 몰랐다. 공범*이 된 옆자리 친구에게 물어보고서야 사형이라는 사실을 알았다. 실감이 나지 않았다. 대단한 일도 안 했는데 사형이 구형되는 현실에 어처구니가 없었다.

구치소로 돌아오자마자, 조 본무 담당이 내 손에 수갑을 채웠다. 사형을 구형받은 사람에게 수갑을 채우는 게 교도소 규칙이었다. 수갑은 몸을 불편하게 했지만, 마음도 압박했다. 혹시라도 사형이 선고되고 집행되지는 않을까 불안하기도 했다. 하지만 판결이 나오려면 아직 시간이 남아 심각해하지 않기로 했다. 무엇보다 나는 지은 죄가 없었다. 검사는 나를 간첩죄로 기소했지만, 나는 간첩 행위를 한 사실이 없다.

'지금 당장은 어렵더라도 언젠가 사회가 민주화하면 내게 씌운 죄는 다 뒤집힌다. 폭력으로 정권을 잡아 간첩을 조작하는 정권은 오래가지 못한다. 그러니 여기서 우선 건강을 지켜서 살아남자. 이 사회가 바뀌면 내가 당한 일을 폭로하고, 기회가 닿는 대로 내가 간첩이 아니라는 것을 주장하자.'

이렇게 생각하며 마음을 단단히 먹었다.

조 본무 담당은 비록 악질이었지만, 이때만큼은 내게 잘해 주었다. 혼자서도 풀 만큼 수갑을 느슨하게 채웠다. 원칙상 밥 먹을 때나 화장실에 갈 때만 한쪽 수갑을 풀어 주고, 운동할 때도 수갑을 찬 채로 했는데, 나는 운동할 때마다 한쪽 수갑을 풀었다. 운동 담당도 못 본 체했다. 나만 그런 건 아니다. 사형수들은 다 요령껏 수갑을 풀었다. 못으로 수갑을 여는 사람도 있었고,

◈ 나와 함께 잡힌 한국 학생들은 기소유예나 집행유예가 내려져 실형을 살지는 않았다.

56

교도관에게 부탁해 느슨하게 채운 사람도 있었다. 나는 손목이 가늘어 왼손은 아슬아슬하게 빠지는 정도로 고정하고, 오른손은 고정하지 않아 마음대로 조절하게 해두었다.

사형을 구형받으면 방을 옮겼다. 2~3일 뒤에 4사 상 15방으로 옮겼다. 사형수는 목숨을 끊거나 자해하지 못하도록 주기적으로 방을 옮겼다. 만에 하나 사형이 선고되어도 집행되는 일은 없으리라고 확신했다. 그동안 재일 교포 양심수 가운데 사형이 확정된 사람이 10여 명 있었지만, 문세광*을 빼고 집행된 사람은 없었다. 문세광은 대통령 부인을 암살한 살인죄로 사형이 집행되었다. 만약 재일 교포 양심수에게 사형을 집행한다면 한국 정부에 세계적인 비난 여론이 크게 일 것이라고 생각했다.

선고 공판은 세 번이나 연기되었다. 그사이 1982년 3월 1일에 재일 교포 사형수 다섯 명이 무기형으로 감형되었다. 그러고 나서 얼마 뒤, 내게 무기형이 선고되었다. 죄도 되지 않는 죄로 무기형을 받으니 억울하고 화가 났다.

그러나 수갑을 풀게 돼 생활하기가 편해졌다. 사형수는 사형이 집행되기 전까지 몇 년이 됐든 수갑을 찬 채 생활해야 한다. 두어 달 수갑을 차고 지내 보니 사형수가 얼마나 고생스러운지 짐작할 만했다.

무기수는 기한 없이 감옥살이를 한다. 중간에 감형되더라도

◈ 1974년 8월 15일 서울 장충동 국립극장에서 열린 광복절 경축 행사에서 대통령 부인 육영수 여사를 저격한 범인으로 체포되어 12월 17일 대법원에서 사형이 확정되었고, 사흘 뒤 서울구치소에서 사형이 집행되었다.

상당히 긴 감옥살이를 각오해야 한다. 그리 생각하면 내 상황은 절망적이었다. 그러나 양심수는 정치 상황에 따라 석방 시기가 좌우된다. 시간이 지나면서 정치 상황도 변할 테니, 머지않은 장래에 유리한 상황이 펼쳐져 석방되길 희망했다. 비록 무기형일지라도 그다지 걱정하지 않아도 된다고 스스로 위로했다. 낙천적으로 생활해야 우울한 심리 상태에서 벗어나 감옥 생활을 견디기에, 상황을 내게 유리한 쪽으로 해석하기로 했다.

구치소 생활이 익숙해지자 불안감이 옅어지고 차분해졌다. 그래도 감금되었다는 사실은 마음을 무겁게 했다. 누구도 이 심리적 압박감을 피할 수 없다. 하지만 계속 억눌리면 마음에 병이 생긴다. 그래서 나는 압박감을 누그러뜨리려고 노력했다. 감금 생활을 조금이라도 편하게 하는 방법이었다.

사형수

서울구치소에는 사형수가 많았다. 양심수는 사형이 확정되어도 사면받아 무기형으로 감형되기도 했지만, 일반 사형수의 경우는 감형이 드물었다. 사형수는 1년에 몇 차례 정기적으로 방을 옮긴다. 그래서 여러 사형수를 만날 기회가 있었다.

김영태라는 사형수는 사동 안 어디든 자기 마음대로 다녔다. 그가 가끔 내가 있는 곳으로 찾아와 이야기를 나누게 되었다. 그는 사촌 누나와 조카를 죽였다. 사촌 누나에게 용돈을 받으러 갔다가 돈을 주지 않자 화가 나 도끼로 일을 저질렀다. 이야기를 듣다 보니, 그에게서 잔인성과 정신 질환이 엿보였다.

김영태 사건은 1심에서 사형 판결이 났고, 2심에 계류 중이었다. 그는 자신에게 사형이 확정되어 집행될 거라고 여겼다.

"나는 사형수라 아무 가망이 없지만, 무기수는 무한한 희망이 있다. 무기수는 언젠가는 밖으로 나갈 것이고, 밖에 나가면 자기가 하고 싶은 일을 마음대로 할 수 있다."

4사 하에도 사형수가 여럿 있었다. 이동실이라는 사형수와 화장실 창으로 이야기를 나누었다. 그는 회사원이었다. 빈부 격차가 심한 한국 사회에서 궁핍한 사람들이 고생하는 현실이 슬퍼, 홍길동처럼 활약해 보겠다고 나섰다. 어느 부잣집에 숨어들었다가 그만 사람을 죽여 강도살인죄로 사형이 확정되었다.

사회의 부정·부조리와 빈부 격차의 문제점을 지적한 것은 옳았지만 방법을 잘못 골랐다. 부자에게 빼앗은 돈을 가난한 사람에게 나눠 주면 일시적으로 생활에 여유가 생길지 모르나, 문제를 근본적으로 해결하는 방법은 아니다. 의도는 좋았으나 예상치 못한 일이 벌어졌고, 그는 파멸하게 되었다.

1982년 10월 8일, 이동실에게 사형이 집행되었다. 그날 양심수인 신향식*과 김태열**에게도 사형이 집행되었다. 사형 집행일에는 수감자에게 운동이나 출역을 시키지 않아, 수감자들도 사형이 집행되리라는 걸 알아챘다.

교수대 앞에서 신향식은 "조국 통일 만세!"를 외쳤다. 김태열

◆ 남조선민족해방전선준비위원회(남민전)에서 활동했다.
◆◆ 민주수호동지회를 결성해 활동했다.

은 "조국 통일 만세! 조선 혁명 만세!"를 외쳤다. 그들의 마지막 모습을 목격한 교도관에게서 나온 이야기다.

김태열과는 같은 4사 상 사동에서 지내 알게 되었다. 그는 재일 교포인 진두현*과 함께 잡혔다. 많은 이가 사형을 선고받을 때 울거나 동요해 다리를 떨었지만, 그는 사형 집행장에서도 당당했다. 남북이 분단되지 않았다면 그들은 사형당하지 않았다. 나를 포함해 구속된 재일 교포들도 분단 상태가 아니었으면 투옥되지 않았다.

공부하는 수인과 교도관

학창 시절에는 영어 과목이 제일 공부하기 싫었다. 대학에 가서도 영어 성적은 별로 좋지 않았다. 이제라도 영어를 공부하기로 마음먹었다. 사형을 구형받았지만, 희망을 잃지 않고 영어 공부를 시작했다.

『고등 영문법』이라는 책으로 넉 달쯤 공부해 보니, 영어 문장 구조를 어느 정도 파악했다. 다음으로는 쉬운 영어 소설부터 시작해 수준을 서서히 올려 가며 영어책을 읽었다. 읽다가 모르는 어휘는 사전으로 찾았다. 사전을 펼치는 횟수가 엄청났다.

역사책과 소설책도 많이 읽었다. 사형을 구형받던 1982년

◆ 민주수호동지회를 결성해 활동했다. 1974년 9월 30일 체포되어, 11일간 불법 구금되었다. 1974년 11월 5일 국군 보안사령부가 '재일 교포 진두현 사건'을 발표했다.

1월 하순부터 1983년 5월 하순 광주교도소로 이감하기까지, 오전에는 영어를 공부하고, 점심을 먹고서 저녁 전까지는 역사를 공부했다. 저녁을 먹고 나서 자기 전까지는 소설을 읽었다.

역사책으로는 일본 출판사인 주오코론샤에서 전체 16권으로 발간한 『세계의 역사』를 주로 보았다. 소설은 여러 종류를 읽었는데, 시바 료타로가 쓴 역사소설이 재미있었다. 역사를 소설화한 그의 책은 일반 역사책보다 역사를 공부하는 데 더 도움이 되었다.

교도관들 중에도 공부하는 이들이 있었다. 구치소는 근무 조건이 열악했다. 교도관은 2교대제로 이틀에 한 번씩 밤샘 근무를 했다. 한번 출근하면 스물다섯 시간 이상을 구치소 안에 있어야 해, 교도관 스스로 '반 징역살이' 근무라고 했다. 어떤 교도관은 내가 방에서 느긋하게 자는 게 부럽다고도 했다. 교도관이 먹는 밥이 재소자 밥보다 더 안 좋은 시기도 있었다는 말을 들었을 때는 설마 했다. 그런데 교도관이 직원용 밥 대신 재소자용 밥을 먹는 모습을 보고는 이해했다.

근무 조건이 열악하다 보니 교도관이 되기가 아주 어렵지는 않았다. 교도관 중에는 "회사에 취직하지 못해 어쩔 수 없이 교도관이 되었다"고 얘기하는 이도 있었다. 대우가 나쁘고 직업에 대한 사회의 인식도 좋지 않다 보니, 교도관 스스로 열등의식에 사로잡히기도 했다.

그래서 젊은 교도관들은 행정직 공무원을 목표로 영어나 수학 공부를 열심히 했다. 주로 채용 시험 문제집을 풀었는데, 영어는 암기하면 되지만 수학은 이해가 필요해 어려워들 했다. 서울구치소에는 성적 상위권 대학의 학생 양심수가 꽤 있었다. 이해 못 하는 문제가 나오면 교도관은 학생들한테 가서 물었다.

수학 문제가 풀리지 않는다며 나한테 가르쳐 달라고 온 교도관도 여럿 있었다. 행정직 공무원 채용 시험 문제집은 대학 입시 문제와 비슷했다. 나도 고등학교 시절에 대학 입시 수학 문제집을 열심히 공부했고 실력도 괜찮았던 터라, 교도관들이 어려워하는 문제를 풀어 주었다.

여러 교도관이 이직을 꿈꾸며 열심히 공부했지만, 결과가 꼭 뜻대로 되지는 않았다. 어느 교도관이 "나는 지금까지 행정직 공무원 채용 시험에 합격한 교도관을 한 명도 본 적이 없다. 저렇게 쓸데없는 일을 할 게 아니라, 다른 쪽으로 노력하는 게 낫다"며 냉소적으로 말하기도 했다. 그래도 젊은 교도관들은 어떻게든 짬을 내 공부에 힘썼다.

어느 날, 깊이 잠들려던 참에 머리맡으로 책이 떨어지는 소리가 들렸다. 깜짝 놀라 일어났지만, 한밤중에 책이 떨어질 리가 없어 꿈인가 싶어 그냥 잤다. 아침에 일어나 보니 영어책과 사전이 있었다. 의아하던 차에 야근 담당이 찾아와 사정을 설명했다.

"어젯밤에 영어 공부를 하는데 갑자기 순시가 나왔어. 책을 숨길 데가 없어 당황하다 당신 방으로 던졌네."

교도관은 근무 중에 책을 보면 안 된다. 책을 읽다 발각되면 주의나 처벌을 받는다. 그래도 한밤중 근무 시간에는 딱히 할 일이 없어 책을 읽거나 졸았다.

우리 사동 본무 담당도 짬이 날 때마다 부동산책을 공부했다. 책을 읽지 않을 때는 책상 안에 넣어 두었는데, 누군가 가져갈지 몰라 내게 책을 맡겼다. 책을 싼 포장지에 종로서적 마크가 찍혀 있었다.

어느 날 보안과장이 내 방을 순시하다 그 책을 발견했다. 검열 받아 허가된 책은 모두 포장지를 제거했다. 보안과장은 책 포장 지가 그대로인 걸 보고 이상하게 생각했다. 보안과장이 내게 책 을 들어 보이며 추궁했다.

"왜 책에 열독 허가증이 없나?"

나는 사실대로 답할 수밖에 없었다.

다음 날, 본무 담당은 출근하자마자 보안과장에게 불려 갔다. 규칙 위반으로 주의를 받고 경위서를 썼다. 그래도 그는 계속 책 을 맡겼다. 나도 밖에서 안 보이는 곳에 철저하게 책을 숨겨, 그 뒤로는 순시에 걸리지 않았다.

김태홍을 구원하는 모임

1981년 10월, 보안사에서 서울구치소로 옮겨진 뒤, 조작된 사건이 신문에 발표되면서 비로소 가족들과 지인들이 내가 구속 된 사실을 알았다. 한국에서 공부하는 동안 방학이면 일본 고베 집으로 돌아가, 학기 중에는 특별한 일이 아니고서는 집에 따로 전화하지 않았다. 그러니 일본에 있는 가족은 내게 이런 일이 벌 어졌으리라고는 상상도 못 했다.

재일 교포에 관한 일이었으니 일본 신문에도 내 소식이 실렸 다. 야간 고등학교 1학년 담임이었던 이와부치 선생님이 기사를 보고는 깜짝 놀랐다. 일본 신문보다는 한국 신문에 더 자세한 내용이 실렸겠기에, 선생님은 한국 신문을 구해다 우리말을 잘하는 사람을 찾아가 기사를 읽어 달라고 부탁했다. 그 사람이 일본말로 번역해 읽는 것을 녹음한 뒤 여러 차례 들으며 상황을 정리하고 판단한 끝에 결론을 내렸다.

"조작한 거다."

선생님은 곧장 구원회를 만들었다. 일본에서는, 1970년대 들어 재일 교포들이 한국에서 양심수로 구속되자 구원회를 결성해 양심수를 지원해 왔다. 재일 교포 서승·서준식 형제 사건*이 시초였다.

구원회는 순전히 재일 교포 양심수를 위해 생겨난 모임이다. 일본에는 정치범이 없다. 사상의 자유가 있어 사상범도 존재하지 않는다. 〈국가보안법〉이나 간첩죄가 없으므로 양심수가 없다. 학생운동을 하다 잡혀도 교통법 위반이나 폭력·소란죄가 적용될 뿐이다. 그들은 어디까지나 일반수다. 일본에서는 한국처럼 정부를 비판했다고 잡아가는 일은 없었다.

이와부치 선생님을 비롯해, 내 사건을 전해 들은 일본 사람들

◈ 1971년 4월 20일 정부 당국이 '국가전복획책대규모간첩단 사건'을 발표했다. 당시 보안사령부는 서울대 대학원 사회학과 2학년 재학 중이던 서승과 서울대 법대 4학년 재학 중이던 동생 서준식을 체포해, 간첩 혐의로 구속했다. 10월 22일 서울형사지법 합의8부는 서승에게 사형, 서준식에게 15년 징역형을 선고했고, 1972년 5월 24일 대법원에서 서준식에게 7년 징역을 확정했다. 서준식은 7년 만기 뒤에도 전향하지 않았다는 이유로 〈사회안전법〉에 따른 보안감호처분으로 10년을 더 옥살이하고 1988년 석방되었고, 서승은 1990년 삼일절 특사로 석방되었다.

과 교포들이 나섰다. 1981년 늦가을인 11월 15일, '김태홍을 구원하는 모임'이 만들어졌다. 구원회 대표는 이와부치 선생님이 맡았다. 모임에는 20~30명이 모였고, 고베에 사는 사람이 많았다. 고등학교 때 월 4회 정도 기계를 써서 하는 빌딩 청소 아르바이트를 했는데, 그곳의 공동 경영자 한 분도 구원 활동에 함께해 주었다. 가족, 친구, 동창, 선생님처럼 아는 사람도 있었지만, 내가 모르는 사람도 있었다.

교도소에서 만난 재일 교포 이헌치*와 서성수**에게도 구원회 모임이 있었다. 나와 이헌치는 거의 같은 시기에 잡혔고, 서성수는 우리보다 2년 뒤에 잡혔다. 둘 다 고베 출신이었다. 모르는 사이였는데 감옥에서 알게 되었다. 두 사람의 후원회도 고베에서 결성되었다. 세 후원회는 서로 협력했고, 나중에는 통합해 함께 활동했다. 이때도 이와부치 선생님이 대표를 맡았다.

◆ 1979년 삼성전자에 입사했고, 1981년 10월 9일 체포되어 보안사에서 19일간 불법 구금되었다. 1981년 11월 11일 이주광 사건과 함께 검거 사실이 발표되었다(일명 '재일 교포 전자기술자 위장 간첩 사건'). 1982년 2월 17일 〈국가보안법〉, 〈반공법〉 위반죄를 적용해 1심에서 사형이 선고되었고, 항소심에서 무기징역으로 감형된 뒤 15년을 복역했다. 2012년 10월 3일 재심에서 무죄가 선고되었다.

◆◆ 1983년 10월 19일 보안사가 네 개 간첩망을 검거했다고 발표했다(재일 교포 모국 유학생 박박 사건 포함). 김병진을 포섭해 연세대에 위장 유학시켜 국내 정세 동향과 학원 데모 상황을 보고하게 한 혐의였다. 보안사는 '시멘트 전술'(해외 공작 기지 신설 및 확대), '갓끈 전술'(해외 공작 기지 강화, 제삼국을 통한 우회 침투 공작 적극 시도)이라는 말로 북한 동향을 설명했다. 서성수는 1990년 5월 21일 특별 가석방되었고, 2017년 8월 27일 재심에서 무죄가 선고되었다.

구원회 사람들은 나에게 편지를 쓰고 책도 보내 주었다. 일본에서 한국까지 면회도 와주었다. 간혹 면회를 못 하면 접견물을 넣어 주고 돌아갔다.

한국에서 구속된 재일 교포 양심수들은 대개 저마다 구원회가 있었다. 그중 오사카 출신 교포 양심수가 가장 많아서 오사카에 있는 구원회 조직이 가장 활발하게 활동했다. 오사카 다음으로 도쿄, 교토 순서로 교포 양심수가 많았다.

도쿄에는 일본 전국의 구원회 조직을 대표하는 재일 한국인 정치범 구원회가 있다. 1977년에 만들어진 '재일 한국인 정치범을 구원하는 가족·교포 모임'이다. 이 단체는 모든 재일 교포 양심수의 구원 활동을 했다. 일본의 국회의원이나 관료, 정치가 등과 교섭해 재일 교포 양심수의 조기 석방과 권익 옹호를 위해 다양한 활동을 펼쳤다. 『재일정치범을 구원하기 위하여』라는 제목으로 정기적으로 신문을 발간해 재일 교포 양심수들의 소식을 전국에 알리기도 했다.

이렇듯 일본에서 구원 활동이 활발하게 진행되었으므로 한국 정부 당국은 사형이 확정된 교포 양심수에게 사형을 집행하지 못했다. 그리고 시간이 무척 오래 걸렸지만 결국은 모두 석방되었다. 1990년대에 들어서는 '재일 한국민주인권협의회'로 이름을 바꾸었다. 나중에 내가 석방되었을 때도 회원들이 나를 만나러 왔다.

폭력 정권은 나를 간첩으로 몰아 세상과 격리했지만, 내 진실을 믿고 이름을 불러 주고 나를 기다리고 응원하고 세상과 싸우며 소리 내는 사람들이 있어 나는 고립되지 않았다. 나를 겹겹이

가로막은 교도소의 문과 높은 담장도 소용없이 나는 세상과 사람들과 연결되었다.

3 장
광주교도소에서

19	83	년	5	월	25	일	~
19	89	년	5	월	15	일	

요구르트에 에비오제를 섞으면 여름엔 3~4일,
겨울엔 10~14일, 봄이나 가을엔 일주일쯤 지나 술이 되었다.
천천히 발효시킨 술이 더 맛이 좋았다.
술이 다 만들어지면 우리는 모두 함께 마셨다.
저녁 8시 취침나팔 소리가 울린 뒤에 모였다.
감옥에서 술을 마시면 바깥세상과
그곳에서 지낸 일상이 사무치게 그리웠다.
술집에서 술을 즐기던 추억과 그 자리에 함께한
얼굴들이 하나둘 떠올랐다.

다른 이들과의 교류

1983년 5월 25일, 이른 아침. 교도관이 와서 이감 준비를 하라고 일렀다. 서둘러 짐을 챙겨 대기실로 갔다. 서울구치소에 입소하며 영치한 물품을 받았다. 확인해 보니 시계가 없어졌다.

밖에 소형 버스가 대기했다. 이승우라는 재일 교포 양심수가 앉아 있었다. 그는 2심 고등법원에서 15년 징역형을 받아 대법원에 상고해 이감하게 되었다. 유기수는 상고하면 이감하고, 무기수는 항소·상고심을 통해 형이 확정되면 이감한다. 나는 5월 중순 상고심에서 그대로 무기징역이 확정되었다.

이감하는 사람은 둘뿐이었고, 교도관 셋이 동행했다. 버스가 기차역까지 우리를 태워다 주었다. 걸어서 개표소를 통과하는 게 아니라, 버스가 열차 타는 곳까지 바로 갔다. 잠시 기다렸다가 광주행 특급열차를 탔다. 몸체에 '특급'이라고 적혀 있었다. 기차 안에서 교도관이 우리에게 아이스크림과 과자를 사주었다. 그런데 점심은 사주지 않았다. 우리 점심값으로 받았을 돈을 가로챈 셈이다.

광주역에서도 버스가 대기했다. 광주교도소에 도착하자마자 짐부터 검사받았다. 방에 가져갈 물건과 영치할 물건을 나눴다. 담요는 석 장만 가져갈 수 있다고 해서 다섯 장 중 두 장을 영치했다. 책은 일단 모두 영치해야 하고, 15권만 내준다고 들어 책 제목을 써서 냈다. 그때 유영수가 책을 받으러 왔다. 그는 1977년에 구속된 재일 교포 양심수로, 교무과 서적 부서에 출역하고 있었다.

짐 정리를 마치고 4사 상 11방으로 갔다. 출역하지 않는 양심수들이 지내는 합방이었다. 가는 길에 교도관에게 독방은 없는지 물었다. 교도관은 없다고 했지만, 나중에 알아보니 광주교도소에는 독방도 많고 빈 독방도 조금은 있었다. 서울구치소에서 쭉 독방에서 지내 보니 독방이 좋았다. 합방은 책을 읽거나 공부하는 데 아무래도 지장을 주었고, 생활하는 데도 불편이 많았다.

4사 상에는 큰 방(대방)이 12개 있었다. 방 넓이는 15.2제곱미터였다. 복도 쪽과 그 반대쪽 모두 큰 창이 달려 방 안이 어둡지 않고 바깥 풍경이 잘 보였다. 서울구치소에서는 창이 작아 방 안이 어슴푸레해 폐쇄된 느낌이었는데 그곳과 대조적이었다. 방 안에 있는 화장실은 재래식이지만 냄새가 별로 나지 않았다.

11방에 내가 들어가자 양심수가 일곱 명이 되었다. 다들 따뜻하게 맞아 주었다. 이 방에서는 음식이나 생활필수품을 공동으로 사들여 평등하게 먹고 쓰기로 했다. 영치금을 보내 줄 가족이나 친척이 없는 두 명은 공동 구매 비용을 면제해 주었다.

광주교도소에서는 교무과 옆에 있는 강당에서 매주 종교 집회가 열렸다. 화요일에는 천주교, 수요일에는 불교, 목요일에는 기독교 집회 식이었다. 징벌자가 아니라면 누구나 참가할 수 있었다. 목사, 신부, 승려가 각 집회에서 설교했다. 종교 단체에서 가끔 떡이나 빵, 과일을 가져와 집회에 온 재소자에게 나눠 주었다. 대체로 음식이 나오는 날을 미리 알려 주는데, 그럴 때만 집회에 참가하는 사람도 생겼다. 이른바 '떡신자'였다.

일요일에는 강당에서 영화를 상영했다. 종교 집회나 영화 상영회는 다른 방에 있는 양심수와 만나 이야기를 나눌 기회였다. 나는 모든 종교 집회와 영화 상영회에 자주 갔다. 집회에서 재일교포 양심수, 출역하는 양심수, 다른 사동에 있는 출역하지 않는 양심수를 여럿 만났다. 출역하지 않는 사람들은 거의 방에서만 시간을 보내 생활이 단조로웠다. 그래서 종교 집회나 영화를 보러 가면 기분이 전환되었다.

우리는 뉴스를 비롯해 여러 주제로 이야기를 주고받았다. 사회 동향이 궁금했지만, 교도소에서는 신문을 볼 수 없었다. 시사가 실린 잡지도 마찬가지다. 교도관이나 경교대원◈이 재소자에게 시사 이야기를 하는 것도 금지되었다. 그래도 우리에게 뉴스를 알려 주는 교도관이나 경교대원이 간혹 있었다. 그렇게 각자조금씩 얻은 뉴스를 기억했다가 종교 집회에서 만나 서로 정보를 교환하고 모아 나름대로 사회 동향을 파악했다. 나는 그런 자리를 최대한 이용해 정보를 많이 그러모았다.

아량 넓은 깡패

2주 뒤, 나는 3사 하 23방으로 옮겼다. 보안과 계장에게 독방

◈ 경비교도 대원. 군대에 징병된 사람 중 교도소에 파견된 군인.

을 신청하니 받아 주었다. 그런데 2.5제곱미터 방은 비좁아 지내기 힘들었다. 3사 하에는 복도를 사이에 두고 남쪽으로 15.2제곱미터 대방이 12개, 북쪽으로 5.6제곱미터 중방이 10개, 2.5제곱미터 독방이 아홉 개, 1.7제곱미터 징벌방이 여섯 개 있었다. 마침 중방이 하나 비어 보안과 주임에게 중방으로 옮겨 달라고 요청했으나, 단번에 거절당했다.

내 맞은편 6방의 송창림이 이 일을 듣고는 자신이 잘 아는 배 ○○ 주임을 만났다. 몇 시간 뒤, 나는 중방인 22방으로 짐을 옮겼다. 교도소에 영향력이 컸던 송창림은, 같은 사동에서 지낸 여섯 달 동안 내게 잘해 주었다.

송창림은 제주도 출신 깡패 두목이다. 제주교도소에서 이감돼 왔는데 특별한 사연이 있었다. 제주교도소에서는 교도관들이 재소자를 자주 폭행했고, 재소자가 병들어도 좀처럼 치료하지 않았다. 재소자의 인권을 완전히 무시했다.

송창림의 부하가 몰래 애인에게 편지를 보내려다가 발각돼 보안과 주임한테 몽둥이로 맞아 어깨뼈가 골절되었다. 이 사건이 알려지자 평소 교도소 측에 원한이 깊던 재소자들이 일제히 교도관들을 공격했다.

그 일을 송창림이 주도했다. 재소자 인원이 압도적으로 많아 재소자들이 단결하면 교도관들은 도망칠 수밖에 없었다. 악질 교도관 중 몇이 붙잡혀 심하게 얻어맞고 똥 세례를 받기도 했다. 교도관만으로는 상황을 수습할 수 없자 군대가 개입했다.

송창림을 비롯해 폭동 주도 세력은 조사받는 동안 처참하게 고문당했다. 그들은 모두 손목과 발목이 연쇄로 묶여 마음대로 몸을 움직이지 못했다. 연쇄는 쇠사슬이 붙은 철 고리로 30킬로그램이나 나갔다. 그렇게 1년 넘게 묶여 지냈다.

송창림과 동료들은 폭동죄로 4년 이하의 추가 형이 확정된 뒤 광주교도소로 이감되었다. 여기에서도 그들은 특별 요시찰로 분류되어 독방만 있는 양심수 사동인 2사 하에 수용되었다. 송창림은 이곳에서 양심수에게 감화되었다. 그들은 2사 하에서 1년가량을 보낸 뒤 다른 사동이나 교도소로 옮겼다.

송창림은 깡패였지만 사업하던 사람이라 경제적으로 여유로웠다. 물품을 넉넉히 사서 같은 방 사람이나 부하에게 나눠 주었다. 일반적으로 교도소에서 깡패는 약한 사람이 산 물품을 빼앗는 일이 흔했는데 그는 달랐다. 양심수 사동에서 감화되어 그랬는지 원래 기질이 그런지는 모르지만, 아량이 있었고 사람들을 잘 돌봤다.

광주교도소에서는 저녁에 국수 판매원이 사동을 다니며 국수를 팔았다. 국물은 조금밖에 없고 고춧가루가 많았지만, 국수가 맛있어서 가끔 사 먹었다. 송창림이 3사 하에 있는 모든 재소자에게 국수를 한 그릇씩 돌리기도 했다. 3사 하 수용 인원이 150명쯤 되었으니 비용이 상당했다. 부자에다 마음 씀씀이도 컸다.

낮에는 가끔 채소튀김이나 고구마튀김을 팔았는데, 설탕에 찍어서 먹는 사람이 많아 설탕도 함께 팔았다. 한번은 송창림이 설탕만 사려고 하자 판매원이 튀김을 안 사면 설탕도 못 판다고 나왔다. 송창림은 바로 튀김과 국수 불매운동을 벌였다. 판매량이 갑자기 줄어 부서 담당들이 궁지에 몰리자, 결국 교도소 측은 설탕도 따로 팔겠다고 약속했다.

발병

　독방에서 지내다 중방으로 오니 방이 꽤 넓게 느껴졌다. 독방은 폭 90센티미터에 길이 270센티미터로 비좁아 마음도 괴롭고 생활하기도 불편했다. 독방은 복도 쪽 문에 작은 창이 하나 있을 뿐이었다. 화장실에도 창이 있긴 했지만, 화장실 안에서만 밖이 보였다. 그런데 중방은 양쪽에 큰 창이 나 복도와 밖이 잘 보여 마음이 차분해졌다.

　단점도 있었다. 창틀과 창이 딱 맞지 않아서 날이 추워지면 틈새로 바람이 들어왔다. 게다가 북쪽에 있어 햇빛이 거의 들지 않았다. 추위가 심한 날에는 방에 놓인 물그릇에 물이 2센티미터 두께로 얼었다. 유리가 아니라 투명하고 얇은 비닐 한 장으로 창을 대신한 탓이다. 그해 겨울, 광주는 이른 아침 기온이 영하 10도로 떨어지는 일이 잦았다. 영하 18도까지 내려간 날도 있었다. 어찌나 추운지 귀와 손가락이 동상에 걸렸다.

　서울구치소에서는 재판 중이라 감시가 심해 사람들을 접할 기회가 제한됐는데, 광주교도소에서는 재판이 끝나 형이 확정된 뒤라, 서울구치소와 비교해 의무과에도 더 쉽게 갈 수 있고 종교 집회에 참여하는 등 행동 범위가 넓어졌다. 오가다 보면 사람들과 이야기하고 접촉하게 되는데, 신경이 많이 쓰여 지치는 경우도 많았다.

　3사 하 사동은 문제수가 많아 질서가 없었다. 이런 상황에서 나는 신경과민증에 걸렸다. 신경이 예민해지자 영치금으로 산 음식물을 먹으며 스트레스를 풀었다. 추위, 신경과민, 과식이 겹쳐 소화불량에 걸렸다. 위장이 늘 답답했고, 설사가 이어졌다. 약을 먹으면 설사가 멈췄으나 그때뿐이었다. 센 약을 먹어도 마찬가지였다.

의무과에 이성희◆ 박사가 있었다. 이 박사는 도쿄대학교에서 수의학 박사 학위를 받고 전북대학교 수의학과에서 학생들을 가르치던 교수였다. 1974년 '울릉도 간첩단 사건'에 연루돼 무기형을 받았고, 의무과에 보조로 출역했다. 의무과장은 일반의 자격만 있었고, 이 박사는 지위는 의무과장 보조였지만 실력은 의무과장보다 나았다. 수의사여도 사람을 잘 치료했고 우리를 친절히 대했다.

이 박사를 찾아가 물었다.

"위장이 나빠지면 박사님은 어떻게 대처합니까?"

이 박사가 주저하지 않고 답했다.

"먼저 단식하지요."

그 말을 듣고 하루 동안 음식을 먹지 않았다. 신기하게도 설사가 멈췄다. 그러나 다음 날부터 탕변(모양이 없는 부드러운 변)이 나오더니 다시 설사했다. 이틀을 먹지 않아도 결과는 같았다.

책도 찾아보았다. 일본에서 누나가 꼬박꼬박 보내 주는 의학 월간지 『나의 건강』, 『상쾌』와 면역학 관련 기초의학 서적을 읽었다. 내가 걸린 병은 신경성 만성 설사, 즉 과민대장증후군이었

◆ 1심에서 사형, 2심에서 무기징역으로 17년간 복역했다. 2014년 12월 11일 재심에서 간첩 혐의는 무죄 확정했으나, 일본 유학 시절 방북은 유죄로 인정했다.

다. 설사약이나 하루 이틀 단식으로 고칠 게 아니었다.

이 무렵 교도소 구매부에서 과민대장증후군 전문 치료제를 팔았다. '듀스파타린'이라는 네덜란드제 약이었다. 그 약을 사서 한두 달 먹었더니 장이 좋아졌는지 설사가 멈췄다.

몸 상태가 나아지자 방심해서 냉큼 술을 만들었다. 사람들한테 전해 들은 방법으로 실험해 보았다. 구매부에서 요구르트와 소화효소 영양제인 에비오제, 빵을 샀다. 플라스틱 통에 잘게 자른 빵과 요구르트, 에비오제를 넣어 잘 섞었다. 여름에는 3~4일, 겨울에는 2주 남짓이면 술이 되었다. 완성되어 마셔 보니 불순물이 섞여 질이 좋지는 않았다. 질 나쁜 술을 마셨으니 장이 편할 리 없었다. 고생하고 나서야 깨달았다. 몸이 안 좋을 때는 술을 마셔서는 안 되며, 질 나쁜 술은 몸에 해롭다는 것을.

건강이 나빠지자 신경이 더 예민해지고 심리적으로도 불안했다. 얼마나 오랫동안 감옥에 있어야 할지를 생각하면 초조하고 절망스러웠다. 건강해도 생각이 많아지는 옥중에서 몸까지 안 좋으니 모든 게 걱정거리였다. 나에게는 가장 우울한 시기였다. 하지만 달리 방법이 없었다. 해오던 대로 의학 공부를 계속하는 한편, 만성병을 치료하려면 일정한 체력을 유지해야 한다고 판단해 운동을 열심히 했다. 날마다 방에서 태권도와 유연체조를 하고, 바깥 운동 시간 30분 동안에는 되도록 오래 달렸다. 몹시 덥거나 추울 때는 5분 정도만 달렸다. 서울구치소에서는 담으로 둘러싸인 좁은 장소에서 혼자 운동했는데, 여기에서는 독방과 합방 상관없이 30명가량이 함께 운동했다.

젊은 무기수의 죽음이 촉발한 투쟁

1983년 가을, 3사 하 독방에 젊은 무기수가 들어왔다. 고등학교를 졸업하자마자 입대한 그를, 선임들이 자주 구타하고 괴롭혔다. 참지 못할 지경이 되자, 그는 자신을 괴롭힌 선임들을 소총으로 사살했다. 군사재판은 무기징역을 선고했다.

그는 다른 재소자와 어울리지 못했고, 교도관에게 자주 괴롭힘을 당했다. 3사 하에 오면서는 몸에 혁수정이 채워져 있었다. 혁수정은 허리에 감은 가죽 밴드와 손목에 감은 가죽 밴드를 쇠사슬로 연결한 수갑이다. 그는 출역하던 작업장에서 문제를 일으켜 혁수정을 차게 되었고, 3사 하 독방에 수용되어 조사받았다. 나름대로 자기주장을 말하고 애로사항을 교도관에게 호소했지만, 교도관은 그의 말을 무시하고 푸대접했다. 그는 괴로운 나머지 침낭에 달린 지퍼를 떼어서 목을 맸다. 침낭은 구매부에서 팔았는데, 교도소 측에서는 침낭 지퍼가 이렇게 쓰일지는 생각하지 못했던 모양이다.

오후 8시를 조금 지날 때였다. 야근 담당이 자살한 그를 즉시 발견하고는 비상벨을 눌렀다. 밤에는 보안과에서 열쇠를 보관해 야근 담당한테는 열쇠가 없었다. 비상벨을 누르면 경교대와 교도관이 열쇠를 가지고 바로 달려오지만, 아무리 서둘러도 5분 넘게 걸린다. 경교대와 교도관이 도착해 재빨리 문을 열었지만, 이미 늦었다.

순식간에 3사 하 전체로 소식이 퍼졌다. 교도관에게 괴롭힘을 당해 자살한 사실도 모두가 알았다. 재소자들은 평소 자신을 억압적으로 다루는 교도관들에게 불만이 컸다. 젊은 무기수의 죽음을 계기로 그 불만이 폭발했다.

그런데 송창림은 이를 걱정했다. 제주교도소에서 일어난 일이 여기에서 다시 일어나서는 안 된다고 생각했다. 제주교도소에서 폭동을 주도하다 가슴에 사무치게 고생한 터라, 두 번 다시 그런 일을 겪고 싶지 않았다.

송창림은 이 사건에 대해 떠드는 사람들에게 조용히 하라고 설득했다. 나는 이 기회에 우리의 불만을 폭발시켜 교도소 측에 처우 개선을 요구해야 한다고 판단해 송창림을 설득했다.

"이 자살은 교도소 측이 재소자의 인권을 짓밟아 일어났네. 자살한 사람뿐만 아니라, 모든 재소자의 인권이 짓밟히고 있어. 이번 기회에 항의해야 해. 특히 3사 하는 다른 사동에 비해 처우가 나빠 불만이 극도에 이르렀으니, 이 기회에 해소하는 게 좋아. 지금 상황에서는 사람들의 불만을 억누를 수 없어."

송창림은 내 말을 알아들었다. 나는 구호를 외쳤다.

"재소자 인권을 짓밟지 마라! 악질 교도관을 처벌하라! 재소자 처우를 개선하라!"

3사 하에 있는 모든 재소자가 호응해 구호를 외쳤다.

"재소자 인권을 짓밟지 마라!"

"악질 교도관을 처벌하라!"

"보안과장은 책임지고 사임하라!"

"엉터리 의무과장은 사임하라!"

구호 소리에 사동이 소란스러워지자, 보안과에서 경교대와 교도관 50여 명이 와서 진압하려 들었다. 교도관이 방문을 열고 재소자를 끌어냈다. 우리는 격렬하게 항의하며 물을 뿌리거나 식기를 던졌다. 교도소 측은 도저히 수습할 수 없었다.

밤 1시가 지나자 보안과장이 대화를 제안했다. 3사 하 각 방에서 한 명씩 휴게실로 불렀다. 거기에 모인 사람들은 보안과장에게 여러 가지 불만을 털어놓았고, 보안과장은 오랫동안 들었다. 문제점을 바로잡고 재소자의 처우를 개선하겠다고 약속하면서, 개선할 사항을 정리해 종이에 써서 내달라고 했다.

다음 날, 3사 하를 대표하는 재소자 20여 명이 3사 하 담당실에 모여 개선할 내용을 논의하고 정리해 종이에 적었다.

- 운동 시간을 30분에서 한 시간으로 연장할 것
- 필요할 때는 언제라도 의무과에 데려갈 것
- 내용이 좋은 영화를 상영할 것
- 재소자에게 폭언·폭행하지 말 것
- 사소한 일로 징벌을 주지 말 것

이 밖에도 몇 가지를 더해 약 10개 항목에 걸쳐 요구 사항을 정리했다. 보안과장은 이 요구를 모두 받아들였다. 하지만 오래 가지 않았다. 석 달이 지나자 운동 시간이 다시 30분으로 줄어들었고, 재소자에 대한 폭언과 폭행도 비일비재했다. 교도소 생활은 좋을 때도 있고 나쁠 때도 있었다. 한결같지 않았다.

생활 개선

3사 하 22방에서 1년을 보낼 무렵, 이가 좀 아파 살펴보니 충치가 하나 있었다. 의무과 부장에게 치과 병원에서 치료받게 해달라고 요구했더니, 외부 병원에 가려면 보안과의 허가가 필요하다고 했다.

며칠 뒤, 일본에서 어머니와 형수가 찾아와 보안과장실에서 특별면회를 했다. 보안과장은 외부 병원에 보내 충치를 치료하게 하겠다고 약속했다.

이튿날 의무과를 찾아가 보안과장이 허가했다고 전했다. 그런데 의무과 부장은 난색을 보였다. 그래서 의무과장을 만났다. 의무과장도 모호한 말만 하며 답변을 회피했다.

나는 일주일 안으로 치과 병원에 보내 주지 않으면 단식투쟁을 하겠다고 부장에게 선언했다. 그러자 두 사람은 당황했다. 내가 단식투쟁을 시작하면 이 문제가 주목받을 테고, 곤란해지는 건 약속을 지키지 않은 그들이었다. 그날 저녁, 부장이 나를 불렀다. 치과 병원에 보내 줄 테니 단식하지 말라고 부탁했다.

그 전까지는 교도소 상황을 잘 파악하지 못했지만, 이제 어느 정도 돌아가는 상황을 알게 되었다. 그래서 이즈음부터는 내 생활을 개선하고자 적극적으로 주장하고 행동했다. 어느 정도 받아들여지면 스트레스도 조금은 풀려 불안한 심리가 가라앉았다.

며칠 뒤, 광주 시내에 있는 '장 치과 병원'에 가서 충치를 치료했다. 사형이 확정된 재일 교포 양심수인 김철현과 함께였다. 그는 이전부터 여기서 충치와 치조농루 치료를 받았다. 김철현에게는 좋은 물리학책이 많아서 나도 우주물리학이나 소립자물리학 책을 빌려 보기도 했다.

장 치과에는 세 차례 갔는데, 그때마다 장 원장은 가까운 찻집에 커피를 주문해 대접해 주었다. 자비로 충치를 치료하기로 했는데, 치료비를 받으러 오지 않았다. 장 원장은 나중에 일주일에 한 번씩 광주교도소에 와서 무료로 재소자를 치료해 주었다. 병원 경영 말고도 전남대학교 치과대학에서 학생들을 가르치느라 바빴을 텐데도 교도소에 찾아와 봉사 활동을 했다.

일반수는 외부 병원에 가는 일이 매우 드물었다. 생명이 위험하거나 매우 심각한 병이 아닌 한 가지 못했다. 그것도 돈이 있고 후원자가 있어야만 가능했다. 교도소에서는 병이 심해져 죽거나 몸이 엉망이 되는 일이 흔했다.

1984년 봄부터 발병한 과민대장증후군 탓에 신체 조절 기능이 떨어졌다. 그렇게 되면 여름이나 겨울을 나기가 무척 힘들었는데, 특히 겨울에 더 힘들었다. 독방에는 이불을 하나밖에 주지 않았다. 나는 이불 세 채에 담요가 다섯 장 있어서 충분했는데도 잘 때는 추웠다. 뜨거운 물을 넣어서 몸을 따뜻하게 하는 기구인 탕파가 필요했다.

탕파 사용 허가를 받으려고 의무과장에게 면담을 신청했다. 담당이 의무과장에게 전하자, 면담도 하지 않고 바로 사용 허가서를 써주었다. 일반수에게는 탕파를 허가하지 않았거니와, 양심수도 의무과장과 몇 번이나 말다툼해야 겨우 사용 허가를 받았다. 의무과장은 충치 치료 문제로 나와 부딪친 일도 있었지만 내 병을 잘 알았기에 허가해 주었다.

교도소에서는 얌전하게만 있으면 제대로 대우받지 못한다. 물론 교도관도 사람마다 다르다. 양심 있는 교도관은 상대가 아무리 약해도 괴롭히지 않았다. 악질 교도관은 약한 사람에게는 강압적인 태도를 보이고, 자기보다 지위가 높은 사람에게는 아첨했다. 그러면서 재소자의 인권을 침해하는 불법행위를 자주 저질렀다. 이는 악질 교도관의 약점이기도 했다. 악질 교도관은 동료에게도 미움을 사 고립된 사람이 많다. 그것도 약점이다. 겉으로는 강해 보여도 마음에는 두려움이 가득하다. 자신이 저지른 행위 탓에 언젠가 복수당하지 않을까 무서워했다.

탕파를 받아 사용해도 몸은 여전히 추웠다. 내장이 나빠지니 몸에 충분한 열을 공급하지 못해 추위에 떨었다. 처음 겪는 일이었다. 몸이 너무 차가워지니 불안하고 절망감에 휩싸였다.

교도소에서 들은 광주 민중 항쟁

3사 하는 늘 소란스러웠다. 대방에는 14~15명이 지냈다. 방이 비좁으니 서로 예민해져 아무것도 아닌 일로 싸웠다. 합방에서는 깡패가 주도권을 잡았다. 방 질서를 유지한다며 강압적인 태도로 나왔다. 신입이 들어오면 신고식을 했다. 신입 재소자에게 본적, 주소, 생년월일, 죄명, 사건 경위를 말하게 하고는 중간에 조금이라도 말이 막히면 때렸다. 태도가 불성실해도 때렸다. 그런 식으로 공포 분위기를 자아내 자기들 명령에 따르게 했다. 영치금도 없고 실력도 없는 신입은 나쁜 처우를 받았다. 영치금이 있으면 처우가 조금 나았지만, 영치금으로 산 물건은 죄다 빼앗겼다. 어느 사회나 약한 사람은 시달리고 착취당한다. 교도소도 다르지 않았다.

내 방 맞은편 대방에 깡패 서너 명이 있었다. 대부분 문신을 했는데, 광주교도소에 있던 깡패 중에는 문신을 지우려는 사람이 많았다. 한 깡패가 끝이 날카로운 유리로 문신을 깎아서 없애려는 모습을 여러 번 보았다. 유리로 피부를 깎으면 상처 자국이 남아 보기 흉했다. 작은 문신을 화학약품으로 녹여 없앤 사람도 보았다. 문신한 자리와 그 아래 살까지 녹아 2밀리미터쯤 패였다. 흉한 상처가 생겼음에도 문신을 없애려는 데는 그만한 이유가 있었다.

전두환 군사정권은 1980년 5월 광주 민중 항쟁 이후 수많은 깡패를 삼청교육대로 연행해 순화 교육을 강제했다. 문신한 사람은 무조건 잡아들였다. 교수, 학생, 실업자, 노동자 등 군사정권이 마음에 들지 않는다고 판단한 반체제 인사도 강제로 순화 교육을 받게 했다.

삼청교육대에서는 군사훈련 같은 일종의 '기합'을 실시했고, 이를 따라가지 못하면 구타와 폭행도 서슴없이 자행됐다. 차라리 교도소에 보내 달라고 요구하는 사람도 있었다.

그러자 정부 당국은 교도소가 그렇게 편한 곳이어서는 안 된다며 교도소에도 순화 교육을 강요했다. 삼청교육대에서 순화 교육을 받다 도저히 참지 못해 도망간 사람은 기관총으로 사살되었다는 이야기도 있었다.◆ 그래서 문신 때문에 잡혀 순화 교육을 받아 본 깡패는 어떻게든 문신을 지우려고 애썼다.

광주교도소에는 광주 민중 항쟁을 목격하거나 직접 참가한 사람이 많았다. 그들이 눈앞에서 본 현장을 들려주었다.

"5월 18일에 시위행진을 하는 학생들을 군대가 곤봉으로 구타하며 심하게 탄압했다. 시민들은 처음에는 무슨 일이 일어났나 싶어 지켜봤다. 그런데 군대가 너무도 처참하게 학생들을 탄압하는 걸 보고 항의했다. 그 과정에서 공수부대가 총이나 총검으로 사람을 죽였다. 그 잔학한 행위를 참을 수 없던 시민들이 동참하면서 시위 규모가 폭발적으로 확대되었다."

"시민군과 공수부대의 총격전을 보았다. 공수부대는 시민군을 향해 기관총으로 집중사격했다. 기관총을 난사해 총알이 끊임없이 날아오는데 시민군 중 한 사람이 혼자서 소총 한 정만 들고 돌격했다. 그 장면을 끝까지 보진 않았지만, 아마 그 사람은 죽었을 것이다. 용기가 있다고 해야 할지 무모하다고 해야 할지. 그런 비상시에는 생명을 내던지는 사람이 나타난다."

"온 시내가 소란했던 열흘 동안, 시내 모든 은행이 무방비 상태였음에도 돈을 훔치는 사람이 한 명도 없었다."

"교도소 앞에서도 총격전이 일어나 병사病舍 2층으로 총탄이 날아왔다. 그래서 거기에 있던 재소자를 모두 다른 곳으로 옮겼다. 군 당국은 광주 봉기로 구속한 사람들을 헬리콥터로 실어 교

◈ "삼청교육 사건은 신군부의 계엄포고 13호에 따라 1980년 8월 1일부터 이듬해 1월 25일까지 6만 755명이 영장 없이 검거됐고, 이 가운데 3만 9742명이 삼청교육대에 끌려가 고초를 겪은 사건이다. 구타와 가혹 행위 등으로 숨진 사람만 54명에 이른다. 삼청교육대 생활수칙 제1조는 '선동 및 도망치는 자는 사살한다'였다"(《노컷뉴스》 2013년 7월 3일자).

도소 건물 옥상으로 옮겼다. 너무 많이 잡아 방이 부족해 창고에
도 수용했다. 당시 4사 하에는 광주 항쟁 관련자만 있었다. 악질
교도관은 구두를 신은 채 방에 들어가 그들을 곤봉으로 때렸다.
복도에 피가 흘렀다. 광주 항쟁이 벌어진 열흘 동안 재소자는 방
에서 나오지 못했다. 출역도 없고 운동도 없었다. 밥 대신 교도
관이 나눠 주는 건빵만 먹었다."

목욕

재소자들은 열흘에 한 번씩 목욕했다. 목욕이라지만 탕 안에
들어가지는 못했고, 더운물을 몸에 끼얹으며 씻는 정도였다. 교
도관들은 물 사용량을 줄이고 목욕을 빨리 끝내려고 물을 아주
뜨겁게 했다. 어찌나 뜨거운지 찬물을 안 섞으면 쓸 수 없었다.
하지만 사람은 많고 수도꼭지는 벽 쪽에 두 개뿐이었다. 재소자
들은 그냥 대충 씻고 바로 나왔다.

우리가 목욕하는 날, 목욕탕 담당에게 물이 너무 뜨거우니 찬
물을 섞어 달라고 부탁했다. 담당이 뜨거운 물에 손을 넣어 보고
는 별로 뜨겁지 않다며 시치미를 뗐다. 찬물을 섞으라고 재차 요
구해도 무시로 일관했다.

나는 찬물을 틀라고 여러 차례 외쳤다. 목욕탕에 있던 일반수
들도 따라 외쳤다. 그러자 교도관이 나에게 선동하느냐고 물었다.
나는 정당한 요구라고 맞받아쳤다.

"우리가 목욕하는 걸 방해했으니 그 부당한 행위에 항의하는
건 당연하다."

이렇게 주장하고 목욕탕에 있던 모두가 한꺼번에 외치자 교도관이 겁을 먹었다. 혼자 힘으로는 어쩔 수 없다는 걸 깨닫고는 탕에 찬물을 틀었다.

목욕을 끝내고 방에 돌아왔는데 관할구역 주임이 순회하러 왔다. 주임이 내 방 앞에 왔을 때, 나는 목욕과 관련해 몇 가지를 항의하고 요구했다.

"〈행형법〉◆ 규정대로 일주일에 한 번 목욕하도록 해주시오. 그리고 고혈압 환자나 심장병 환자가 뜨거운 물을 끼었다 죽으면 누가 책임질 겁니까? 그런 사고가 안 생기게 물 온도를 적절하게 맞춰 주시오."

내가 상대한 주임은 일반수에게 징벌을 주기로 유명한 이○○ 주임이었다. 이 주임에게 규율 위반이 적발되면 일반수는 예외 없이 징벌을 받았다. 사소한 규율 위반도 마찬가지였다. 그러나 그는 일반수를 때리지는 않았다. 부하 교도관을 시켜 때리게 하는지는 모르겠지만, 자기 앞에서 때리게 하는 일은 없었다. 교도관이 재소자를 폭행하는 일은 흔했지만, 그러다 일이 커지면 교도관이나 교도소 측이 궁지에 몰린다. 이 주임은 안 때리는 대신 징벌을 줬다. 수갑과 포승으로 몸을 묶어 두 달쯤 징벌방에 가두면 더 큰 고통을 줄 수 있었다.

이 주임은 내 요구를 모두 받아들였다. 이미 이 일을 보고받

◆ 〈행형법〉은 2007년 〈형의 집행 및 수용자의 처우에 관한 법률〉(형집행법)로 개정되었다.

앞을 테고, 교도소 측이 잘못한 문제를 더 키우고 싶지 않았을 것이다. 하지만 일반수가 요구했다면 이 주임은 틀림없이 무시했을 것이다. 이런 일이 반복되니 일반수가 교도소 측에 뭔가 요구하는 일은 거의 없었다. 이 일로 나에게 감사를 표시한 일반수도 있었다.

그 뒤로 목욕 담당도 태도가 달라졌다.

"물이 필요하면 줄 테니 떠들지 말고 조용히 목욕해 줘."

우리는 상쾌하게 몸을 씻었다. 원래는 못 들어가게 하던 탕 안에 들어가도 그 담당은 아무 말도 하지 않았다.

재소자 폭행

내 옆방인 3사 하 21방은 문제 있는 재소자를 잠시 수용하는 방이다. 어느 날 권○○이라는 젊은이가 들어왔다. 그는 1982년 11월에 광주 미 문화원을 방화◆해 구속되었다. 죄명이 방화라 일반수로 분류했으나, 공안 요시찰로 되어 있어 실제로는 양심수였다.

권○○은 초등학교까지 다녔지만, 독학으로 검정고시를 쳐서 고등학교 졸업 자격을 얻었다. 학교 교육은 충분히 받지 못했으나, 일하면서도 열심히 공부해 현실 사회를 깊이 인식하는 힘이 있었다.

◆ 당시 신문에 '11월 20일 광주 미 문화원 방화 미수 사건'으로 보도되었다.

1980년대 대학가에서는 반미 투쟁이 번져 나갔다. 광주 항쟁 당시 학살을 방조한 미국에 책임을 묻는 것이었다. 1982년 봄에는 김현장과 문부식이 주도해 부산 미 문화원을 방화했다. 그 안에 있던 사람이 한 명 죽었고, 주동자 두 명에게 사형이 선고되었다. 당시 사건이 크게 보도되고 사회적으로 큰 문제가 되었다.

권○○에게는 대학생 친구가 있어서 학생운동 상황을 어느 정도는 알았다. 그도 운동권 학생들처럼, 미국이 한국의 군사정권을 지지해서 민주화를 방해하므로 미국을 한국에서 내쫓아야 한다고 생각했다. 그는 광주 미 문화원을 방화해 자신의 반미 투쟁을 실행했다.

광주 미 문화원은 조금밖에 타지 않았다. 수사기관은 전력을 다해 범인을 찾아 나섰다. 운동권 학생 짓이라 여겨 광주와 관련한 학생을 닥치는 대로 연행해 수사했다. 권○○은 자신이 일으킨 사건으로 무고한 학생들이 끌려가 수사받고 고초당한다는 사실을 알고는, 서울대에 다니는 친구에게 어떻게 하면 좋을지 상담했고 친구가 권유한 대로 11월 25일 경찰에 자수했다.

권○○이 21방에 온 건 밀서 때문이었다. 외부에 보내려고 밀서를 썼는데 교도관을 보조하는 출역수가 이를 발견해 압수하려 했다. 그러자 권○○이 밀서를 입에 넣어 삼켜 버렸다. 이에 교도관들은 그를 보안과로 끌고 가 폭행하고, 밀서 사건을 조사한다는 빌미로 그에게 수갑을 채워 21방에 가두었다.

나는 권○○에게서 이 사실을 듣고는 곧바로 다른 양심수들에게 전했다. 그리고 보안과장을 만나서 권○○을 폭행한 일을 항의하며 그에게 채운 수갑을 즉시 풀어 주라고 요구했다. 다른 양심수들도 보안과장을 만나 교도관의 폭력 행위에 항의했다. 내가 보안과장과 면담을 끝내고 21방에 가서 그를 보니 손목에 수갑이 보이지 않았다. 우리가 항의한 게 효과가 있었다.

며칠 뒤에 권○○은 원래 방으로 돌아갔다. 그를 조사한 사람은 앞서 말했던, 징벌 주기로 유명한 이 주임이었다. 우리가 항의해 징벌을 막지 않았다면 징벌방에 갇힐 확률이 높았다. 밀서 작성은 규칙 위반이지만, 폭행은 법률 위반이다.

석방 소동

1984년 2월 말, 장병락◈이라는 비전향 장기수가 내 방에 찾아왔다. 그는 이때 이미 20년 넘는 시간을 감옥에서 살았다.

"삼일절 특사에 재일 교포 양심수가 모두 석방된다고 신문 기사에 실렸네. 짐을 정리해 출소할 준비를 미리 하는 게 좋겠어. 자네가 석방되어 일본에 가거든 내가 아는 재일 교포 양심수에게 안부 좀 전해 줘."

나는 반신반의했지만, 그가 하도 확실하다고 말해 일단 짐을 꾸려 놓았다.

한편 운동 시간을 이용해 4사 하 12방에 있던 재일 교포 양심수 박영식◈◈에게 이 소식을 전했다. 박영식은 무척 기뻐하며 같

◈ 북한 해상 안내원. 1962년 울산 앞바다에서 체포되었고, 1999년 2월 25일 형 집행정지로 석방되었다.

은 방에 있던 다른 재일 교포 양심수 이승우에게도 알렸다. 두 사람은 짐을 정리해 출소할 준비를 했다. 가져가지 않는 소지품은 같은 방 동료에게 주었다.

특사로 석방될 때는 보통 하루 전에 재소자에게 연락이 온다. 전날이 되었는데도 조용했다. 불안하고 궁금했지만 교도관에게 물어볼 수도 없는 일이었다. 교도관도 재소자에게 함부로 알려 주면 안 된다. 불가능한 상황에서도 자신에게 유리한 쪽으로 생각하고 희망을 붙잡으려는 게 사람 심리다. 실제 석방되는 건 당일 이른 아침이니, 아직 '내일'이 남았다고 애써 위안 삼았다.

드디어 3월 1일이 왔다. 아침이 되었는데 아무 소식이 없었다. 이쯤 되면 단념해야 하는데 그게 안 됐다. 아쉬운 나머지 석방 시한을 '오늘 하루'로 스스로 연장했다.

어느새 저녁이 되었다. 낙담하며 꾸려 둔 짐을 풀어 원래대로 되돌렸다. 나가지 못한다는 사실이 분명해지자 박영식과 이승우도 같은 방 동료에게 준 소지품을 돌려받고 정리한 짐을 풀었다. 그 방에서는 오랫동안 이 일이 웃음거리가 되었다.

며칠 뒤, 장병락이 다시 나를 찾아왔다.

"특사 이야기로 쓸데없는 희망을 품게 해서 미안하네. 실은 경교대원한테 신문에서 보았다는 이야기를 듣고 전한 건데……. 낙

◆◆ 1982년 5월 19일 보안사가 '재일 교포 박영식 간첩 사건'을 발표했다. 서울대 유학 중 간첩 활동 혐의로 기소되었고, 징역 15년과 자격정지 15년을 선고받았다. 1988년 광복절 특별 가석방으로 석방되었고, 2013년 7월 11일 재심에서 무죄가 선고되었다.

담하지 말고, 언젠가는 석방될 테니 그때까지 힘껏 살아가자."

마음이 좋지는 않았지만, 그도 건네 들은 정보를 확인할 방법은 없었다. 원래도 말은 다른 사람에게 전달하는 과정에서 덧보태질지언정 줄어서 전해지지는 않는다. 전하는 사람의 주관적인 생각이 더해져 '교포들이 나갈 것 같다'고 한 말이 '교포들이 나간다고 신문에 나왔다'로 되었을 가능성이 크다.

단식과 건강

3사 하에서 지내는 동안 추위와 스트레스, 과식으로 위장이 나빠져 듀스파타린을 계속 먹었다. 확실히 장 기능에 이상이 생겼다. 소화 기능도 나빠져 위가 자주 팽만한 느낌이었다. 만성병을 치료하려면 환경부터 바꿔야 했다. 그래서 1985년 3월에 합방인 4사 하 12방으로 전방했다. 12방은 남향에 여덟 명이 지내는 곳이라 혼자 있던 방보다 훨씬 따뜻했다. 8도 이상 차이가 났다. 먼젓번 방은 추운 날이면 방 안에서도 물이 얼었지만, 옮긴 방에서는 그런 일은 없었다.

박영식은 방에서 날마다 요가 운동을 했다. 나는 그에게 요가를 배웠다. 박영식은 그 전에 이 방에 있던 재일 교포 이주광◆에게서 요가를 배웠다. 박영식에게 빌린 요가책을 보면 요가 운동도 종류가 무척 많아서 자신에게 필요한 운동을 골라서 하면 되었다. 운동 방법과 목적도 잘 설명되어 있었다.

나는 요가 운동을 유연체조로 여겼다. 꾸준히 했더니 몸이 부드러워졌다. 책에서는 운동법 말고도 호흡법, 단식법, 명상법을 설명했다. 나는 그중 단식법을 연구했다. 전에 하루나 이틀씩 단식해 보았으나 내 만성병에는 그다지 효과가 없었다. 그래서 이번에는 길게 일주일을 시도하기로 했다. 그러자 사람들이 놀라서는 '그렇게 오래 하다 죽으면 어떻게 하느냐'면서 단식을 중지하든지 기간을 줄이라며 말렸다. 사람들이 너무 걱정해 닷새로 줄였다. 첫 사흘은 조금 힘들었는데 그 뒤부터 익숙해져 힘들지 않았고 공복감도 없었다. 무사히 닷새 단식을 마쳤다.

문제는 보식이었다. 보식을 잘못하면 위장이 나빠진다는 이야기를 들어 책에 나온 보식법을 철저하게 연구했다. 콩처럼 딱딱한 음식이나 김치처럼 매운 음식, 양배추·당근·고기·고구마처럼 소화가 잘 안 되는 음식은 피해야 한다. 특히 말린 오징어를 비롯한 건어는 금물이다. 무·두부·상추·감자는 보식에 좋다. 아버지가 동양의학에 정통해 나는 어려서부터 무엇이 소화하기 좋고 나쁜지 이미 들어서 알고 있기도 했다.

보식 기간에는 밥 대신 죽을 먹었다. 교도소 측에 미리 부탁하면 준비해 주었다. 양심수들이 단식투쟁 하는 일이 많아 죽을 준비해 주는 건 어려운 일이 아니었다. 자극이 없고 소화가 잘되는 생과일도 조금씩 먹었다. 생과일이 없으면 통조림 과일을 먹기도 했다. 책에서는 최소한 단식한 기간만큼 보식해야 하고, 기

◈ 1981년 10월 7일 체포되어 21일간 불법 구금당했다. 1981년 10월 9일 보안사가 '재일 교포 유학생 이헌치·이주광 간첩 사건'을 발표했다. 1983년 징역 15년, 자격정지 15년이 확정되었고, 2015년 9월 16일 재심에서 무죄가 선고되었다.

간이 길수록 좋다고 했다. 나는 닷새간 했다.

단식을 마치고 나니 위장이 편해졌다. 팽만감이나 압박감이 없었다. 변 문제는 크게 달라지지 않았다. 단식 뒤 처음 두세 번은 바나나 모양으로 변 상태가 좋았는데 차츰 묽어지더니 예전으로 돌아갔다.

단식 중에도 날마다 태권도를 연습하고 요가 운동을 했다. 단식으로 배가 쑥 들어가 몸을 굽히기가 수월했다. 달리기는 체력을 많이 쓰는 운동이라 지치기 쉬워 천천히 걸었다.

평소처럼 책도 읽었다. 단식하면 머리가 어지러워 책을 제대로 못 보는 사람도 있지만, 나는 괜찮았다. 힘은 좀 빠져도 머릿속은 상쾌했다.

내가 닷새나 단식해도 별일 없고, 평소대로 운동하고 생활하는 것을 보고는 사람들이 모두 놀랐다. 단식하면 죽는다고 걱정하더니 단식도 별것 아니라고 말하게 되었다. 두 달 뒤에 다시 할 때는 말리는 사람이 없었다. 이때도 기간을 닷새로 잡았다. 처음 사흘은 조금 힘들었지만, 그 뒤로는 편했다. 나흘째에는 공복감도 사라졌다. 신기했다. 목표가 뚜렷해야 의지력도 강해지는데, 내게는 만성병을 고치겠다는 목표가 있었다.

두 달 뒤 세 번째 단식은 여름이라 앞서보다 힘들었다. 나흘째가 특히 힘들었다. 더위 탓인지 심장이 두근거렸고 숨도 헐떡였다. 소금이 도움이 된다고 들어 조금 핥았더니 몸이 살짝 편안해졌으나, 효과는 한두 시간뿐이었다. 그래서 큰 숟가락으로 반정도 소금을 떠서 물과 함께 먹었는데 잠시 후 심하게 설사를 했다. 급기야 탈수 상태가 되고 몸에 열까지 나서 드러누워 버렸다.

너무 힘들어서 단식을 그만두고 음식을 조금 먹을까 싶었지만 목표대로 단식을 이어갔다.

단식을 끝내고 며칠 지나니 설사가 멈췄다. 소금 탓에 생긴 설사라 그다지 해가 되지는 않았다. 오히려 장 안이 깨끗해진 느낌이었다. 고생하긴 했지만, 후유증도 없어서 잘되었다.

10월에는 일주일 동안 단식했다. 날이 덥지 않아 물만 마시고 소금은 먹지 않았다. 책에서는 단식하는 동안 하루 네 시간만 자도 충분하고, 단식 일주일째부터는 평소보다 더 잘 달리게 된다고 했다. 사실인지 아닌지 실험해 보았다. 사흘째가 지나면서부터 하루에 네 시간만 자보았다. 자는 시간을 줄이니 책을 꽤 많이 읽게 되었다. 한밤중까지도 능률이 떨어지지 않았다. 단식 일주일째에는 운동장에서 달려 보았다. 1분쯤 달리자 숨이 가빠서 더 달리지 못했다. 책에서 읽은 대로는 안 되었다. 일주일 단식한 상태에서 평소보다 더 잘 달린다면 기적이다.

단식하는 동안 하루에 네 시간만 자고 날마다 태권도를 연습했더니 몸이 지쳤다. 음식을 먹자 피로감에 휩싸여 사흘 동안은 밤에 푹 잤다. 단식보다 먹을 때가 훨씬 더 괴롭다. 쭉 먹지 않으면 어느새 배고픔을 잊는다. 그런데 뭐라도 조금 먹으면 공복감이 솟아나 식욕이 걷잡을 수 없게 된다. 그러다 폭식하면 위장에 부담이 되니 참아야 한다. 그게 어렵다. 나는 만성 위장병을 고치려고 단식한 만큼 보식할 때 특히 조심했다.

이처럼 정기적으로 단식하면서 체력이 좋아졌다. 어떤 사람은 단식하면 체력이 떨어진다고 했다. 당연하다. 그러나 단식 뒤 몸이 회복되면 이전보다 체력이 좋아진다. 나는 한여름과 한겨울에 5분밖에 못 달렸는데, 정기적으로 단식을 네다섯 차례 한 뒤에는 아무리 춥거나 더워도 한 시간은 쉬지 않고 달렸다. 길게 보면 단식을 할수록 체력이 향상된다. 단식을 거듭하면서 만성 소화불량도 모르는 사이에 없어졌다.

나는 어려서부터 비염이나 축농증으로 고생해 이비인후과에 다니거나 약을 먹었다. 아버지와 형제들도 그랬다. 유전이라 못 고치겠거니 단념했는데 단식으로 체질이 개선되면서 뜻밖에도 해결됐다. 물론 가끔 코가 막히기도 했지만, 그냥 놔두면 자연히 나았다.

중학생 때 철봉에서 빙빙 도는 연습을 하다 잘못 떨어져 오른 쪽 다리를 다친 적이 있다. 이때 무릎 관절이 조금 비뚤어지면서 심하게 운동하거나 날이 추워지면 무릎이 조금씩 아팠다. 단식 으로 이런 증상도 없어졌다. 몸이 아프지 않다는 것은 정말 즐거 운 일이다. 조금 심하게 운동해도 지치지 않았고, 한여름에도 더 위를 타지 않았다.

탈이 난 위장을 고치려고 단식을 시작했는데 몸의 다른 기능 까지 좋아졌다. 나는 해마다 감기에 걸렸는데 단식한 뒤로는 감 기에 걸리지 않았다. 경험해 보니 단식은 면역력을 높여 신체 기 능을 정상화하는 데 효과가 크다. 항상성을 잃으면 생명은 병들 거나 죽는다. 단식은, 항상성을 유지하는 조절 기능과 면역력을 높여 생명력을 강화한다.

단식으로 몸이 좋아져 기분이 상쾌했다. 몸 걱정이 없어지니 옥중 생활을 고통으로 느끼지 않게 되고, 낙천적으로 보낼 자신 이 생겼다. 희망도 되찾은 기분이었다. 옥중 생활을 기회로 더 건강한 몸을 만들자는 마음이, 그리고 이 감옥살이를 내 인생에서 비약하는 계기로 삼겠다는 마음이 솟았다.

영어 회화 선생

한국 정부는 자국민이 북한 대사관을 방문하면 중대한 '범죄' 행위로 삼아 엄히 처벌했다. 같은 방의 홍기후는 중동 카타르를 비롯해 세계 여러 나라에서 오랫동안 파견 노동자로 일했다. 싱가포르에서 일할 때 북한 대사관을 방문했는데, 뒤늦게 자신이 한 일이 얼마나 큰일인지 깨닫고는 겁을 먹어 안기부에 자수했다. 정부 당국은 자수하면 관대한 조치를 베푼다고 선전했지만 거짓말이었다. 그는 다리뼈가 부러질 정도로 고문당하고 〈국가보안법〉 위반으로 7년 형을 선고받았다.

홍기후의 아버지는 독립운동가다. 일제강점기에 일본 형사를 죽여 무기형을 받았는데 두 번 감형돼 12년 만에 출소했다. 홍기후의 어머니는 그를 낳고 얼마 안 가 돌아가셨다. 아버지가 재혼해 홍기후에게 남동생이 생겼는데 아버지마저 돌아가셨다. 일제 형사에게 고문당하고 12년간 옥중 생활을 했으니 몸이 엉망이었을 것이다. 아내와 두 아들을 남기고 아버지는 세상을 떠났다. 계모가 홍기후를 돌봤는데, 고등학교에 다닐 때 여학생과 교제도 못 하게 할 정도로 엄하게 키웠다.

홍기후는 연세대학교 영문과를 졸업하고 영어 교사를 하다 서울 용산에 있는 미8군에서 6년간 통역관으로 일했다고 한다. 대학을 졸업하지 않아도 조금만 실력이 있으면 영어 교사로 일할 수 있었다. 하지만 사람이 워낙 교양이 없고 평소 거짓말을 밥 먹듯 하니 그가 대학을 졸업했다거나 통역관을 했다는 말을 다들 믿지 않았다.

그래도 영어 실력만큼은 상당했다. 30분이나 한 시간씩 막히지 않고 영어로 이야기했다. 발음도 좋았고 표현도 적절했다. 그래서 박영식과 나는 저녁마다 홍기후에게 영어 회화를 배웠다. 서울구치소와 광주교도소에서 3년간 영어책을 많이 읽었지만 회화를 공부하는 건 처음이었다. 일주일 정도는 두 사람이 영어로 대화하는 걸 듣기만 했다. 박영식은 그간 1년 넘게 영어 회화를 배워 꽤 능숙했다. 그들이 이야기하는 영어는 듣기 쉬웠다. 특히 홍기후는 뚜렷한 발음으로 천천히 말해 더 듣기 쉬웠고 영어 표현도 유창했다.

일주일이 지나면서부터 나는 이야기하고 싶은 내용을 미리 구상해 영어 사전을 찾아가며 준비했다. 그리고 적극적으로 영어로 말했다. 그렇게 한 달을 보냈더니 내가 말하고 싶은 내용을 절반 남짓 영어로 말할 수 있게 되었다. 발음이나 문장 표현은 아직 부족했지만, 석 달쯤 지날 무렵에는 내 생각을 거의 영어로 표현했다. 어려운 어휘나 복잡한 내용은 제외하고, 막히지 않을 정도로 회화 실력이 빠르게 나아지자 홍기후가 감탄했다. 3년간 영어를 집중 공부하면서 기초를 제대로 만들어 둔 덕분이었다. 영어 회화를 배우면서는 가끔 영어로 생각하는 훈련도 했다.

넉 달 동안 홍기후에게 영어 회화를 배웠는데, 그와 여러 차례 말싸움하고 나서는 그만두었다. 그는 늘 자신이 최고라고 자랑했고, 다른 사람을 모욕하는 말을 서슴없이 했다. 조금이라도 기분에 거슬리는 말을 들으면 바로 화내며 말싸움을 걸었다. 사소한 일로도 화를 내는 통에 우리 방에서 그와 싸우지 않은 사람이 없었다. 신앙이 있으면 너그러울 법도 한데, 그는 열렬한 기독교 신자라고 자부하면서도 자주 신경질을 냈다. 날마다 영어 성서를 읽고 남들에게 기독교를 믿으라고 권했지만, 그럴수록 사람들은 기독교를 싫어했다.

비둘기 세비와 뽀미

이동걸이 비둘기 한 쌍을 길렀다. 화장실 선반 위에 보금자리를 만들어 선반 옆 창으로 비둘기가 마음대로 드나들었다. 수컷은 사람이 머리를 쓰다듬어도 두려워하지 않고 가만히 있었지만, 암컷은 사람이 다가오면 바로 도망쳤다. 수컷 비둘기 이름은 뽀삐였다. 뽀삐네는 두 달에 한 번꼴로 알을 낳았다. 알에서 부화한 새끼는 석 달이 지나면 부모 비둘기 정도로 자라나 독립했다. 새끼가 크는 동안에도 어미가 다시 알을 낳아 어미는 알을 품으면서 새끼에게 먹이를 주었다.

이동걸이 뽀삐 새끼 중 암컷 한 마리를 길렀다. 뽀미라고 이름을 지어 줬다. 아주 어릴 때부터 먹이를 줘가며 보살펴 뽀미는 이동걸을 잘 따랐다. 그의 어깨 위로도 잘 올라갔다. 잠은 밖에서 잤지만, 방 안으로 자주 들어왔다. 내가 손을 내밀면 내 손 위로도 올라왔다. 방에서는 누구에게든 손이나 어깨 위로 안심하고 올라갔지만, 방 밖에서는 사람들을 경계해 다가가지 않았다.

홍기후도 뽀삐 새끼를 한 마리 길렀다. 암컷이었고, 이름이 세비였다. 눈도 뜨지 못할 정도로 아주 어려서부터 길러 세비는 홍기후와 조금도 떨어지려고 하지 않았다. 홍기후가 만들어 준 종이 상자 둥지에서 자고, 밖에 나갔다가도 냉큼 돌아왔다. 오랫동안 방 안에서 지내 바깥 분위기에 익숙하지 않은 탓인지 재미없어했다. 세비는 다른 비둘기와도 전혀 친해지지 못했다.

세비는 늘 홍기후의 주위에 머물렀고 자주 무릎이나 어깨 위로 올라갔다. 홍기후가 운동장에서 세비를 부르면 날아와 어깨 위에 앉았다. 비둘기는 대개 장소에 애착심을 가지는데 세비는 특정한 사람에게 애착심을 가졌다. 세비는 방 아무 데나 똥을 누었다. 홍기후가 치우긴 했지만, 담요나 옷 위에 똥이 떨어지곤 했고, 날 때마다 먼지가 흩날렸다. 사람들이 방에서 비둘기를 기르지 말라고 당부했지만 그는 자기 고집대로 했다.

그러던 어느 날, 세비와 뽀미를 돌보던 홍기후와 이동걸에게 문제가 생겼다. 교도소에서는 재소자가 머무는 방을 검사하는 '검방'을 정기적으로 했다. 교도관들이 방에 들어와 재소자 물건을 이리저리 뒤지며 문제가 될 만한 것을 찾는 행위는 참 불쾌했다. 허가되지 않은 물건을 발견하면 교도관이 바로 압수했다. 볼펜도 많이들 가지고 있었지만, 원래는 금지 품목이었다. 편지도 교도관에게 볼펜을 빌려서 써야 했다.

금지 품목이 나오면 대부분은 압수로 끝난다. 그러나 담배가 발각되면 재소자를 징벌방에 가뒀다. 술과 달리 담배는 징벌 대상이었다. 술은 교도소 안에서 만들어 내부에서 생긴 문제가 되지만, 담배는 교도소 바깥에서 들여온 것이기에 문제가 복잡했다. 그래서 교도관들은 담배 위주로 검방을 했다. 양심수 중에는 담배를 가진 사람이 거의 없어 웬만하면 검방을 하지 않았고, 해도 대충 했다. 일반수 방은 어찌나 철저하게 하는지 방 전체가 엉망이 될 정도였다. 양심수는 그냥 방에 있게 하는데, 일반수는 검방이 끝날 때까지 방 앞 복도에 정렬시켜 기다리게 했다. 일반수가 입은 옷까지 검사할 때도 있었다.

그런데 이날 검방 나온 교도관들은 평소와 달랐다. 위압적인 목소리로 우리에게 검방 하는 동안 복도에 나가 있으라고 명령했다. 양심수들은 교도관들의 강압적인 태도에 화내며 항의했다. 그때 홍기후와 이동걸이 앞장서서 교도관들과 말싸움을 했다. 그러자 그 두 사람을 조사실로 데려가서 수갑을 채우고 두 달간 징벌을 내렸다.

두 사람이 징벌방에 들어가자 당장 뽀미와 세비가 문제였다. 우리는 비둘기 문제를 놓고 토의했다. 방에서 비둘기를 내보내자는 의견과 그대로 두자는 의견으로 엇갈렸다. 다수결에 따라 내보내기로 했다. 화장실 선반에 있던 목제 둥지를 부쉈다. 그러자 얼마 뒤 뽀미가 들어오지 않았고, 세비는 홍기후가 갇힌 징벌방을 찾아내 그쪽으로만 갔다.

두 사람은 만기에서 일주일 앞당겨 징벌방에서 풀려났다. 홍기후는 돌아오자마자 "왜 세비를 제대로 돌봐 주지 않았느냐"며 우리에게 따지고 난리를 쳤다. 이동걸은 비둘기 둥지를 없앤 것에 불평하지 않았다. 앞으로는 방이나 화장실에서 비둘기를 기르지 않을 테니, 방 앞에서 비둘기에게 먹이를 주는 것만 양해해 달라고 했다.

참새 순자

김장호[◆]라는 재일 교포 양심수가 우리 방으로 들어왔다. 무기형이 확정되어 서울구치소에서 광주교도소로 이감됐다. 동물을 기르는 취미가 있어서, 함께 지낸 지 얼마 안 되어 참새를 길렀다.

광주교도소에는 비둘기와 참새가 많았다. 바람이 강하게 불면 참새 새끼가 둥지에서 떨어지기도 했다. 사람들은 땅 위에서 꼼짝 못 하는 참새 새끼를 데려다 길렀다. 나무 위로 올라가 둥지에서 참새 새끼를 잡아다 기르는 사람도 더러 있었다.

비둘기 새끼와 달리 참새 새끼는 사람을 잘 따르지 않았다. 참새 새끼는 사람 손을 타면 죽기 일쑤였다. 어렵사리 길러도 다 커서 날게 되면 밖으로 나가 돌아오지 않았다.

김장호는 참새 새끼를 다른 사람에게서 받거나 주워 여러 마리를 길렀지만 죽거나 떠났다. 한번은 부화한 지 얼마 안 된 새끼를 얻어서 길렀다. 참새 새끼는 파리나 거미를 잘 먹었다. 소화력이 약할 때 먹기에 알맞았다. 어느 정도 자라면 밥이나 쌀, 작게 분쇄한 콩도 잘 먹었다. 김장호가 키운 참새 새끼는 달걀을 즐겼다. 반숙한 달걀노른자를 작은 알 모양으로 만들어 말렸는데 이동걸이 만들었다. 이동걸도 참새를 기른 적이 있었다. 이동

◆ 1983년 3월 11일 국가안전기획부가 '일본 우회 간첩 두 개 망 적발'을 발표했다. 5월 3일 〈국가보안법〉 위반죄 등으로 사형이 선고되었고 이후 무기형이 확정되었다. 2017년 9월 21일 서울고법 재심에서 무죄가 선고되었다.

걸은 자기 참새뿐만 아니라 다른 사람의 참새한테도 자기가 만든 먹이를 먹였다.

김장호가 기른 참새 새끼는 암컷이었는데, 순조롭게 자라고 사람을 잘 따라 '순자'라는 이름을 지어 주었다. 순자는 내 어깨 위에도 가끔 올라왔다. 순자가 어깨 위에 똥을 쌀까 봐 되도록 손바닥 위에 올렸다. 내가 작은 책상 위에 손을 올려놓고 있으면 순자가 책상과 손바닥 사이로 들어왔다. 그런 식으로 2주 동안 내 손 안에서 잘 놀았는데, 어느 정도 성장하자 손바닥 안에 들어오는 것을 싫어했다.

순자가 날게 되자, 김장호는 시험 삼아 밖으로 날렸다. 순자는 곧 방으로 돌아왔다. 한 번 더 날리자 4미터 앞에 있는 담 위에 올라가 앉더니 바로 돌아왔다. 2~3일 동안 순자는 바로 앞의 담까지는 가끔 나갔지만, 그 이상 가지는 않았다. 그런데 그다음부터는 점점 더 멀리 갔다. 밖에 머무는 시간도 차츰 길어졌다. 그래도 저녁이면 방으로 돌아왔다. 순자가 완전히 성장하고 나서야 밖에서 잠자고, 먹이를 먹을 때만 방에 들어왔다.

얼마 뒤, 순자는 알을 낳았다. 순자는 부화한 새끼에게 먹이를 주려고 방에 빈번히 들어왔다. 이동걸이 준비한 먹이를 주둥이로 물어다 새끼에게 먹였다.

한번은 참새를 잡아먹는 새매가 나타났다. 그러자 참새들이 공포에 휩싸여 안전한 곳을 찾아 숨어들었다. 순자도 당황해서는 우리 방으로 들어왔다. 얼마나 무서웠는지 순자가 굳은 눈을 벌벌 떨었다. 순자는 새매가 완전히 떠날 때까지, 이 사람 저 사람 어깨 위로 옮겨 다녔다. 평소 방에 들어오면 먹이만 먹고 곧

나가던 순자가 꽤 오래 머물렀다. 순자는 사람이 있는 방에는 새 매가 들어오지 않는다는 사실을 알았다. 그 뒤로도 순자는 석 달이나 우리 방을 드나들었다. 나는 지금까지 사람에게 길든 참새는 순자밖에 본 적이 없다.

첫 단식투쟁

4사 하 12방에 들어간 지 6개월쯤 지날 무렵이니, 1985년 가을이었다. 깡패 같은 일반수 한 명이 복도를 지나가면서 우리에게 "빨갱이!"라고 외쳤다. 우리는 모두 격분했다. 그간 교도소 측의 처우에도 불만이 컸던 터라, 이 일을 계기로 우리는 단식에 돌입했다.

먼저 관할구역 주임과 만났다. 일반수가 우리를 모욕한 일을 도저히 용납할 수 없다며 항의했다. 이는 양심수와 일반수가 같은 사동에 있어서 일어나는 일이니, 양심수만 따로 수용하는 사동을 만들라고 요구했다. 그러나 심각한 사태가 일어나지 않는 한 교도소 측이 이 요구를 받아들이기는 어려웠다.

단식에 돌입한 지 사흘째 되는 날이었다. 이른 아침부터 보안과장이 우리를 한 명씩 불러 면담했다. 각자 성격과 태도를 파악해 각개격파 하려는 작전이었다. 나는 양심수 사동을 만들어 처우 전반을 개선하라고 요구했다. 보안과장은 빨리 단식을 중단하라고만 했다. 매우 위압하는 말투여서 나도 격렬하게 반발했고, 결국 큰 소리를 내며 말다툼을 벌였다.

면담이 끝나자 교도관은 나를 4사 우리 사동까지 데려가서는 독방에 가뒀다. 단식을 멈출 때까지 독방에 있어야 한다고 했다. 단식을 빨리 종료시키려는 속셈이었다. 이동걸도 나처럼 분리되어 3사 독방에 수용되었다. 보안과장은 면담을 통해 우리를 강경파와 온건파로 분류하고, 강경파를 분리 수용해 온건파의 심리를 동요시키는 작전으로 나왔다.

나와 이동걸이 따로 수용되자 불안해진 사람들은 단식을 끝내기로 했다. 보안과장의 작전에 넘어간 셈이다. 단식투쟁에 들어간 여덟 명 중 면담 뒤에 원래 방으로 돌아온 여섯 명이 단식을 종료해 나와 이동걸도 어쩔 도리가 없었다.

일단 단식을 끝내고 우리끼리 협의를 했다. 단식은 끝났지만, 보안과장과 면담해 처우 개선을 요구하기로 했다. 대표 두 명을 뽑아 보안과장과 교섭했다. 처우가 개선되지 않으면 다시 단식투쟁을 시작하겠다고 보안과장을 위협했다. 교섭 끝에 다음과 같이 합의했다.

- 일반수가 양심수를 건드리지 않도록 온 힘을 쏟는다.
- 책상을 전원에게 지급한다.
- 형태밥이 아닌 통밥을 지급한다.

우리를 건드린 일반수는 다른 사동으로 옮겼다. 그 뒤로 일반수는 우리를 건드리지 않았다. 책상은 마루에 앉아 사용할 만한 작은 상이었다. 배식 때 밥을 조리장에서 본뜨고 나서 가져오는 형태밥은 우리가 먹을 무렵에는 거의 다 식고 딱딱해져 맛이 없었다. 밥통에 밥을 넣어 가져오는 통밥은 따뜻하고 부드럽고 맛있었다.

그 밖에 복도에 벽시계를 걸고 방에 거울을 걸어 달라는 요구는 관철되지 않았다. 양심수 사동을 따로 만들지는 못했지만 부분적이나마 처우 개선을 이뤘다.

이번 일로 사람들은 투쟁하면 나아진다는 것을 실감했다. 교도소에서 단식은 강력한 투쟁 수단이다. 단식 말고도 문을 발로 차거나 구호를 외치는 식으로 싸웠다. 나는 단식이 별로 괴롭지 않았지만, 몸이 안 좋거나 의지력이 약한 사람은 괴로워했다. 모두 함께 단식투쟁에 들어가기가 그만큼 어려웠다.

만기 출소한 유격대원에게 선고된 무기징역

이동걸은 키가 작고 호리호리했다. 그는 북한 평양에서 태어나고 자랐다. 한국전쟁 때 북한에서는 고등학생을 비롯해 많은 젊은이가 인민군에 자원입대했다. 고등학생 이동걸도 그랬다.

전쟁이 시작되고 두세 달 뒤, 인민군이 경상도 일부와 제주도를 제외한 남한 모든 지역을 점령했다. 그러나 미군이 개입하면서 전황이 급변해 인민군은 북쪽으로 쫓겨났다. 한때 미군이 중국 국경 근처까지 점령하기도 했다.

1950년 가을, 미군이 평양을 점령하자 이동걸은 군복을 벗고 사복을 입었다. 그럼에도 동네에서 국군에게 붙잡혀 서울로 연행돼 한 창고에 감금되었다. 먼저 잡혀 온 이들 중에 남로당(남조선노동당) 당원이 여럿 있었다. 그들이 이동걸에게 "심문받을 때 인민군에 입대한 건 절대 이야기하지 말라"고 충고했다.

심문관은 이동걸을 몽둥이로 때리며 추궁했지만, 별다른 이야기를 캐내지 못했다. 고등학생이었을뿐더러 구체적인 혐의를 찾지 못하자 심문관은 그를 석방했다.

몸은 자유로워졌지만 갈 곳이 없었다. 무작정 걷는데, 갑자기 군인 몇이 다가와서는 국군에 입대하라고 했다. 거부했더니 군인들이 그를 폭행하고는 사라졌다. 아픈 몸을 질질 끌며 걷는데 다른 군인들이 나타나 똑같이 요구했다. 폭행당할 게 뻔해 입대하겠다고 했다.

군사훈련소에서 기본 훈련을 끝내고 부대에 배치되었다. 고등학교에 다닌 사람도 별로 없고, 영어를 할 줄 아는 사람도 드문 시절이었다. 이동걸은 영어도 조금 할 줄 알아 한미 연합 부대로 배치되었다. 봉급도 썩 잘 받아 일요일이면 영화관에 다니기도 했다.

그럭저럭 부대 생활을 이어갔지만, 가족과 집, 친구, 고향이 그리웠다. 아는 이 없는 낯선 땅에서 외로웠다. 이동걸은 동료 병사에게 자신이 여기까지 온 경위를 설명하며 집으로 돌아가고 싶다고 했다. 동료는 자기 숙부가 인천 월미도에 있는 대북 공작 기관에서 요직을 맡고 있다고 했다. 숙부에게 부탁하면 북쪽으로 갈 수 있을 거라며 소개장을 써주었다.

이동걸은 탈영해 월미도로 갔다. 그런데 동료의 숙부는 부정 행위가 발각돼 이미 파면되고 없었다. 집으로 돌아갈 계획이 좌절되어 실망했지만 만일을 대비한 계획이 있었다.

일제강점기에 몇 차례 왕래한 먼 친척이 충청도에 살았다. 친척은 유격대를 보조하며 혁명운동에 가담했다. 한미 연합 부대에 있을 때 "유격대에 참가하러 입산할지도 모르니, 그때 잘 부탁드립니다"라는 내용으로 친척에게 미리 편지를 보냈다.

유격 투쟁은 소부대로 적의 후방을 교란하는 투쟁이다. 한국전쟁이 발발하자, 남쪽에 있던 혁명가들은 산속으로 들어가 유격 투쟁을 시작했다. 오대산과 지리산, 태백산이 주요 활동 지역이었다. 친척은 유격대에 참가하러 찾아오는 사람을 산속 부대에 안내했다.

월미도 계획이 실패하자 이동걸은 유격대에 들어가기로 마음먹었다. 필요한 무기는 탈취해야 했다. 한밤중, 서울 남산에서 미군 병사 한 명이 이동걸에게 길을 물었다. 한국계 미국인 병사였는데, 우리말을 몰라 영어로 말했다. 이동걸은 목적지까지 안내해 주겠다며 앞장섰다. 어느 지점에 이르러 그는 돌연 병사를 칼로 찌르고 소총을 빼앗아 도망쳤다. 습격을 당한 병사는 병원에 옮겨졌지만 과다 출혈로 죽었다. 이 사건은 당시 신문에도 보도되었다.

이동걸은 며칠을 걸어 친척 집에 도착했다. 친척이 그를 산속 깊이 데려가 유격대 근거지로 안내했다. 유격대는 산에서 계속 움직이다 적을 만나면 총격전을 벌였다. 산속에서 며칠씩 아무 것도 못 먹을 때도 있었다.

유격대에 들어간 지 두세 달 지났을 무렵, 대원 여러 명이 국군에 잡혔다. 이동걸은 대원들을 구출하겠다고 길을 나섰다. 그들은 육군 특무부대(국군 보안사령부의 전신)에서 수사를 받았다. 이동걸은 충청도 특무부대로 찾아가 자신은 북한에서 파견된 공작원이라고 위장 자수했다.

특무부대 수사관은 이동걸에게 공작원으로 파견되기 전 어떤 교육을 받았는지 물었다. 이동걸은 고등학교 시절에 받은 군사 교육을 마치 공작원 교육인 양 꾸며서 말했다. 수사관은 진술 내용이 의심스러웠지만, 그때만 해도 북한에서 공작원 교육을 어떻게 하는지 잘 모르던 때라 깊이 추궁하지 못했다.

수사관이 마지막으로 "너는 북쪽에서 온 게 아니라 산에서 내려온 거 아니냐?"며 떠보았다. 이동걸은 강하게 부인하며 북에서 왔다고 끝까지 우겼다. 미덥지는 않으나 그들은 이동걸을 특무부대원으로 활용하기로 했다.

이동걸은 유치장 파수를 서면서 잡힌 유격대원에게 "나도 유격대원이오. 동지들을 구출하러 왔으니 힘내시오"라고 귀띔했다. 그러나 기회는 좀처럼 오지 않았다.

특무부대에서는 처음부터 꾸준히 그를 감시했다.

"아무래도 이상해. 이동걸을 다시 조사해야겠어."

수사관들끼리 주고받는 말을 엿듣고 이동걸은 아무도 모르게 특무부대를 빠져나왔다. 유격대 근거지가 있는 방향으로 내달렸다. 밤에는 산속에서 적당한 곳을 물색해 자면서 며칠을 걸어 근거지에 도달했다. 다시 유격대 생활을 이어갔다.

국군과 전투가 벌어진 날, 수에서 열세인 유격대가 국군에 완전히 포위됐다. 총탄도 이미 다 쓰고 없었다. 이동걸은 위장 자수했던 충청도 특무부대로 끌려가 더 심하게 고문당했다.

수사가 끝나고 얼마 뒤 재판이 열렸다. 마침 재판장이 이동걸 고향 옆 마을 출신이었다. 그 인연이 작용했는지 이동걸은 징역 10년을 선고받았다. 유격대로 투쟁하다 잡히면 대부분 사형이

나 무기형이 선고되던 때였다. 꽤 큰돈으로 재판장을 매수해야 간신히 무죄나 유기형이 가능했다. 그는 남쪽에 가족도 없고 돈도 없어 그럴 형편이 아니었으니, 10년 형 선고는 아주 다행한 일이었다.

1950년대의 감옥살이는 매우 괴로웠다. 무엇보다도 음식을 아주 조금밖에 주지 않아 재소자 대부분이 극단적인 영양실조 상태였다. 옷이나 이불도 모자라 추위에 시달렸다. 전시라 사회 전반에 물자가 부족했고, 감옥 안의 비참함은 말할 것도 없었다. 실제로 감옥에서 굶어 죽은 사람들도 있었다. 살아남은 사람보다 죽은 사람이 더 많았다. 밥은 반 주먹 정도밖에 주지 않아 숟가락으로 대여섯 번 떠먹으면 없었다. 한두 가지 나오는 반찬은 거의 다 썩어 먹을 만한 상태가 아니었다. 그래도 배가 고파 그냥들 먹었다. 국물도 나왔는데 맨 소금물이었다. 음식 담을 그릇이 없어서 고무신에 국물을 받아 마시기도 했다.

어느 방에서는 사람이 죽었는데 시체가 썩을 때까지 신고하지 않고 그대로 방에 두었다. 교도관이 점검하러 오면 양옆으로 두 사람이 시체에 팔짱을 끼고 지탱해 앉혔다. 그러면 시체가 살아 있는 것처럼 보였다. 그의 몫으로 나오던 밥을 얻으려고 그랬다. 이토록 지독한 짓을 해야 할 만큼 배고픔은 참기 어려웠다.

식량이 절대적으로 부족해 날마다 사람이 죽어 갔다. 그 시절 이동걸은 영양실조에 걸려 배만 불룩 나왔더랬다. 게다가 눈은 점차 어두워지고, 잇몸이 부어 이가 안 보일 정도로 덮어 버렸다. 머리가 멍해지고 사고력도 흐릿해졌다. 그는 기력을 잃고 죽기 직전까지 갔다.

사람들이 걷잡을 수 없이 죽어 가자 교도소 측은 대책을 세웠다. 영양부족이 심한 사람을 병사로 옮기고 죽과 쇠고기로 만든 음식을 큰 밥공기로 하루 세 번씩 먹였으며 채소도 주었다. 이동걸도 일정 기간 계속해서 그렇게 먹었더니 잇몸이 원상태로 돌아갔고 눈도 다시 보였다. 이동걸은 죽지 않고 살아났다.

　10년을 고생하고 만기 출소하는 날이 왔다. 교도소 밖으로 나왔지만, 이동걸은 여전히 갈 곳이 없었다. 어디로든 가야 한다고 생각해 무작정 걸었다. 친절해 보이는 아주머니가 자신을 따라오라고 했다. 출소한 지 얼마 되지 않은 초라한 모습을 보고 잠시라도 자기 집에서 돌봐 주고 싶었던 게다. 그러나 그런 식으로 신세를 지면 스스로 더 비참해질 듯해 따뜻한 권유를 뿌리치고 다시 길을 떠났다.

　돈도 없고 잘 곳도 없었다. 며칠간 이곳저곳을 방랑하다 전라북도 전주시에 있는 갱생보호소에 겨우 도착했다. 가족과 친척이 없는 출소자가 체류하는 시설인 갱생보호소에 있으면 최소한의 생활은 보장되었다. 일해서 번 돈은 모두 저축했다. 일반수 출신자는 1년간이지만, 양심수 출신자는 더 오래 머물 수 있었다. 전주갱생보호소 소장 부인이 그를 잘 돌봐 주었다. 그는 거기서 3년을 보내고 서울로 올라갔다.

　시내 한 공터에 오두막집을 지어 서울 생활을 시작했다. 낮에는 장사로 돈을 벌었다. 장사라고는 하나 상자에 물건을 담아 사람이 많이 오가는 길가에서 파는 정도였다. 규모는 작았지만 공장에서 일하는 노동자가 받는 임금보다는 벌이가 나았다.

　이동걸은 나중에 다시 전주로 내려가 살림을 차리고 딸도 낳았다. 그런데 1975년에 공안 경찰이 돌연 그를 납치했다. 반국가 활동을 하고 〈반공법〉·〈국가보안법〉 등을 위반했다며 고문하기 시작했다. 그는 뭐가 뭔지 모르는 상태에서 무시무시한 고문을 당했다. 수사관들이 날조한 자필 진술서에 억지로 서명해야 했다. 고문 수사관들은 그를 북한 간첩으로 만들어 막대한 상금을 받았다.

박정희 정권은 1975년에 〈사회안전법〉◆을 제정했다. 〈국가보안법〉이나 〈반공법〉 위반 등으로 구속되었다가 출소한 양심수를 규제하는 법이었다. 사상을 전향하지 않은 사람이나 당국이 수상하다고 판단한 사람을 보안감호처분이라는 이름으로 재판 없이 언제든 감호소에 가두는 법률이었다. 출소한 양심수는 이 법률에 따라 경찰에 자신의 동향을 보고할 의무를 강요당했다. 보고 의무를 게을리하면 다시 투옥되었다.

이런 상황에서 이동걸에게 무기징역형이 선고되었다. 1970년대의 감옥살이는 1950년대와 비교하면 나아졌지만 여전히 괴로웠다. 식사량이 늘었다고는 하나 배고픈 사람이 많았다. 가족이 영치금을 넣어 주는 사람은 그나마 음식물을 사 먹지만, 영치금이 없는 사람은 배식하는 끼니 말고는 먹을 게 없었다. 이동걸의 아내는 가난했고 그를 돌볼 여유가 없었다. 재판받는 동안은 아내가 면회하러 왔지만, 형이 확정되고는 도통 발걸음을 않더니 연락마저 끊겼다.

◆ 현 〈보안관찰법〉. 1989년에 내용 개정과 함께 법률명이 바뀌었다.

이동걸은 방에서 공동으로 하는 청소나 설거지에 솔선했으며
사람을 돌보는 것을 좋아했다. 화내는 일도 거의 없었고 남의 일
에 간섭하지 않았다. 그는 감옥살이를 오랫동안 해왔는데도 건
강했다. 추운 겨울을 빼고 운동 시간이면 맨발로 운동장을 걸었
다. 그는 오랜 경험을 통해 건강 유지법을 습득했고, 자신만의 독
특한 원칙을 세워 생활했다.

여린 사람이 겪는 고통

재일 교포 양심수 진이칙*은 히로시마대학교 수학과를 졸업
하고 한국에 왔다. 서울대학교 부속 재외국민교육원 예비 과정을
마치고 서울대 대학원 수학과에 다니다 구속되었다.

그를 처음 본 건 서울구치소 변호사 면회 대기실에서였다. 손
과 귀가 새빨갛게 부풀어 오를 정도로 동상이 심했다. 그 모습을
보면서, 앞으로 그가 감당할 감옥살이가 힘들겠다는 예감이 들
었다.

진이칙은 7년 징역형을 선고받고 광주교도소로 왔다. 인쇄 공
장에 출역하면서 일반수 방에 수용되었다. 그에게는 교도소 생
활이 유독 힘들었다. 점잖고 신중한 그를 자꾸 못살게 구는 일반
수가 있었다. 교도소에서 자기주장을 하지 않고 점잖게만 있으

❖ 1981년 11월 6일 국군 보안사령부가 '재일 교포 유학생 진이칙 간첩 사건'
을 발표했다. 11월 10일 간첩죄로 7년 형이 선고되었다.

면 궁지에 몰리거나 손해를 보았다.

결국 진이칙은 정신장애로 병사에 수용되었다. 8제곱미터쯤 되는 병사 중방에 세 명이 수용되었다. 다른 두 명도 정신장애가 있었는데, 얼마나 난폭한지 혁수정을 채웠다. 두 사람이 진이칙의 머리를 발로 차 상처가 생겨 꿰매기도 했다.

그 소식을 듣고 박영식이 보안과에 찾아가 항의하자고 제안했다. 우리는 각자 관할구역 주임을 만나 앞으로 이런 일이 일어나지 않게 하라고 요구했다. 주임은 우리의 요구를 집단적인 행동으로 여겨 불쾌해했지만, 그런 일이 반복되지 않도록 처리하겠다고 약속했다.

그런데 얼마 안 돼 진이칙이 마산교도소로 이감되었다. 마산교도소에는 폐결핵 환자와 정신장애 환자를 전문으로 수용하는 시설이 있었다. 진이칙은 구속되기 전에도 일본에서 한 차례 정신병원에 입원한 적이 있었다. 그때 치료받아 병이 나았건만, 감옥살이를 하면서 병이 재발했다. 마산으로 이감되고 몇 달 뒤, 그는 8·15 특사로 석방되었다.

일본으로 돌아가 부모와 함께 살았는데, 그의 증상은 더 나빠질 뿐이었다. 한참 뒤 내가 석방되어 일본으로 돌아가고 얼마 지나지 않아 그가 전화를 걸어왔다. 일본에 오고 나서는 감옥살이보다 더 어려운 생활을 한다고 했다. 경제적으로도 정신적으로도, 그는 더 괴로웠다. 오랫동안 조현병 약을 먹어 언어장애 현상마저 나타났다. 통화하는 내내 모호한 발음으로 떠듬떠듬 말했다.

이중 독방에 갇힌 조현병 환자

4사 하 이중 독방은 5제곱미터 넓이에 수세식 화장실이 있어서 3사 하 독방보다는 지내기가 좋았다. 하지만 이중문에다 뒤창도 두꺼운 유리로 된 붙박이창이라 환기가 안 되어 썩 좋지만은 않았다.

안○○은 오랫동안 이 독방에 있었다. 전에 있던 방에서 그랬듯이 밤새 발로 문을 차며 떠들었다. 내 방은 멀리 떨어져 좀 나은 편이었지만, 가까운 방에 있던 사람들은 잠도 못 잤다.

도저히 안 되겠다 싶으면 교도관들이 그를 보안과 지하실로 데려가, 수갑을 채우고 포승으로 묶어 놓고 몽둥이로 때렸다. 아무리 맞아도 그는 계속 소리쳤다. 그러다가 일정 시간이 지나면 조용해졌다. 교도관들은 그제야 그를 원래 있던 이중 독방으로 돌려보냈다.

한동안 얌전히 있다가 힘이 생기면 다시 떠들었다. 그럴 때마다 그를 보안과 지하실로 데려가는 것도 교도관들로서는 힘든 일이었다. 몇 번을 거듭해도 효과가 없었다. 오히려 얻어맞을수록 더 심하게 떠들었다. 결국 교도관들이 포기했다. 안○○은 말이나 상식이 통하는 상대가 아니었다.

그는 조현병 환자였다. 방은 지저분했고, 옷과 몸에서는 지독한 냄새가 났다. 흐린 눈동자에는 초점이 없었다. 땅이 꽝꽝 언 추운 겨울날에 팬티 하나만 입고 맨발로 운동장을 천천히 걷기도 했다. 추위를 느끼는 기색이 전혀 없었다.

안○○은 의무과에 자주 찾아갔다. 의무과장은 오전에만 있었는데 환자를 진찰하는 일은 드물었다. 오히려 간호조무사인 최○○가 사람들을 더 많이 진찰했다. 안○○도 최○○에게 진찰받았다. 약도 최○○가 지었다. 간호조무사가 환자를 진찰하거나 약을 짓는 일은 위법이었지만, 폭행·고문·횡령이라는 위법행위가 비일비재한 교도소에서 무자격자가 진찰하는 일쯤은 아무것도 아니었다. 안○○은 최○○가 자신에게 값싼 약만 지어준다는 사실을 알고 그를 협박했다.

"나는 진단서에 또라이라고 쓰여 있어. 그래서 사람을 죽여도 1년이나 2년 정도 추가 형밖에 받지 않아. 앞으로도 계속 나한테 싸구려 약만 주면, 너를 죽이고 추가 형을 받을 작정이야."

최○○는 이 말에 지레 겁을 먹고 그다음부터는 좋은 약을 주었다. 안○○은 조현병 환자였지만, 이때만큼은 교도소에서 자신이 어떤 대접을 받는지 판별할 줄 알았다.

추가 형을 받는 사람들

안○○ 옆 이중 독방에는 유○○가 있었다. 원래 일반수였는데 복역 중에 '김일성 만세!'를 외쳐 몇 차례 추가 형을 받았다. 1984년 무렵까지는 교도소에서 '김일성 만세!'를 외치면 1~2년 추가 형을 받았다.

유○○는 교도소에서 대표적인 망나니였다. 교도관을 건드리는 데 아주 도사였다. 화가 난 교도관이 담당실이나 보안과 지하실로 데려가 아무리 폭행하고 심한 고문을 해도 끄덕하지 않았다. 오른쪽 무릎을 심하게 맞아 지체 장애를 입고도 여전했다.

결국 교도관들도 잘 처우해 주었다. 날마다 건빵을 세 봉지씩 주기도 했다. 유○○는 다른 재소자가 가진 물품과 건빵을 교환해 생필품을 마련했다.

그는 안○○ 옆 이중 독방으로 전방해 온 날부터 며칠간 한밤중에 계속 떠들었다. 유○○와 안○○이 교대로 외쳤다. 첫날에는 밤부터 새벽녘까지 두 사람이 떠드는 목소리와 발로 문을 차는 소리가 쭉 들렸다. 시끄러워서 우리는 잠을 못 잤다. 때려도 소용이 없자 교도관들도 그대로 내버려 두었다. 유○○는 그렇게 떠드는 것으로 자기 힘을 과시했다. 소란을 피우면 자신의 처우를 개선할 수 있음을 오랜 경험으로 알았다.

어느 교도관이 유○○에게서 책을 빌렸다가 잃어버리자, 유○○는 책 대신 라이터를 달라고 요구했다. 교도관은 어쩔 수 없이 그에게 라이터를 주었다. 감옥에서는 재소자가 성냥이나 라이터를 가질 수 없다. 재소자에게 라이터를 주는 건 완전한 규칙 위반으로, 교도관이 큰 실수를 했다.

한밤중에 유○○는 종이에 불을 붙였다. 교도관이 그의 방에 불이 난 것을 발견하고는 비상벨을 눌렀다. 잠시 후, 보안과에서 교도관과 경교대가 달려와서 불을 껐다. 교도소에서 화재가 나면 최고 책임자인 소장도 책임을 추궁받는다. 그 사건으로 유○○는 대구교도소로 이감됐다.

그는 대구교도소에 가서도 계속 떠들었다. 교도관 중에는 고문 기술이 안기부나 보안사의 수사관을 웃도는 자들이 있었다. 어느 악질 교도관이 고문한 뒤로 그는 조용해졌다고 한다. 대구교도소에서 광주교도소로 이감 온 사람이 전해 준 소식이었다.

유○○가 있던 방에는 백덕기가 들어왔다. 고집이 무척 세고 성격이 지독한 젊은이였다. 예전에 자기 발등에 큰 못을 박아 마룻바닥에 고정한 적이 있었다. 그런 짓으로 자기의 인내력과 근성을 과시해 더 좋은 처우를 받으려 한 듯하다. 교도관들은 그와 엮이지 않으려고 그가 하는 대로 내버려 두었다.

백덕기는 이중 독방에서 한 달을 지내고 양심수 방인 3사 하 1방으로 전방했다. 원래 일반수였는데 '김일성 만세!'를 외쳐 〈국가보안법〉 위반으로 2년 형을 추가받았다. 일반수가 그러는 이유는 공산주의나 북한에 호감을 느껴서가 아니다. 일반수는 대부분 가난했고 사회에 불만도 많았다. 군사정권과 교도소 측에 대한 반감이 컸고 자신의 인생에 절망한 나머지 '김일성 만세!'를 외친다. 그 한마디를 외치는 대가로 징역 1~2년을 더 산다. 그렇게 해서 양심수 취급을 받으려는 일반수도 있었다.

앞에서 이야기한 안○○도 그렇게 추가 형을 받았다. 자신의 행위가 법률 위반이라고 인식해야 법적으로 처벌되는데, 정신장애가 있는 그는 그런 인식이 없는 상태에서 처벌되어 추가 형을 받았다. 재판장 역시 그런 사정을 알면서도 상부의 지침을 거스르지 못해 유죄판결을 내렸다.

처우 개선의 대가

1987년 봄, 정신장애가 있는 '조○○ 아저씨'가 대구교도소에서 광주교도소로 이감돼 왔다. 조 아저씨는 한국전쟁 때 인민군 포로로 남한 포로수용소에 갇혔다. 1953년 6월 18일, 이승만 대통령은 송환을 바라지 않는 인민군 포로를 '반공포로'라며 포로 송환 협정을 무시한 채 석방해 버렸다. 협정에는 송환을 원치 않는 경우 중립국 송환위원회에 인계해 설득 기간과 재유예 기간을 두어 최종 결정을 하게 되어 있는데, 이를 어겼다.

조 아저씨도 이때 반공포로로 석방되었다. 갈 곳이 없어 유랑 생활을 했다는데, 어떤 사연이 있는지는 모르지만, 〈반공법〉과 〈국가보안법〉 위반으로 15년 징역형을 받아 10여 년째 복역하던 중이었다.

조 아저씨는 3사 하 17방에서 다른 교도소에서 온 양심수 두 명과 함께 지냈다. 첫날은 점잖게 잤다. 그런데 다음 날 밤, 조 아저씨가 무슨 뜻인지 알 수 없는 말을 했다. 그다음 날 밤에도 이상한 말과 행동을 해 그들은 불안해졌다. 이대로 함께 지낼 수 없다고 판단한 두 사람은 즉시 출역을 신청해 방을 옮겼다.

한 달 뒤, 대전교도소에서 이감해 온 양심수 두 명이 조 아저씨 방으로 들어갔다. 사흘이 지나자 두 사람도 불안해져 즉시 출역했다. 그 뒤로 교도소 측은 그 방에 사람을 넣지 않았다.

조 아저씨는 한밤중에도 창문을 열고 떠들었다. 연설조로 남쪽 당국을 비판하며 시작한 이야기가 이리저리 내용이 엇갈리더니, 어느새 북쪽 당국을 비판하는 내용으로 바뀌었다. 떠들썩하게 이야기하는 내용은 거의 다 정치인데, 내용과 시각이 수시로 바뀌면서 일관성이 없었다.

잘 들어 보면 정치적 불안과 압박이 조 아저씨를 조현병으로 내몬 듯싶었다. 조 아저씨가 아무리 떠들어도 교도관은 막지 않았다. 막아도 효과가 없었고, 잘못하면 욕만 얻어먹을 뿐이었으니, 다들 정신장애가 있는 그를 상대하지 않으려 했다. 조 아저씨는 이런 말을 자주 했다.

"무기수가 부럽네. 무기수는 교도소 안에 언제까지나 있으니, 밥이 쭉 보장돼 정말로 좋아. 나는 유기수라 만기가 되면 교도소에서 나가야 해. 어떻게 먹고살지 걱정이야."

무기수가 이 말을 들으면 기가 차겠지만, 실제 조현병 환자라 밖에 나가도 제대로 일하기 어려워 먹고살기 힘들 것이다. 조 아저씨는 자기 심정을 솔직하게 표현했을 뿐이다.

한번은 이런 일도 있었다. 어느 날, 목공장(재목 가공 공장)에서 일하던 출역수가 자신의 양손을 전기톱으로 절단했다. 일단 의무과에서 응급 처치하고 외부 병원으로 옮겨 수술을 받게 했다. 교도관이 이유를 물으니, 처우 등급을 3급으로 올려 주지 않아서 실망해 손을 잘랐다고 했다.

교도소에서는 등급에 따라 재소자가 받는 처우 내용이 달라진다. 모든 재소자는 형기가 확정되면 4급을 받는다. 출역수에게는 각자 주어진 책임 점수가 있는데, 그 책임 점수를 얻으면 3급으로 오른다. 책임 점수는 형기의 길이에 따라 결정된다. 형기가 길수록 책임 점수가 많아서 3급으로 오르기까지 기간이 그만큼 길다. 3급에서 한 번 더 책임 점수를 얻으면 2급, 거기서 한번 더 점수를 얻으면 1급이 된다. 최고 급수인 1급수는 가석방 대상이 되기 쉽다. 나처럼 출역하지 않는 사람은 4급에 머문다.

처우를 비교해 보면 4급은 편지를 한 달에 한 통만 쓸 수 있으며, 면회도 한 달에 한 번뿐이다. 3급은 면회와 편지를 한 달에 두 번, 2급은 일주일에 한 번이다. 1급은 하루 한 번이다. 1급수는 좋은 작업복을 받았고, 여러 면에서 처우가 나았다.

교도소 측은 그를 4급에서 3급으로 올려 주었다. 결과적으로 그는 양손을 절단한 대가로 소원을 이뤘다. 정말로 바보 같은 이야기다. 소장이 그를 불쌍히 여겨 의수를 하나 선물해 주었다. 퇴원한 뒤 그는 3사 하 중방에서 지냈다. 같은 방 사람들이 그를 보살폈다. 양손이 없어 용변을 볼 때마다 그의 엉덩이를 닦아 주어야 했으니 그 사람들도 고생이 이만저만하지 않았을 것이다.

그는 운동 시간에 가끔 우리 방 뒤로 와서 우리 방 사람과 이야기를 나눴다. 대화 내용을 가만 들어 보면 정신이 불안한 상태였다. 눈을 봐도 생기가 전혀 없었다. 불쌍한 사람이었다.

같은 일로 두 번 처벌받은 사람

교도소에서는 '개털'과 '범털'이라는 말을 흔히 썼다. 영치금이 없는 재소자를 개털이라고 부르고, 영치금이 많으면 범털이라고 불렀다. 개털은 가치가 없었고 범털은 가치가 있었다.

내게 이 얘기를 해준 사람은 4사 상 11방에 있던 40대 양심수 최수남이었다. 그는 어부였고 점잖은 사람이었다. 1960년대, 통일혁명당 전라도 지역 책임자인 최영도의 조카로, 그 당시에 통일혁명당 전라도 지역의 서적을 담당했다는 이유로 2년가량 투옥되었다. 1969년에 관련 재판이 모두 끝나고 선고된 형기도 복역했다. 그런데 10여 년이 훨씬 지나 그 일로 다시 조사를 받고 재판에서 2년 징역형을 선고받았다.

그 과정에는 이런 일이 있었다. 남민전 조직의 주모자 이재문은 민족일보 기자◆ 출신으로 이전 인민혁명당◆◆ 관련자였다. 그리고 남민전 중앙위원 중 한 명인 신향식은 1968년 통일혁명당 사건으로 3년여를 복역하고 비전향 상태에서 출소해, 1975년 〈사회안전법〉이 제정된 뒤 체포를 피해 도망 생활을 했다. 그런 역경 속에서 신향식과 이재문 등이 함께 남민전을 조직했다.

안기부는 남민전 조직 핵심에 통일혁명당 출신자가 있다는 것을 알게 되었다. 통일혁명당과 관련된 다른 사람들도 반정부 활동을 할 것으로 판단해, 통일혁명당 사건으로 이미 징역을 살고 나온 사람들을 다시 잡아들였다.

최수남은 1979년 남민전 사건이 일어나고 몇 해 뒤인 1982년 무렵에 구속되었다. 공소 내용은 예전 첫 번째 징역살이 당시와 똑같았다. 최영도의 아들도 광주교도소에서 최수남처럼 징역을 살았다.

같은 일로 두 번 처벌되지 않는다는 일사부재리 원칙은 지켜지지 않았다. 없던 일을 고문으로 날조하는 것도 누워서 떡 먹기인데, 과거에 있던 일로 두 번 처벌하는 일은 아무것도 아니었다.

법이 법대로 지켜지지 않는 일은 또 있었다. 우리 방에 있던 안승윤◆◆◆은 나이가 많았다. 1960년대에 북한에 있는 가까운 친

◆ 영남일보와 대구매일신문사를 거쳐 민족일보 기자로 활동했다.

◆◆ 1964년 8월 14일 중앙정보부가 '인민혁명당 적발, 41명 검거, 16명 수배 중'이라고 발표했다. 이재문은 1심에서 무죄, 2심에서 징역 1년에 집행유예가 선고되었다.

◆◆◆ 1982년 4월 13일 국가안전기획부가 '세 개 간첩망 18명 검거' 및 안승윤을 '서울과 안동을 거점으로 25년간 암약한 고정간첩'으로 발표했다.

척이 그의 집에 찾아왔다. 아주 친밀한 관계라고 했다. 북한에서 찾아온 사람을 당국에 신고하지 않으면 〈국가보안법〉의 불고지 죄로 처벌된다. 그의 가족은 친척이 북한으로 출발한 다음에 경찰에 신고했다. 몇 달 뒤 그 친척이 다시 찾아왔다. 그때도 친척이 북한으로 출발하고 나서 경찰에 신고했다.

강산이 두 번 바뀔 만큼 시간이 흐른 뒤 경찰은 예전 일을 들췄다. 북한에서 친척이 왔을 때 신고했더라면 잡았을 텐데 가고 난 뒤에야 신고한 걸 꼬투리 삼았다. 그 집 식구를 모두 잡아들여 온갖 고문을 자행한 뒤 그 가족이 북한에서 온 공작원의 지시에 따라 간첩 조직을 만들었다고 꾸몄다. 1982년 안승윤은 무기형을 받았고 나머지 가족도 15년, 10년, 4년 형을 받았다. 지독한 고문에 그도 그의 부인도 몸이 심하게 상했다.

재미 교포 양심수

홍선길◆은 재미 교포로 기계 기술자였다. 우리는 변호사가 같아 서울구치소 변호사 면회 대기실에서 여러 차례 만났다. 고향은 평양인데, 한국전쟁 때 남쪽으로 피난해 와 서울에서 살았다.

그는 미국에서 생활 터전을 잡으려고 부인과 아들을 서울에 남긴 채 혼자 미국으로 건너갔다. 자리를 잡기 위해 영국계 미국

◆ 1981년 11월 6일 국가안전기획부가 '재미 교포 간첩 등 세 개 망 아홉 명 검거'를 발표했다. 세 개 망 중 한 개 망이 앞서 나온 진이칙이다.

인과 계약 결혼을 했다.

몇 년 동안 생활 기반을 다지고 미국 영주권도 얻어 재미 교포가 되고서는 한국에 있는 부인과 아들을 미국으로 불렀다. 캘리포니아 로스앤젤레스에 정착해 딸 둘을 더 낳았다.

홍선길은 동유럽이나 소련으로 몇 차례 여행을 다녀오면서, 도중에 평양에도 한 번 갔고, 거기서 형을 만났다. 나중에 이 일이 빌미가 되어 서울에서 안기부 요원에게 잡혔다.

안기부에서 수사하려고 하자 그는 "변호사를 선임해 변호사 입회하에 조사받겠다"며 거부했다. 그러자 수사관들이 콧방귀를 뀌었다. "너는 도대체 여기를 어디라고 생각하느냐?"며 고문하기 시작했다.

마구잡이로 그를 때렸다. 여러 날, 잠도 못 자게 한 채 몽둥이로 때려 온몸이 새까맣게 멍들고 부었다. 고문당한 충격에 생니도 여러 개 빠졌다. 고문관들은 그의 무릎 사이에 몽둥이를 끼워 넣어 정좌시키고는, 양측에서 그 몽둥이 위로 타고 올라 내리눌렀다. 무릎이 다 망가졌다.

수사가 끝나 갈 무렵, 고문 수사관들은 그를 '홍 선생님'이라고 불렀다. 고문할 때는 온갖 모욕적인 말을 하더니, 날조 작업인 수사가 끝나 가자 공손히 나왔다.

안기부에서 조사가 끝나고 홍선길은 서울구치소에 갇혔다. 검사에게 취조받으러 가서는 안기부가 고문으로 날조한 조서를 모두 부인했다. 그러자 이번에는 검사가 그를 고문했다. 그나마 검사실에서는 시간제한이 있었다. 그를 그날 안으로 구치소에 돌려보내야 하니 저녁까지밖에 고문할 수 없었다. 홍선길은 검사

취조에서, 날조된 조서를 끝까지 부인했다. 그때 그를 맡은 임휘
윤 검사는 나를 담당한 검사이기도 했다. '킬러'라는 별명이 붙은
악명 높은 공안 검사였다.

홍선길은 1심에서 무기징역형, 2심에서 7년 징역형을 받고
나보다 먼저 광주교도소에 와있었다. 그는 의지가 강한 사람이었
다. 온갖 고문에도 지지 않고 오히려 정신적으로 단련되었다. 출
소해서 미국에 가면 자신이 받은 인권침해와 안기부의 날조 행위
를 대대적으로 폭로하겠다고 다짐했다.

홍선길은 고문 후유증이 컸다. 무릎이 계속 아파서 고생이 이
만저만이 아니었다. 어깨도 호되게 얻어맞아 오른팔을 위로 올
리지 못했고, 당연히 팔굽혀펴기도 불가능했다. 나는 열흘간 그
에게 지압과 안마를 해주었다. 그랬더니 어깨 아픈 게 없어져 오
른팔을 위로 올리게 된 건 물론이고, 팔굽혀펴기까지 할 수 있게
되었다. 어깨 근육이 상한 거라 내가 고칠 수 있어 다행이었다.
광주교도소에서 그는 나에게 잘해 주었다.

오송회 날조 사건

공작원이나 조직원을 잡으면 수사관들은 고액 상금을 받았다.
날조해서까지 간첩단 사건을 만들려 했고, 정권도 정책적으로 이
를 유도했다. 특히 정치적으로 혼란스러웠던 1980년대 초반에
날조 사건이 많았다. 정권은 공안 사건을 날조해 공포 분위기를
만들어 혼란을 수습하려 했다. 군사 쿠데타로 장악한 정권을 유
지하는 데는 그것 말고 다른 방법이 없었다. 그 때문에 얼마나 많

은 사람이 피해를 받고, 얼마나 많은 가정이 붕괴했는지 헤아릴 수 없을 정도였다.

1982년 전라북도 군산제일고등학교 교사 아홉 명(전직 교사 한 명 포함)이 구속됐다. 일명 '오송회 사건'이다. 발단은 월북 시인 오장환의 시집 『병든 서울』이었다. 월북한 시인들의 시집은 한국에서 오랫동안 금서였다. 오장환 시인의 시집을 필사한 복사본이 버스에 떨어져 있던 걸 누군가 발견해 경찰에 신고했고, 경찰은 곧 내사에 들어갔다.

경찰은 이 사건을 단순히 불온서적 소지 사건 정도로 끝맺지 않았다. 경찰은 군산제일고등학교 이광웅◆ 선생을 비롯해 그와 친한 동료 교사를 죄다 잡아 와서 고문했다. 몽둥이로 때리는 건 예사였다. 물고문, 고춧가루 물고문, 전기 고문, 비행기고문 등 온갖 고문을 다 했다.

물고문은 침대나 책상 위에 몸 전체를 포승으로 붙들어 매 움직이지 못하게 한 다음, 코와 입 위에 수건을 덮고 주전자로 일정한 시간 동안 물을 부어 넣는 것이다. 물이 입과 콧속으로 계속 들어오면 숨을 못 쉬어 자연히 물을 들이마신다. 그러면 마치 물속에 빠진 상태처럼 된다. 고춧가루 물고문은 고춧가루가 들

◆ 1967년 유치환, 1974년 신석정 추천으로 시인 등단. 국어 교사로 재직 중 공안 조작 오송회 사건으로 7년 형을 선고받고 복역했다. 1987년, 4년 8개월 만에 형 집행정지로 풀려났다. 전교조 가입으로 다시 해직 교사가 되었고, 1992년 암으로 별세했다. 시집으로 『대밭』(풀빛, 1985), 『목숨을 걸고』(창작과비평사, 1989), 『수선화』(두리, 1992)가 있다(송일섭 전북문학관 학예사 기고, 『전북일보』 2020년 9월 9일자).

어간 물로 하는 물고문이다. 물고문보다 더 모질다. 전기 고문은 의자에 몸을 붙들어 매 움직이지 못하게 한 다음, 몸에 물을 뿌려 전기가 잘 통하게 한 뒤 전기를 흘려보내는 것이다. 비행기고문은 손발을 포승으로 묶어 몸을 공중에 띄운 다음, 포승을 크게 잡아 흔들어 몸을 공중에서 회전시킨다. 하나같이 일제강점기 치안경찰의 고문 방식 그대로였다.

경찰은 교사 다섯 명이 모여 반국가 지하조직을 결성했다며 이름을 오송회라고 붙였다. '언제·어디서·누가' 오송회라는 조직을 결성했다고 조서를 작성했다. 가혹한 고문을 받은 선생들은 날조된 조서에 날인하지 않을 도리가 없었다.

경찰서에서 날조 작업이 끝나자 사건은 검찰에 송치되고, 선생들은 전주교도소에 수감됐다. 검사가 취조를 시작했다. 경찰이 작성한 오송회 결성 집회를 열었다는 그 시각에 영어 교사인 황 선생은 다른 곳에 있었다. 황 선생이 검사에게 따졌다.

"경찰이 오송회를 결성했다고 하는 시각에, 나는 300명이나 되는 학생에게 영어 특별 강의를 했다. 그런데도 내가 오송회 결성 집회에 참여했다고 주장하느냐?"

검사는 깜짝 놀랐다. 오송회는 다섯 명으로 결성된 조직이어야 하는데, 황 선생이 그 구성원이 아님이 증명되면 오송회라는 조직은 성립되지 않는다. 300명이나 되는 증인을 무시할 수는 없었다. 오송회 결성 집회에 참여했다는 다섯 명 중 세 명이 현장 부재 증명이 확실했다. 그러자 검사는 사건을 날조하기가 어렵겠다고 판단했다.

"그 조직은 오송회가 아니라 이송회다."

하지만 일개 검사 마음대로 조직 이름을 바꿀 수는 없었고, 사건을 축소하거나 무로 돌릴 수도 없었다. "오송회가 아니라 이송회"라는 검사의 말이, 그들의 잘못을 인정한 격이었지만, 검사는 상부 지시에 따라 억지로 사건을 기소했다. '용공 이적 단체 오송회' 사건을 뒷받침하고자 제출된 증거물은 필사본을 복사한 시집 『병든 서울』이었다.

재판이 시작되자, 세계 각국에서 인권 단체들이 보낸 오송회 날조 사건 항의문이 재판부에 쇄도했다. 이 세계적인 항의와 규탄에 놀란 판사는 세 명에게 실형 1~4년을 선고하고, 여섯 명은 선고유예로 석방했다. 황 선생도 그때 석방되었다.

경찰은 생각한 대로 재판이 진행되지 않자, 안기부에 도움을 요청했다. 안기부가 판사에게 압력을 넣어 2심에서는 모두 실형을 주었다. 1심에서 실형을 받은 세 명은 형량이 늘었고, 선고를 유예했던 여섯 명을 그 자리에서 바로 법정 구속했다. 주범으로 간주한 이 선생은 7년, 황 선생은 4년 형을 받았다.

이 선생이 동료 교사와 함께 금서 시집을 돌려 읽은 건 사실이었다. 하지만 경찰은 이 일을 빌미 삼아, 있지도 않은 반국가 조직을 결성했다고 하고, 하지도 않은 반국가 행위를 했다고 꾸몄다.

상고 뒤 그들은 전주교도소에서 광주교도소로 이감되었다. 상고가 기각되어 형이 확정된 다음에는 남민전 사람들이 있던 6사 상 대방으로 옮겼고, 1985년 봄에 오송회 사람 서너 명과 남민전 사람 다섯 명이 2사 상으로 전방했다. 2사 상에는 대방만 12개 있었다. 그들은 대방에 한 명씩 들어갔다. 2사 상에는 양심수만 있어서 그나마 처우가 나았다.

오송회 사람 가운데 출역하는 이가 두 명 있었다. 출역수는 방이 따로 있어 2사 상에 있는 오송회 동료들과 떨어져 지냈다. 원예에 출역하는 한 명은 원예 출역수가 머무는 5사 하 12방에 머물렀다. 거기에는 양심수와 일반수가 함께 있었다. 내가 있던 4사 하 12방과 5사 하 12방은 마주 보고 있어서 서로 이야기할 수 있었다.

어느 날 오송회 사람 중 한 명이 만기 출소하게 되었다. 그래서 출소 하루 전에 원예에 출역하는 동료에게 인사를 할 수 있게 해달라고 교도소 측에 미리 요청해 허가를 받았다. 그런데 막상 그날이 되자 교도소 측은 약속을 지키지 않았다. 그날 밤, 화가 난 그는 철문을 발로 차고 고함을 지르며 교도소 측의 부당한 처사에 항의했다.

3사 상에는 전남대학교 의대생 양심수가 두 명 있었다. 오송회 사람이 외치는 소리를 듣고는 두 학생이 보조를 맞춰 함께 외쳤다. 우리는 출역하고 돌아온 오송회 사람에게 이 일을 전했다. 그러자 그도 몇 번이고 크게 외쳤다.

"내일 출소하는 동료를 대면시켜라!"

교도관들은, 오송회 사람들은 그렇다 치고 도대체 3사 상 학생 양심수들은 왜 외치는지 이유를 물었다. 학생들은 만기 출소하는 오송회 건만으로는 충분한 이유가 되지 않겠다 싶어, 마침 그 기간에 진행되던 (인권을 짓밟는) 순화 교육 폐지와 폭력 교도관 추방까지 덧붙였다. 그러고는 구호를 외쳤다.

"순화 교육 폐지하라!"

"폭력 교도관 추방하라!"

우리 방 사람도 모두 그 구호에 호응해 함께 외쳤다. 외침은 순식간에 다른 사동으로도 번졌다. 2사, 3사, 4사, 5사에 있던 양심수가 합동으로, 교도소 측의 약속 불이행뿐만 아니라 재소자의 인권을 짓밟는 데에 항의하는 구호를 외쳤다. 난감해진 교도소 측은 결국 오송회 사람이 동료에게 작별 인사를 하도록 처리했다.

순화 교육도 다음 날부터 편해졌다. 출역하는 양심수와 모든 일반수는 해마다 한 달씩 순화 교육을 받았다. 출역하지 않는 양심수인 우리는 순화 교육을 받지 않았지만, 교도소 전체 분위기를 위해 순화 교육 폐지를 외쳤다. 떠들어야 요구를 받아들인다.

반공주의자를 공산주의자로 만든 안기부

1986년 여름, 김○○이 우리 방에 들어왔다. 그는 〈국가보안법〉 위반으로 1년 반 형을 받았다. 구속되기 전에는 아프리카 가나에서 파견 노동자로 일했다. 봉급을 받으면 현지 생활비만 조금 떼어 놓고 나머지는 모두 한국에 있는 아내에게 송금했다. 그런데 아내는 남편이 보내 준 돈을 바람피우는 데 써버렸다.

그는 복수심에 불타 가나 주재 북한 대사관 앞으로 편지를 썼다. 한국에 있는 자기 아내를 죽이면 북한 정부를 따르겠다는 내용이었다. 그런데 편지가 한국 대사관으로 가버렸다. 한국 대사관에 주재하던 안기부 요원이 편지를 읽고는 그를 한국으로 강제 송환했다.

한국은 그동안 철저한 반공 교육으로 국민에게 반공 의식을 주입해 왔다. 평소 '적'으로 여겨 온 북한 당국에 뭔가 부탁한다는 건 모순되지만, 김○○은 한국에서 세뇌받은 대로 북한 당국을 태연하게 살인을 자행하는 집단으로 여겨, 밉살스러운 아내를 죽여 줄 수도 있겠다고 생각해 그런 편지를 썼다. 어느 면에서 보면 그는 반공 정책이 낳은 피해자인 셈이지만, 그래도 한심한 행동이었다.

김○○이 들어오고 조금 뒤에 홍종열*이 우리 방에 들어왔다. 그는 웅변 학원에서 강사로 일해 말을 잘했다. 전에 있던 방에서 그는 자신이 미국 일류 대학에서 강사로 일했다고 허풍을 떨기도 했다. 우리 방에는 영어를 잘하는 사람들이 있으니 그런 말은 통 안 했다.

그는 젊어서부터 통일교 신자였다. 그의 아내는 그보다 더 열렬한 신자였다. 아내는 감옥으로 편지를 자주 보냈다. 부부가 둘다 40대 중반이었는데 여전히 청춘처럼 연애했다. 아내는 편지로 과제도 내주었다. 교도소에서 통일교 신자를 몇 사람 만들라는 과제였는데, 그는 딱히 할 의사도 능력도 없어서 과제를 수행하지 못했다.

홍종열도 조작 사건의 희생자였다. 예전에 그가 세 든 집에 살던 다른 세입자가 북한 공작원임이 발각되면서 사건에 말려들

◈ 1985년 3월 20일 국가안전기획부가 '네 개 간첩망 14명 검거'를 발표했다. 홍종열은 네 개 간첩망 중 '서울·안동 거점 간첩단'으로 엮였다. 홍종열은 간첩으로 검거되었고, 간첩 방조로 검거된 아내는 기소유예로 풀렸다.

었다. 안기부는 홍종열이 북한 공작원이 만든 반국가 지하조직에 가담했다고 날조했다. 그는 이웃이 어떤 사람인지 전혀 몰랐다. 그러나 안기부에서 '사실'은 중요하지 않았다. 사실이야 어쨌든 홍종열이 공작원과 한 지붕 아래 살았던 셈이니 사건을 꾸며 내기가 더 수월했을 뿐이다.

고문 수사관들은 며칠 동안 홍종열을 한숨도 못 자게 하고는 온몸이 새까맣게 부어오를 정도로 때렸다. 몹시 춥고 깜깜한 한겨울 밤에 그를 발가벗겨서는 성기에 끈을 묶어 안기부 본부가 있는 남산 뒷길로 끌고 나갔다. 수치심에 떤 밤, 그는 오로지 복수만 생각했다.

홍종열은 재판에서 공소 내용을 모두 부인했다. 그러나 재판장은 이를 무시했다. 즉, 고문으로 강요한 자필 진술서가 증거로 인정되었다. 그러니 수사 당국으로서는 이만큼 편리한 법률도 없었다. 불행 중 다행이랄지, 애초 홍종열 건은 일을 크게 꾸미기에는 한계가 있어서 징역 3년 6개월 형에 머물렀다.

통일교는 반공 종교단체다. '지구상에서 공산주의를 발본색원'한다는 '국제승공연합'이 통일교의 하부 조직이다. 홍종열은 통일교 신자이고 반공주의자다. 그런 사람을 안기부는 북한과 관련한 공산주의 조직의 일원으로 만들어 냈다. "안기부는 여자를 남자로 바꿀 수는 없지만, 그 밖의 일이라면 어떤 일도 할 수 있다"던 어느 안기부 요원의 말은 틀리지 않았다.

무인 포스트

김정묵◆은 나보다 먼저 4사 하 12방에 들어온 사람으로, 젊은 시절에 어선을 타고 고기잡이를 했다. 1958년 그날도 여느 때처럼 바다에 나섰다. 서해 38도선 근처에서 고기를 잡는데 갑자기 폭풍우가 몰려와 어선이 북한 영해 쪽으로 밀려갔다. 어느새 군사경계선 너머 북한 영내로 배가 완전히 떠밀리자, 북한 순시선이 배를 나포해 가까운 항구로 데려갔다.

선원들을 조사해 보니, 폭풍우에 조난한 것으로 밝혀졌다. 북한 당국자는 선원을 모두 석방해 남쪽으로 돌려보냈다. 선원들은 배가 북한에 나포된 사실을 정부 당국에 신고하지 않고 비밀로 하기로 했다.

수사 당국은 오랫동안 그 사실을 몰랐다가 20여 년이나 지난 뒤에야 알았다. 경찰은 당시 배를 탔던 사람을 모두 불러다 조사했다. 북한 영내에 들어갔지만 조난 사고였으니 위법은 아니었으나, 그 일을 당국에 신고하지 않은 게 문제라면 문제였다. 이조차 시효인 15년이 지나 처벌할 수 없었다. 그러나 수사 당국이 이대로 사건을 마무리할 리가 없었다.

김정묵은 끔찍한 고문을 받았다. 원래 없는 것을 내놓으라 하니 나올 게 없었다. 결국 그들이 요구하는 대로 받아쓰는 수밖에 없었다. 고문은 김정묵의 몸과 정신에 고통을 주었다. 충격이 어

◆ 1982년 7월 납북자 조작 간첩 사건.

찌나 컸던지 20일가량 대변이 전혀 나오지 않았다. 아무리 배에 힘을 주어도 변이 나오지 않자 손가락을 항문에 집어넣었다. 아주 딱딱한 변이 만져졌다. 손가락으로 변을 조금씩 파냈다. 그러고 나서 다시 배에 힘을 세게 주었다. 그제야 변이 조금씩 나오기 시작하더니 곧이어 대량으로 변이 나왔다. 그동안 배 속이 너무 답답하고 이상한 상태가 계속되었는데, 변을 보고 나자 시원해졌다.

어느 날, 수사관이 물었다.

"무인 포스트를 설치한 일 있지?"

김정묵은 그게 뭐냐고 수사관에게 되물었다. 누군가와 물건을 주고받으려고 미리 설정한 장소로, 한 사람이 그곳에 전달할 물건을 놓아두면 누군가 연락을 받은 사람이 그 물건을 찾아간다고 수사관이 설명했다. 무인 포스트는 어떤 표시나 특징을 기준으로 삼아 땅에 묻어 두는 경우가 많고, 지하조직에서 주로 무인 포스트를 사용해 물건을 전달한다고 거듭 설명했지만, 김정묵은 그 말뜻조차 모르니 당연히 무인 포스트를 설정했을 리가 없었다. 그러나 고문이 얼마나 처참했던지, 그는 자기가 무인 포스트를 설정했다고 거짓으로 인정했다. 그리고 머릿속에 떠오르는 대로, 어느 곳 어느 나무 아래라고 둘러댔다.

수사관이 그를 데리고 그가 말한 곳을 찾아갔다. 도착하자마자 수사관은 몽둥이로 그를 때렸다. 그곳은 바닥이 온통 시멘트 콘크리트로 덮여 있었다. 땅을 못 파니 무인 포스트를 만들 수 없는 곳이었다. 하지 않은 일을 억지로 했다고 꾸미려니 아귀가 맞을 리 없었다. 김정묵이 고문을 못 견뎌 그랬다고 해도 수사관들은 폭행을 멈추지 않았다. 인간성을 짓밟는 행위였다. 김정묵은 간신히 어느 해변 나무 아래를 떠올려 다시 둘러댔다. 가서 보니 거기는 물건을 묻을 만했다.

문제가 일단락되는 듯했으나 사실은 더 큰 문제가 있었다. 공소장에는 김정묵이 그 무인 포스트로 북한 공작원에게 물건을 전달했다고 쓰여 있었다. 고문 수사관이 짠 시나리오대로였다. 북한에 조난한 당시, 김정묵은 북한 정치 공작원에게 포섭되어 반국가 단체인 북한 비밀 조직과 연계했고, 그 뒤로도 몇 차례 북한에 잠입했으며, 한국에서 수집한 정보를 그 조직에 보고했다는 줄거리였다.

엉성한 시나리오였지만 그대로 재판부에 제출됐다. 어떤 판사든 내용을 보면 날조한 사실을 알 수 있지만, 판사 힘으로는 어떻게 하지 못했다. 만약 판사가 독자적으로 판단해 무죄나 가벼운 형을 선고하면, 그 판사는 파면되고 무수한 박해를 받았다. 상당한 각오가 없는 한 판사는 자기 소신으로 판결을 내릴 수 없었다. 특히 간첩 사건은 판사가 혼자서 판결하기가 현실적으로 불가능했다.

김정묵은 사형 구형에 무기징역형을 선고받았다. 고등법원에 항소하고 대법원에 상고했지만 모두 기각되었다. 그의 죄를 뒷받침할 물적 증거도 없었고, 재판에서 공소장 내용을 모두 부인했지만, 그의 주장은 인정받지 못했다. 검찰 측이 법원에 제출한 증거는 고문으로 받아 낸 자필 진술서뿐이었다.

1986년 가을, 김정묵의 건강에 이상이 왔다. 미열이 계속되고, 기침을 자주 했다. 식욕도 없어져 음식을 조금밖에 먹지 못했다.

처음에는 감기에 걸렸나 보다 생각했다. 그런데 증상이 2주일 넘도록 계속되자 다른 병이 아닌가 걱정이 들었다. 나는 일본에서 발간된 『가정의학백과사전』을 3사 하 중방 재일 교포 양심수 김철현에게 빌려 와 찾아보았다.

전형적인 폐결핵 증상이었다. 이 사실을 안 사람들은 공포심에 휩싸였다. 예전에 폐결핵을 앓았던 사람들은 특히 무서워했다. 결핵을 앓았던 사람은 재발하기 쉬우니 두려울 만했다.

박영식이 김정묵에게 권유했다.

"김 선생이 현재 앓는 것은 결핵인 것 같은데, 의무과에서 엑스레이를 찍어 결핵인지 아닌지 판별해야 합니다. 결핵이 아니면 다행이고, 결핵으로 판명되면 하루빨리 치료에 전념해야 합니다."

엑스레이를 찍은 결과, 중기 폐결핵이었다. 김정묵은 즉각 병사로 옮겨 두세 달 대기했다가 마산교도소로 이감되었다. 결핵 환자는 마산교도소 결핵 환자 사동에 격리 수용되었다. 그는 격렬한 고문을 받아 몸이 쇠약해진 상태로 교도소에 갇힌 데다, 영양 공급도 충분히 할 수 없어서 결핵에 걸렸다. 폐결핵은 교도소에서 흔한 병이었다.

고립

김철현은 독방에서 외로이 살았다. 나는 그와 함께 장 치과에서 치과 치료를 받았고, 그에게서 좋은 책을 빌려 읽기도 했다. 그는 사람들과 거의 이야기를 나누지 않았다. 그나마 같은 재일 교포가 말을 걸면 좀 대응했지만 여전히 어색하고 차갑게 대했다. 혼자만의 세계에 갇혀 다른 사람에게 자기 마음을 터놓고 이야기하는 일은 거의 없었다.

한때 그는 다른 양심수들과 합방 생활을 했는데 잘 어울리지 못하고 자주 짜증을 냈다. 그러자 서로 어색해져 방 분위기가 영 불편했다. 침울해진 그는 견디지 못하고 독방으로 나가 버렸다.

그는 책 읽기가 취미였다. 특히 물리학에 관심이 있었다. 그에게 빌린 물리학책을 보니, 1980년대 물리학 이론은 1970년대보다 새롭고 획기적이었다. 그는 방대한 우주의 역사와 초미세 소립자의 신비를 탐구하는 데 몰두했다. 현실을 직시하면 너무 괴로워 우울했을 테니, 방대한 우주와 신기한 소립자의 세계로 들어가 지긋지긋한 현실 세계에서 도피한 것은 아니었을까.

그는 일본에서 신학대학을 졸업하고 한국의 신학대학원에 들어갔다. 신학대학원 재학 중에 중앙정보부에 잡혔다. 그런데 교도소에서는 신학에 관한 책보다 물리학이나 자연과학에 관한 책을 훨씬 많이 읽었다.

그도 다른 재일 교포 양심수와 마찬가지로 지독하게 고문을 받고 사형 선고를 받았다. 그 영향으로 우울증이 생겼고 사람을 멀리했다.

그는 마음뿐만 아니라 몸도 고통받았다. 치근염이나 치질로 고생했다. 치근염 때문에 외부 치과 병원에도 여러 번 다녔다. 치근염은 생활 습관병으로 단순히 잇몸만 나쁜 병이 아니다. 몸 전체가 이상한 상태가 되어서 생기는 병이다. 아무리 잇몸을 치료해도 병을 근본적으로 고칠 수 없다. 하지만 그는 운동을 거의 안 했고, 생활 습관을 고칠 마음의 여유가 없었다.

게다가 자신의 건강에 관해 대화할 만한 사람이 주변에 없었다. 일본에 있는 가족에게 부탁해 의학책을 구하고 자기 나름대로 연구했지만 소용이 없었다. 학문은 일정한 지식을 축적하고 법칙을 파악하면 이해하기가 그리 어렵지 않다. 그러나 사람의 마음은 법칙대로 움직이지 않기에 인간관계는 아주 복잡하고 어렵다.

김철현은 사람들과 대화하고 싶어 했지만, 대화를 계속하면 짜증이 나서 어떻게 해야 할지 감당하지 못했다. 신경과민과 정서 불안 탓에 인간관계가 힘들었다.

〈김일성 장군의 노래〉와 주체사상

1986년 봄, 재일 교포인 조일지˚가 우리 방에 들어왔다. 그는 성균관대학교 무역학과에 다니다 잡혔다. 당시 성균관대학교에는 재일 교포 학생이 20명쯤 다녔다. 조일지와 학과는 달랐으나 같은 학년이던 김동균은 보안사의 앞잡이로 교포 학생의 동향을 감시했다. 고등학교를 졸업하고 한국으로 온 김동균은, 이미 일본에서 대학교를 졸업하고 온 조일지에게 후배인 셈이었는데, 조일지는 김동균과 그리 친하지는 않았다.

◈ 1984년 9월 1일 국군 보안사령부에 체포되어 37일간 불법 구금당했다. '재일 동포 조일지 간첩 사건'으로, 2012년 서울중앙지법 형사29부 재심에서 무죄가 선고되었다.

재일 교포 학생들은 겨울방학이나 여름방학 때 일본 집에 다녀오는 경우가 많았다. 어느 여름방학 때, 도쿄 집에 돌아간 김동균이 조일지에게 전화해 히로시마에 있는 조일지의 집을 방문하고 싶다고 했다. 조일지는 그가 오는 게 썩 내키지 않았지만, 거절하기도 무엇해 오고 싶으면 오라고 했다.

김동균은 도쿄에서 비행기를 타고 히로시마까지 갔다. 그는 이런저런 이야기를 하면서 조일지의 방에 있는 책을 주의 깊게 살펴보았다. 요미우리 신문사에서 간행한 『월간 요미우리』가 눈에 띄었다. 표지에 「주체의 나라, 북조선」이라는 제목과 김일성 주석의 사진이 크게 박혀 있었다. 요미우리 신문기자가 북한을 취재한 내용이 특집으로 실린 잡지로, 조일지가 고등학생일 때 어느 교사가 읽어 보라고 주었다. 김동균은 이 잡지를 보안사에 보고했다.

여름방학이 끝나 히로시마에서 한국으로 돌아온 조일지는 김포공항에서 바로 납치되어 서빙고에 있는 보안사로 끌려갔다. 머리숱이 없고 목소리가 날카로운 수사관이 방에 들어오자마자 그를 위협하며 여러 차례 때렸다. 조일지가 반항하자, 주위에 있던 사람들이 그를 붙잡고는 마구잡이로 때렸다. 긴 고문이 이어졌다. 도저히 참지 못할 지경에 이르러 그는 수사관들이 요구하는 대로 받아썼다.

조일지는 고등학교 때 조총련 산하 조직인 학생회 모임에 몇 차례 나갔지만, 나중에는 그만두었고 아무 관계도 맺지 않았다. 그런데 수사관은 조일지가 학생회를 통해 조총련 간부에게 포섭되어 간첩 교육을 받았으며, 간첩 활동을 하려고 한국에 잠입했다고 날조했다.

조일지가 고문으로 완전히 지쳤을 때, 김병진이 방에 들어왔다. 김병진이 조일지에게 〈김일성 장군의 노래〉를 가르쳐 주었다. 조일지는 처음에는 김병진을 하느님처럼 여겼다. 그가 오면 고문을 받지 않아도 되었고, 그가 가져온 맛있는 과자를 먹는 게 큰 위로가 되었다. 참기 어려운 고문을 받다가도 그가 들어오면 잠시나마 지옥에서 해방되므로, 정말로 고마운 일이었다.

조일지는 그것이 보안사의 전술임을 몰랐다. 김병진이 조일지에게 〈김일성 장군의 노래〉를 가르치고 나간 뒤, 고문 수사관들이 들어와 물었다.

"너 학생회에서 〈김일성 장군의 노래〉 배웠지?"

조일지가 아니라고 부인하자, 다시 고문을 이었다. 죽도록 얻어맞은 끝에 조일지는 학생회에서 배웠다고 거짓말을 했다. 수사관이 불러 보라고 했다. 조일지는 방금 김병진에게 배운 노래를 불렀다.

다시 온 김병진이 이번에는 조총련에서 하는 정치교육을 조일지에게 가르쳐 주었다. 주체사상, 미국의 남조선 신식민지 정책 등이었다. 김병진이 나가고 수사관들이 들어왔다.

"너, 조총련 사람한테서 주체사상 배웠지?"

"그런 일은 없었다"고 조일지가 부인하자 '배웠다'고 할 때까지 고문했다.

"그 내용이 뭐야?"

조일지는 김병진에게 들은 내용을 말했다. 이렇게 해서 조일지는 간첩이 되었다. 간첩 교육은 일본에서 조총련 사람이 한 게 아니라, 한국 보안사에서 김병진이 했다. 조일지에게 여러 가지를 가르치는 동안 김병진의 무릎이 자주 떨렸다고 한다. 그는 보안사의 수사관이면서 동시에 감금된 상태라 상당히 불안했을 것이다. 그러나 그는 보안사에 적극 협력하는 것이 자신이 살아남는 유일한 수단이라고 믿었다. 다른 재일 교포를 몇 사람 희생시켜도 자신만은 무사히 살아남아야 한다고 판단했다. 그는 서성수를 일본에서 한국으로 유인해 잡는 데 협력했고, 조일지, 조신치, 윤정헌* 등을 간첩으로 날조하는 데 적극 협력했다.

조일지의 부모는 아들이 구속됐다는 소식을 듣고 일본에서 달려왔다. 상황을 제대로 알 수 없어 보안사 수사관이 소개해 준 변호사를 아들의 변호사로 선임하고 말았다. 나중에서야 그게 얼마나 어리석은 일이었는지 부모는 깨달았다.

재판에서 검사가 공소 내용을 조일지에게 하나씩 물었다. 고문 후유증으로 판단력을 거의 잃은 그는 그대로 시인했다. 재판을 방청하던 어머니는, 자기 아들은 공소장에 적힌 행위를 절대로 하지 않았다고 확신했다. 아들이 공소 내용을 계속 시인하자 어머니는 판사에게 큰소리로 항의해 재판을 중단시켰다. 조일지는 어머니의 목소리에 비로소 정신을 차렸다. 다음 재판에서 그는 공소 내용을 모두 부인했다.

◈ 1984년 10월 13일 국군 보안사령부가 '간첩 여섯 개 망 여섯 명 검거, 구속'을 발표했다. 당시 31세로 고려대 의과 3학년 재학 중이던 윤정헌은 '학원에 침투, 학원 소요를 책동한 재일 교포 2세 모국 유학생 간첩'으로 소개되었고, 조신치·조일지 검거 구속도 이때 발표되었다.

보안사에서 소개한 변호사는 재판에서 제대로 변론하지 않았다. 그는 조일지 어머니에게 일본제 골프채를 사다 달라고 요구하기까지 했다. 어머니는 부탁을 거절하지 못하고 사다 주었다. 그러나 변호사의 행동이 아무래도 이상해 재판 도중에 선임을 해소하고, 다른 변호사를 선임했다.

김동균이 검사 측 증인으로 나왔다.

"조일지가 간첩처럼 느껴졌습니다."

조일지에게 불리하게 말하는 그의 목소리가 떨렸다. 증언이 끝나자마자 그는 증언대를 급히 떠났다.

조일지에게 7년 징역형을 선고하는 판사의 목소리도 떨렸다. 조일지의 공소 내용을 뒷받침할 물적 증거는 없었다. 고문으로 그에게 강요한 자필 진술서가 유일한 증거로 제출되었다.

광주로 오기 전, 조일지가 대전교도소에 있었을 때, 히로시마에 있는 구원회가 그에게 책을 여러 권 보내 주었다. 『니체』, 『칸트』, 『레닌』 등 사상가 시리즈도 있었다. 교무과 양심수 담당 교회사가 책을 검열했다. 조일지를 담당한 교회사는 『마르크스』는 불허했으나 『레닌』은 허가했다. 그 교회사는 마르크스는 알았지만, 레닌은 몰랐던 듯하다. 공산주의자가 쓴 책은 모두 금지되던 때였는데, 『레닌』에는 「자본주의의 최고 단계로서 제국주의」와 「변증법적 유물론」이 수록되어 있다. 이미 대전교도소의 허가증이 붙은 책이라 광주교도소에서도 그대로 조일지에게 건네주었다. 그래서 『레닌』이 우리 방에 들어왔다.

고문이 앗아 간 삶

1986년 여름, 조신치◆가 우리 방에 들어왔다. 그는 아마가사키공업고등학교에 다닐 때 '조선장학회'에서 부회장을 맡았다. 조선장학회는 민단과 조총련이 갹출한 자금으로 일본 고등학교에 다니는 조선인(한국인) 학생에게 장학금을 지급하는 기관이었다. 김병진이 조선장학회 회장이었다. 그런 관계로 두 사람이 서로 알게 되었다.

조신치는 고등학교를 졸업하고 타이완으로 건너가 2년가량 중국어를 배웠다. 이어서 연세대학교 부속 기관인 한국어학당에서 한국어를 배웠다. 그 무렵에 김병진이 보안사에 잡혔다. 앞서 이야기한 대로 김병진은 자신이 구속을 피하는 대신에 보안사에 협력했다. 그래서 조신치에 관한 정보를 보안사 수사관에게 제공하고, 그를 잡아 사건을 날조하는 데 협력했다.

조선장학회는 중립적인 기관이라 그 단체에서 부회장을 했다는 사실만으로는 입건하지 못했다. 그 기관을 통해 조총련의 정치 공작원에게 사상 교육을 받고 간첩 활동을 목적으로 한국에 잠입했다는 줄거리까지 만들어야만 '죄'가 성립된다. 김병진이 그

◆ 1984년 9월 3일 체포되어 30여 일간 불법 구금당했다. 1984년 10월 13일 국군 보안사령부가 '간첩 여섯 개 망 여섯 명 검거, 구속', '(조신치가) 재일 공작 지도원에게 포섭돼 학생 포섭, 정보 수집 등의 지령을 받고 연세대 한국어학당 연수생으로 입학, 학생들의 데모 상황, 반정부 유인물 등을 수집·보고하는 한편 대학생들을 상대로 북괴를 찬양하는 발언을 하면서 포섭을 기도' 등을 발표했다.

줄거리를 짜는 데 협력하고, 수사관들이 고문으로 거짓 자백을 받아 내 그 죄를 만들었다.

아들이 구속되었다는 소식을 듣고 그의 아버지는 적극적으로 구원 활동을 벌였다. 아들이 기소되자 아버지는 여당의 거물 국회의원을 변호사로 선임했다.※ 자필 진술서 말고는 어떤 증거도 없었고 조신치 본인이 기소 내용을 모두 부인했지만, 1심에서 7년 징역형이 선고되었다. 그런데 2심에서는 간첩죄가 무죄가 되고 〈국가보안법〉 위반 부분만 유죄가 되어 2년으로 감형되었다.

하지만 아무리 감형되었다 해도 억울한 일이었다. 조신치는 대법원에 상고했다. 검사도 마찬가지로 상고했다. 이에 대법원에서 원심이 파기환송되어 고등법원에서 재심의되었지만, 둘 다 기각되었다. 만기 출소까지 석 달밖에 남지 않았고 재판을 더 한다 해도 무죄가 될 가능성이 거의 없어 보여, 조신치는 재상고를 포기했다. 반면에 검찰 측 재상고로, 조신치는 대전교도소에서 광주교도소로 이감되었다. 그렇게 우리 방에 오게 되었다.

어린 시절 조신치는, 사촌이 못된 장난을 쳐 도끼로 머리를 맞았다. 머리에 상처 자국이 남았고, 후유증으로 가끔 현기증이 일었다. 자동차를 운전하다 현기증이 나서 의식을 잃기도 했다. 그런 몸으로 고문을 받고 고통스러운 감옥살이를 강요당한 탓에 몸 상태는 더욱 나빠졌다.

※ 2012년 5월 30일부터 〈국회법〉 제29조의2(영리업무 종사 금지)가 시행되면서 국회의원의 겸직이 금지되었다.

조신치는 한국이 미웠다. 아무 죄도 짓지 않았는데 함정에 빠져 고문당한 끝에 2년 형을 받았으니 안 그렇겠는가. 엄청난 정신적 고통에서 쉽사리 빠져나올 수가 없었다. 그는 자신을 돌보지 않았다. 밥은 거의 안 먹고 매점에서 산 군음식으로 끼니를 때우며 운동도 하지 않았다. 아무래도 건강에 안 좋은 생활 방식이었다. 염려된 나머지 충고라도 하고 싶었지만, 자포자기한 그에게 어떤 말도 효과가 없을 듯해 단념했다.

그해 10월, 조신치가 만기 출소했다. 서울 어느 호텔에서 한 달쯤 지내다 일본으로 돌아갔다. 그리고 3년 뒤 목욕하다 심장마비를 일으켜 물속에 빠져 죽었다. 슬프고 짧은 인생이었다.

일본에 돌아가서도 그는 여전히 건강에 안 좋은 생활을 했을 것이다. 그가 더 오래 살고자 했다면 먹는 것에서부터 운동까지 생활 전반을 고쳐야 했다. 하지만 그에게는 건강을 되찾을 만한 정신적 여유가 없었다. 고문 날조 사건은 그의 육체와 정신을 망가뜨렸고, 우울증으로 자신을 돌볼 수 없었다.

실명한 조작 간첩의 감옥살이

같은 방에 있던 정종희는 눈이 안 보였다. 한국전쟁이 일어나자 갓 성년이 된 그는 지리산에 들어가 유격대 투쟁에 참여했다. 전쟁이 발발하자마자 좌익 관련자는 학살되었다. 살아남으려면 무기를 들고 싸우는 방법밖에 없었다. 유격대에는 남자도 있었고 여자도 있었다. 당시 여고생도 무장투쟁에 참여했다니, 얼마나 격변하는 시대였는지 짐작할 만하다.

한데에서 지내는 생활이지만 여름에는 풀과 나무가 우거져 숨기도 쉽고, 산속에서 식량을 구하기가 그렇게 어렵지는 않았다. 문제는 겨울이었다. 겨울 지리산은 기온이 영하 10도나 20도까지 내려갔고, 유격대는 늘 거처를 이동해야 하는지라 산속 언 땅 위에서 한뎃잠을 자기가 일쑤였다. 음식을 구하기도 힘들어 겨우내 추위와 굶주림에 시달렸다.

유격대와 국군 간에 소규모 전투가 벌어진 어느 날, 정종희가 그만 총격을 받아 넘어졌다. 생명은 건졌으나 두 눈에 심각한 총상을 입었다. 유격대에서 활동할 수 없게 되어 산에서 내려와 경찰에 자수했다. 수사를 다 받고 나서야 병원에 가 치료받았다. 집에 돌아와 몇 차례 더 치료했지만, 그는 영원히 앞을 못 보게 되었다. 그때 나이가 열아홉이었다.

치료받던 그에게 징병 소집령이 내려졌다. 군부대에 끌려가 신체검사를 받으면 큰 결함이 없는 한 입대해야 했다. 그는 두 눈이 안 보이니 당연히 입대할 수 없다. 하지만 정종희는 군대에 끌려갔다. 전시에는 비상식적인 일이 서슴없이 벌어졌다.

이후 정종희는 결혼해 아이를 다섯 두었고, 자녀 모두 건강하게 자랐다. 아내가 큰 힘이 되어 주었다. 그런데 1980년 11월, 난데없이 간첩으로 몰려 12년 형을 선고받았다. 남동생은 15년 형이었다. 한국전쟁 때 월북한 친척이 1960년대에 고향에 찾아왔던 일이 뒤늦게 드러나자, 경찰은 그의 집안에 가짜 혐의를 뒤집어씌웠다. '보성 가족 간첩단 사건'◆이다.

눈이 먼 그는 가족과 함께 있어도 생활하기가 곤란한데, 하물며 감옥살이 고통을 어찌 말로 표현하겠는가. 재판 중에는 독방에 수용되어 도움도 못 받고 혼자 지냈다.

우리 방에서는 정종희 옆자리에 있는 정태성이 그를 돌봤다. 다른 사람들도 번갈아 가며 책을 읽어 주었다. 정종희는 신경통으로도 고생했다. 유격대원 시절, 산속에서 한뎃잠을 자면서 걸렸을 것이다. 그래도 그는 날마다 조금씩 달렸다. 누군가 옆에서 손을 잡고 함께 달려야 했는데 주로 내가 함께 달렸다. 그는 눈이 안 보여도 웬만한 일은 스스로 했다.

1987년 민주화 투쟁과 교도소 처우 개선 투쟁

4사 하에는 독방이 네 개 있었다. 5제곱미터 넓이에 수세식 화장실이 있어 지내기가 좋았다. 1987년 봄에 학생 출신 노동자들이 그 독방들에 수용되었다. 모두 서울대학교 출신으로 노동운동을 하다 구속되었다.

1980년대 중반, 한국 노동운동은 양적·질적으로 비약했다. 그 시기에 학생들이 본격적으로 노동 현장에 들어갔다. 특히 학생운동을 하다가 제적되거나 투옥되었다 출소한 학생 활동가들이 많았다.

당시 회사에는 대부분 노조가 없었다. 있더라도 어용 노조였다. 그런데 노동자의 권익을 옹호하는 민주 노조가 생겨났고 노

◈ 한집안 32명을 체포했고 이때 정종희의 친척 정춘상은 사형당했다. 「이진순의 열림 : 영광 정丁씨 고택 지킴이 정길상」(『한겨레』 2016년 6월 24일자)에 이 집안 이야기가 자세히 나온다.

동운동이 활발해졌다. 정부는 당황했지만, 곧 노동운동을 탄압했다. 학생 출신 노동운동가들이 이력서에 학력을 고졸로 쓴다는 사실을 알고는 그들을 사문서위조죄로 구속했다. 그리고 노동자가 파업하면 언제든 전투경찰을 투입해 파업을 방해하고 주동자를 구속했다.

4사 하 독방에 있던 노동운동가는 교도소 안에서도 과감하게 투쟁했다. 단식하는 동안 처우 개선을 요구하는 구호와 정치적인 구호를 크게 외쳤다. 3사 하와 5사 하의 독방에도 학생이거나 학생 출신 노동운동가가 있었다. 그들도 거기에 동조해 함께 단식하면서 구호를 외쳤다. 주로 이런 구호를 외쳤다.

"재소자의 처우를 개선하라!"

"폭력 교도관은 사직하라!"

"미제 타도! 미군은 철수하라!"

"〈국가보안법〉 등 반민주 악법을 폐지하라!"

"모든 양심수를 즉시 석방하라!"

"군사 파쇼 타도하고 민주화를 이룩하자!"

구호만 외친 게 아니라, 투쟁가를 부르거나 문을 발로 차기도 했다. 그 소리가 멀리까지 퍼졌다. 교도관은 조용히 하라고 고함쳤지만, 그들은 무시하고 계속 떠들었다. 징벌감이지만 양심수를 쉽게 징벌하지 못했다.

1987년 6월 하순에는 학생과 노동운동가, 남민전 양심수 등이 재소자 처우 개선을 요구하며 일제히 단식투쟁에 돌입했다. 그들은 요구 사항과 단식 개시 시기를 미리 합의했다. 그때 남민전 사람들은 4사 상에 네 명이 있었다.

취침나팔 소리가 울리자, 그들은 처우 개선과 민주화를 요구하는 구호를 외쳤다. 그런데 평소와 달리 교도소 측이 강압적인 태도로 나왔다. 투쟁에 참여한 양심수의 책상을 복도로 꺼내 부수었다. 살벌한 소리가 사동 전체에 울려 퍼졌다. 그 소리는 '우리에게 반항하는 사람은 철저히 탄압하겠다'는 예고였고, 공포 분위기를 자아내는 행동이었다.

다음 날 우리 방에서 나, 이철, 김상호 세 명이 동조 단식에 돌입했다. 우리는 남민전 사람들과 학생들을 탄압하지 말라고 요구했다.

교도관들은 투쟁에 참여한 양심수를 보안과 지하실로 끌고 가 고문했다. 손에 수갑을 채우고 몸은 포승으로 단단히 묶었다. 그러면 혈액 순환이 안 돼 근육이 경련한다. 보안과 지하실에서 고문하고는 양심수를 원래 방으로 되돌려 보냈지만, 수갑과 포승을 채운 채였다. 교도관들은 두세 시간 간격으로 수갑을 채운 손 위치를 바꿔 놓았다. 손을 몸 앞으로 해서 수갑을 채웠다가 몸 뒤로 바꿔 채우는 식이었다. 손을 몸 뒤로 해서 수갑을 채우고 포승에 묶인 채 드러누우면 숨쉬기가 곤란했다. 쭉 그런 상태로 놔두면 위험해질 우려가 있어서, 교도관들은 몇 시간 있다가 손 위치를 바꿔 놓았다.

교도소 측이 양심수를 고문해 상황이 심각해지자, 우리 방의 박영식, 김장호, 조일지도 이 만행에 항의하며 단식에 들어갔다. 우리 방에서는 여덟 명 중 여섯 명이 단식투쟁에 참여했다. 단식에 참여하지 못한 두 명은 시각장애인인 정종희와 나이가 많은 정태성이었다.

우리 방에서 요구한 사항은 '고문 중지'와 '인권 옹호'였다. 우리 방에서 단식에 돌입한 여섯 명 중 다섯 명이 재일 교포였다. 2년 전 대구교도소에서 재일 교포를 포함해 여러 양심수가 일제히 단식투쟁에 돌입하자, 교도소 측이 투쟁 참가자 전원을 고문했다. 한국과 일본 신문을 비롯해 세계 각국 신문에 그 사건이 보도되었다. 그러자 재일 한국인 양심수 구원 단체와 국제 앰네스티(국제사면위원회)를 비롯한 세계 여러 인권 단체가 한국 정부와 대구교도소 당국에 거세게 항의해, 대구교도소 측이 궁지에 몰렸다. 교도소 측은 상황을 타개하려고 어쩔 수 없이 양심수의 요구 사항을 받아들였다. 그때 일을 교훈으로, 재일 교포 양심수를 탄압하면 국제적인 문제로 확대될 우려가 있다고 판단해서였는지, 교도소 측은 우리를 고문하지는 않았다.

단식 4일째가 되자, 교도소 측이 강제 급식에 나섰다. 우리 방에서는 첫 번째로 김상호가 강제 급식을 당했다. 그가 강제 급식 방에 들어가자마자, 교도관들은 그를 매트리스 위로 밀어 넘어뜨렸다. 교도관 여럿이 김상호의 손발과 몸을 눌러 움직이지 못하게 하고, 입에 막대기를 꽂아 강제로 입을 벌려 미음을 넣었다. 입에 막대기가 꽂힌 상태로 미음이 들어오면 그 자체로 고통스러웠다.

다음으로 내 차례였다. 내가 들어가자 아는 교도관이 엄한 말투로 말했다.

"지금부터 강제 급식을 시작한다. 자기 손을 사용해서 먹어도 강제 급식이다. 자기 손을 사용해서 먹지 않는다면 우리가 실력 행사해서 먹인다. 어느 쪽이든 먹지 않을 수 없다. 잘 생각해 결정하라."

방에는 교도관이 10명이 넘었다. 곳곳에 강제 급식 기구가 널렸다. 먹지 않고 나갈 수 없는 상황이었다. 어쩔 수 없이 내 손으로 미음을 먹기로 했다.

강제 급식이 끝나고 모두 방으로 돌아왔다. 우리는 지금부터 어떻게 할지 서로 이야기했다. 학생들과 노동운동가들이 단식을 풀어 우리 방도 단식을 풀었다. 그들은 모두 극심한 고문을 당했다. 교도소 측은 그제야 수갑과 포승을 풀어 주었다.

그러나 남민전 네 명은 처참한 고문에도 굴하지 않고 단식투쟁을 이어갔다. 이들이 며칠 더 버티는 동안 교도소 바깥에서는 대대적인 시위가 일어났다. 수습할 수 없는 지경에 이르자, 민정당 대표인 노태우가 '6·29 선언'을 발표했다. 교도소 측은 남민전 사람들의 수갑과 포승을 풀고 고문을 중지했다.

남민전 사람들은 급변하던 정세를 잘 파악했다. 그들은 교도관을 통해 정보를 들어 정세가 자신들에게 유리해질 거라 판단했고, 그 엄청난 고문을 참아 내며 끝까지 투쟁했다. 6·29 선언이 발표되자, 교도소 측은 남민전 사람들을 회유하려고 이것저것 양보했다. 그러나 남민전은 어중간히 타협하지 않았다.

나는 2층에 올라가 남민전 사람들에게 힘내라고 말했다. 2층에 마음대로 올라가는 것은 규칙 위반이었지만 흔히 있는 일이었다. 교도관들은 우리를 철저히 감시하지 않았으며, 여유롭게 대응했다. 그때 남민전 사람들을 보니 머리카락이 엉망진창으로 짧게 깎였다. 형기가 확정된 재소자는 머리카락을 짧게 깎게끔 〈행형법〉에 규정되어 있다. 다만 1급수는 예외로 머리카락을 기를 수 있었다. 머리카락을 깎을 때는 이발기를 이용해 중머리로 깎았다. 그러나 양심수는 스포츠형으로 하는 사람이 많았다. 남민전 사람들은 고문당하는 과정에서 머리카락을 이발기로 아무렇게나 깎였다. 그런 상태로 머리며 몸을 며칠 동안 전혀 씻지 못하고 옷도 갈아입지 못했으니, 잘린 머리카락이 옷 안으로 들어와 그동안 가려워 견디기 힘들었을 것이다.

김상호도 남민전 단식 중에 2층에 한 번 올라갔다. 그때 그는 남민전의 박석삼◆한테서 외부에 보내는 밀서를 받아 이철에게 건네주었다. 그 밀서는 다시 천주교 단체로 보내졌다. 천주교 인권 단체는 밀서 내용을 근거로 광주교도소 소장에게 강력하게 항의했다. 밀서에는 교도소 측이 양심수를 얼마나 잔학하게 고문하고 탄압했는지 또렷이 쓰여 있었다. 천주교 인권 단체가 강력하게 항의하자 교도소 측은 더욱 궁지에 몰렸다. 교도소 측은 남민전의 완강한 저항에 직면해 일을 수습할 수 없게 되자, 남민전 네 명을 다른 교도소로 이감했다. 천주교 인권 단체의 항의도 남민전 사람들을 이감한 요인 중 하나였을 것이다. 나중에 또 다른 남민전 네 명이 다른 교도소에서 이감되어 왔다.

6·29 선언 이후, 정세는 민주화 세력에게 유리하게 전개되었다. 교도소에서는 더 폭넓게 단식투쟁을 하게 되었으며, 양심수의 처우도 비약적으로 개선되었다. 단식투쟁을 하거나 구호를 외쳐도 교도소 측은 때리거나 포승으로 묶지 않았다. 그러나 일

◆ 남민전 사건으로 구속된 뒤 10여 년간 수감되었다.

반수에게는 여전히 폭언·폭행하며 억압했다.

바깥세상과의 짧은 만남

양심수는 시국 사범과 공안 사범으로 나뉜다. 시국 사범은 학생운동이나 노동운동을 하다 구속된 양심수이고, 공안 사범은 〈국가보안법〉이나 간첩죄 위반으로 구속된 양심수다. 시국 사범은 비교적 형기가 짧았지만, 공안 사범은 대부분 장기수였다. 형을 7년 이상 받은 사람을 장기수라고 불렀다.

형이 확정된 공안 사범은 1년에 한 번씩 사회 참관에 나갔다. 사회에서 오랫동안 격리돼 사회 상황을 알 필요가 있다는 이유였다. 주로 광주 시내에 있는 공장이나 공원을 견학하고, 식당에서 불고기 등 맛있는 음식을 먹었다. 교도소에서 맛없는 밥만 먹다 이런 진수성찬을 먹으면 무척 맛있었다. 이때만큼은 특별히 술과 담배를 허가했다.

1987년과 1988년에는 주로 맥주 제조 공장을 견학했다. 안내인에게 맥주 제조 과정에 대한 설명을 들으면서 공장 안을 둘러보았다. 견학이 끝나면, 공장에서 제조한 생맥주를 대접받았다. 교도소 측은 생맥주를 마시는 시간을 30분으로 제한했다. 시간은 충분했다. 우리는 빠른 속도로 생맥주를 마셨다. 거기서 마신 생맥주 맛은 최고였다. 만든 자리에서 바로 마시니 더 맛있었다.

사회 참관을 나가면 이곳저곳을 다니느라 버스 타는 시간이 길었다. 감옥 안에 오랫동안 갇혀 몸의 저항력이 떨어진 데다가, 차 탈 기회도 거의 없는 사람들이라 멀미에 시달렸다. 속이 메스

꺼워져 토하는 사람도 있었다. 차에서 내리면 바로 견학하는 곳 여기저기를 걸어 다녀야 하니 양심수뿐만 아니라 교도관도 지치기 일쑤다. 나는 정기적으로 단식을 해 몸 상태가 좋아져, 오래간만에 버스를 타도 괜찮았고 오래 걸어도 지치지 않았다.

1987년부터는 1년에 두 차례 가족 좌담회가 열렸다. 공안 사범과 1급수에게만 해당했고, 각각 따로 나눠 진행했다. 가족이 오지 못하는 재소자는 가족 좌담회에 참석할 수 없었다. 그래서 이북에서 넘어온 사람들은 거의 참석하지 못했다. 우리 방에서는 여덟 명 중 예닐곱 명이 참석했다.

가족 좌담회 참석은 가족과 친척만 허가되었다. 하지만 친구나 지인도 가족이나 친척이라고 말하면 가능했다. 일반 면회 신청은 가족이나 친척은 호적등본으로 관계가 증명된 사람들만 가능했지만, 가족 좌담회에서는 관계 증명서를 따로 요구하지 않아 가족이나 친척이라고 둘러대고 온 사람도 많았다. 어느 재일교포 양심수에게 고등학교 후배가 여동생이라고 하고 들어왔다. 남매라고 해도 국적이나 성씨가 다르니까 의심할 만하지만, 접수한 교도관은 신경 쓰지 않았다. 아닌 줄 알면서도 허가했다. 내 경우 가족 좌담회에 주로 형수와 고등학교 동창생이 왔다.

좌담회 장소는 대강당에 마련했다. 강당 곳곳에 탁자를 늘어놓았고, 탁자 하나당 한 가족씩 앉았다. 대강당은 공안 사범과 그 가족으로 가득 찼다. 집집이 모두 맛있는 음식을 잔뜩 가져왔다. 음식은 술만 빼고 거의 다 허가했다. 가스풍로와 석쇠를 가져와 고기를 굽는 사람도 있었다. 교도소 안에서는 음식 종류가 제한되었지만, 가족 좌담회에서는 가족에게 미리 이야기해 원하는 것을 먹을 수 있었다.

좌담회에서 하는 이야기는 집마다 사람마다 다르겠지만, 가족의 안부를 묻고, 언제쯤 석방될지, 석방되면 무슨 일을 하려는지 궁금함을 나누기도 했다. 그렇게 이야기를 나누다 보면 구속되기 전의 그리운 추억이 떠오르고, 희망을 품게 되기도 했다.

평소 면회와 다르게 가족 좌담회는 시간이 두 시간 정도여서 느긋하게 이야기하고, 친한 양심수가 있는 자리로 가서 그 가족과 인사하거나 자리에 앉아 맛있는 음식을 맛보기도 했다.

교도소 측에서는 탁자마다 한 명씩 교도관을 입회시켜 면회 일지에 대화 내용을 쓰도록 했다. 나와 형수, 동창은 일본어로 얘기를 해 교도관이 나중에 나를 따로 불러 어떤 이야기를 했는지 물었다. 원칙대로라면 우리 자리에는 일본어를 아는 교도관이 입회해야 했지만, 교도소 측은 거기까지 신경 쓸 만한 여유가 없었다.

접견물 부정 사건

재소자를 접견(면회)하러 온 사람들은 교도소 안에 있는 외부인용 매점에서 물품을 사 재소자에게 차입해 주었다. 이런 물품을 접견물이라고 한다. 접견인이 매점에서 필요한 물품을 주문하고 돈을 내면 나중에 매점 직원이 재소자에게 물품을 가져다주었다. 주문한 사람은 품목과 수량, 금액이 적힌 전표(영수증)를 받는다. 마찬가지로 재소자도 접견물을 전달받으면서 전표도 함께 받는다.

1987년 가을 가족 좌담회 때, 박영식에게 어머니와 형이 찾아왔다. 박영식이 형에게 접견물로 뭘 넣었는지 물었더니, 형은 주문하면서 받은 전표를 박영식에게 주었다. 좌담회가 끝나고 방으로 돌아와 접견물을 받았다. 박영식은 전표 두 장을 비교해 보았다. 그런데 이상했다. 두 전표에 적힌 물품 이름과 수량이 달랐다. 형이 받은 주문자용 전표에는 고친 곳이 없었는데, 박영식이 받은 재소자용 전표에는 몇 군데 품목과 수량에 선을 그어 지우고 그 위에 다른 품목과 수량을 쓰는 식이었다. 접견인이 접견물을 넣으면, 먹종이로 만든 전표로 동시에 석 장을 작성해 접견물을 넣은 사람과 받을 사람에게 한 장씩 건네주고, 나머지 한 장은 매점에서 보관했다. 그러니까 석 장이 완전히 똑같아야 한다. 그게 다르다면 매점을 운영하는 사람이 전표를 조작해 차액을 횡령했음 직하다.

매점은 서무과 소속이었다. 박영식은 서무과장과 면담했다. 보안과장이 입회한 가운데 서무과장과 만나, 형이 넣어 준 접견물 이야기를 꺼냈다. 서무과장은 매점에 보관된 전표를 부하에게 가져오게 했다. 대조해 보니 내용이 모두 달랐다. 서무과장은 아연실색해서 아무 말도 못 했다. 보안과장은 서무과장의 실수라고 단언했다. 그는 보안과장이 되기 전에 서무과장을 맡아 서무과의 내용을 잘 알았다. 서무과장은 완전히 창피를 보았다.

서무과장과 면담을 끝내고 박영식이 방으로 돌아왔다. 조금 지나자 구매부장이 방에 찾아왔다. 평소 오만하기 짝이 없는 사람이 이때는 궁지에 몰려 자세를 낮췄다. 하지만 어처구니없는 변명만 늘어놓을 뿐이었다.

"이번 일은 교도소에서 임시로 고용한 사무원이 매점 회계를 계산하는 과정에서 일으킨 실수였습니다. 앞으로는 이런 일이 일어나지 않도록 전표에 번호를 쳐서 실수 없게 하겠습니다."

품목과 수량에 선을 그어 지우고 내용을 수정한 접견물 전표는 2년 전부터 나왔다. 나도 그동안 몇 차례 접견물을 받으면서 전표에 고친 곳이 너무 많아 이상하게 여겼다. 다른 사람이 받은 전표도 거의 다 마찬가지였다. 서무과에서는 2년 동안 쭉 전표를 조작해 차액을 횡령했다. 임시 말단 회계 사무원이 대담하게 이런 일을 혼자 저지를 리는 없다. 그렇다면 횡령한 돈은 당연히 서무과장에게도 들어갔을 테고, 그중 일부를 서무과장이 소장에게 상납했을지도 몰랐다.

구매부장은 죄를 인정하지 않고 사무원에게 책임을 떠넘겼다. 앞으로 전표에 번호를 붙여 실수를 없애겠다고 했지만, 이는 횡령을 방지하는 것과는 상관없는 이야기다. 나는 전혀 반성하지 않고 상황만 모면하려는 발언에 화가 나 소리쳤다.

"무슨 그런 뚱딴지같은 소리를 해? 이번 일은 최근 한두 번이 아니라 몇 년에 걸쳐 당신들이 수도 없이 벌인 일이야. 전표에 번호를 다는 게 부정을 막는 것과 무슨 상관이야? 소용없지. 반성하고 앞으로 이런 일이 절대로 일어나지 않도록 조심해!"

며칠 뒤, 구매부장이 박영식에게 사무원을 대면시켰다. 박영식은 사무원을 만나고 싶지 않았다. 사무원은 상부가 내린 지시를 따랐을 뿐 아무런 책임이 없다. 그렇기에 사무원을 만난다고 해결될 문제가 아니었다. 구매부장은 모든 책임을 임시 말단 회계 사무원에게 넘겨씌우고, 자신을 포함한 서무과 직원들의 책임을 모면하려고 이런 연극을 했다.

사무원은 박영식을 만나자마자 울 듯한 표정으로 "미안합니다!"라고 한마디만 말했다. 무슨 더 할 말이 있겠는가. 사무원은 선임이 하라는 대로 전표를 고쳤을 뿐이건만, 서무과는 그 책임을 지게 한다고 사무원을 파면했다. 사무원은 교도관도 아니고 임시 고용인이라 서무과는 부담 없이 해고했다. 그 한 사람을 해고하는 것으로 사건을 수습하려 들었다.

우리는 처벌이나 해고를 요구하지 않았다. 사실을 규명하고 다음부터는 횡령이 일어나지 않도록 방지 대책을 세우라고 했을 뿐이다. 하지만 사실을 규명하면 자신들의 부패가 밝혀지고, 일이 커져 교도관이 처벌받거나 해고당할 수 있으므로 그 요구를 받아들이지 못했다. 교도소 측은 이번 사건을 계기로 전표를 조작하는 부정행위는 하지 않았다.

구매부장은 약점을 잡히자 태도를 완전히 바꾸고 다가왔다. 어느 날은 우리 방에 토마토를 잔뜩 가져왔다. 필요 없으니 가져가라고 소리쳤더니, 단순한 성의이니 받아 달라며 애원조로 나왔다. 운동장에서도 나를 보면 "정년퇴직까지 여섯 달밖에 안 남았는데, 잘 부탁드립니다"라며 먼저 머리를 깊이 숙여 인사하기도 했다. 한국에서는 젊은 사람이 나이 많은 사람에게 먼저 인사하는 게 상식이다. 구매부장은 나보다 스무 살 이상 나이가 많아, 내가 먼저 인사하지 않으면 그는 인사할 필요가 없었다. 게다가 그는 교도관이고 나는 재소자가 아니던가. 자기 죄를 인정한 셈이었다.

안기부의 배반

문영석에 대해 말하자면 그의 아버지부터 소개해야 한다. 아버지 문○○은 일본 오사카에 있는 한국계 학교◆인 '건국학교'에서 교사로 일했다. 자연스레 조총련 사람과도 알고 지냈다. 그 사실만으로도 안기부는 문○○이 한국으로 귀국하자마자 연행해 조사했다. 안기부는 그를 구속하지 않는 대신 앞잡이로 이용했다. 안기부 지시에 따라 그는 계속 조총련 사람과 교제했다. 그러면서 그들의 동향을 수시로 안기부에 보고했다. 건국학교를 퇴직한 뒤에는 한국에서 여관을 운영했다.

문영석은 한국에서 고등학교를 졸업하고 일본 리츠메이칸대학교에 유학했는데, 얼마 안 가 중퇴하고 교토대학교에 다시 입학했다. 문영석은 아버지를 따라 일본에서 지낸 경험이 있어서 일본어를 어느 정도는 했다. 유학생 전용 입학시험은 학력 수준과 별개로, 다른 외국인에 비해 일본어를 잘하는 그가 유리했다.

아버지는 여관 일을 하느라 일본에 자주 못 가자 아들에게 조총련 사람을 만나도록 지시했다. 아들은 조총련 사람과 만난 이야기를 모두 아버지에게 전했고, 아버지는 그 내용을 안기부에 보고했다. 점차 보고 내용이 시원찮아 보이자, 안기부는 이 부자를 이용할 가치가 없다고 판단했는지 곧바로 둘 다 잡아들였다.

◆ 민단계 학교. 당시 오사카에는 한국계 학교로 건국학교와 금강학원이 있었다. 두 학교는 지금도 있고, 나중에 코리아국제학원이 생겨 모두 세 학교가 있다.

문영석은 조총련 사람과 접촉하면 〈국가보안법〉에 위반된다는 것을 알았지만, 안기부 지시에 따른 일이라고 아버지에게 들어 안심했다. 안기부를 위해 한 일을 빌미로 안기부에 체포되리라고는 전혀 예상하지 못했다. 아버지 문○○도 마찬가지였다.

현실은 그들이 생각한 대로 되지 않았다. 문영석에게는 7년형이, 그의 아버지에게는 무기형이 확정되었다. 그렇게 해 1987년 여름, 문영석은 옆 12방에 들어오게 되었다. 문영석은 안기부 요원이 면회하러 오자 따졌다.

"나는 안기부를 배신하는 행위를 하지 않았는데 이건 너무하잖은가?"

안기부 요원은 미안하다며 사과했다. 그러나 그 '미안한 짓'을 바로잡지는 않았다.

그토록 믿던 기관에 배반당한 문영석 부자는 좌절감 속에서 수감 생활을 했다. 아버지 문○○은 죽고 싶다는 말로 주위 사람들에게 침통한 심정을 토로했다. 교도소 측은 자살을 방지하려고 혁수정을 채웠다. 혁수정은 그를 더욱 우울하게 만들었다.

문영석은 겉모습은 점잖았지만 마음이 좁고 완고했다. 합방에서는 주로 모여서 밥을 먹었다. 그러자니 마룻바닥에 밥과 반찬을 두고 먹게 되는데, 그 방에서는 나이 많은 사람도 그렇게 했다. 그런데 문영석만 따로 작은 책상에서 밥을 먹었다.

"젊은 사람이 그러면 나이 많은 사람에게 무례하니, 우리와 함께 먹자."

이민호가 문영석에게 주의를 줬다.

"나는 독방에서부터 쭉 책상에서 먹어 이게 편하다."

이민호가 몇 차례 더 주의를 줬지만 문영석은 듣지 않았다. 모두 그를 불쾌히 여겼다. 한편 문영석은 자신의 결점을 하나하나 지적하는 이민호가 미웠다. 둘은 관계가 나빠져 서로 치고받고 싸우기에 이르렀다. 난투가 벌어지자 힘이 센 이민호에게 문영석이 밀렸다. 문영석은 "빨갱이 이민호는 물러가라!"고 외치며 방 밖으로 도망쳤다.

화가 난 이민호가 우리 방 앞에서 문영석과 맞붙었다. 우리 방 사람들은 창으로 손을 뻗어 문영석의 머리카락을 잡고 고함쳤다. 주위 사람들에게 집중 공격을 받자 그는 필사적으로 달려 담당실로 도망쳤다. 그는 본무 담당에게 사정을 설명하고 관할구역 주임 면담을 요청했다.

주임을 만나서는 "이민호가 북쪽을 칭찬하는 발언을 했다. 이것은 〈국가보안법〉 위반이다. 그를 고발한다"며 밀고했다. 이민호가 그 방에서 "김일성 장군은 대단한 사람이다", "북쪽은 살기 좋은 사회다"라는 말을 하기는 했지만, 문영석은 그것을 과장해 주임에게 전했다.

1986년까지는 재소자가 이런 발언을 하면 추가 형을 받기도 했다. 그러나 1987년부터 남북 관계를 둘러싼 상황이 급변했다. 부분적으로 남북 교류가 시작됐으며, 제한적이고 소규모였지만 이산가족 방문도 이루어졌다. 신문이나 잡지에 북한을 긍정적으로 평가하는 기사도 실렸다. 문영석은 이런 변화도 모른 채 주임에게 이민호의 '죄'를 주장했지만 주임은 일축했다.

"이민호가 그런 말을 했대도 죄가 되지 않아. 지금 신문이나 잡지에 김일성 사진이 크게 나오고, 북쪽을 긍정적으로 평가하는 기사도 합법적으로 나와. 그러니 괜히 그런 일로 떠들지 마."

옆에 있던 관할구역 부장도 고압적인 말투로 말했다.

"독방에 들어가면 돌아다니지 말고 조용히 있어."

문영석은 짐을 정리해 12방에서 나가면서 이민호에게 "재판소에서 만나자"며 앙심을 내비쳤다. 이 말은 어떻게든 이민호에게 추가 형을 받게 만들겠다는 협박이었다. 만약 문영석이 이민호를 고발해 검사로부터 조사를 받으면 교도소 측이 난처해진다. 상부 기관이 관리 부실을 추궁할 게 뻔했다. 교도관들은 까다로운 문제가 일어나는 걸 무엇보다 싫어했다. 그래서 문영석이 이민호를 고발한다고 떠들자마자 그를 격리해 아무하고도 접촉하지 못하게 만들었다. 양심수와 교도관 양쪽에서 외면당하는 상황이 벌어지자 문영석은 어떻게 해야 할지 몰랐다.

문영석이 전방한 5사 하는 출역수 사동이라 낮에는 문영석 혼자 지냈다. 소동이 가라앉을 무렵 문영석은 다시 3사 하 독방으로 전방했다. 2.5제곱미터 남짓한 길고 좁은 방이라 지내기가 더 불편했다. 북쪽에 접해 햇빛이 들어오지 않았고 겨울에는 냉장고보다 더 추웠다. 집단생활이 불가능한 사람은 합방에서 나갈 수밖에 없었다. 그는 거기서 홍기후와 친해졌다. 홍기후도 다른 사람들과 갈등을 일으켜 12방을 떠났던 터라 서로 처지를 이해했다.

밀고

김상호*는 싱가포르에서 파견 노동자로 일하던 중 싱가포르 주재 북한 대사관을 방문했다. 그 일이 두려워 싱가포르 주재 안기부에 자수했다. 평소 수사 당국은 '자수하면 관대히 처리한다'고 선전했지만, 그는 7년 형을 선고받았다.

김상호는 한 방에 오래 있지 못했다. 출역하거나 미지정(출역하지 않는 사람이 있는 방)에 들어가기를 반복해 이리저리 옮겨 다녔다. 우리 방에서는 공동 작업도 잘하고 열심히 생활하려 했다. 그러나 오래가지는 못했다.

1987년 가을, 사동 봉사원이 방마다 돌아다니며 부식으로 상추를 나눠 주었다. 우리 방에서는 김상호가 상추를 받았다. 그는 상추 양이 적다며 더 많이 달라고 했다.

"이것밖에 없어서 더 줄 수 없네."

"이걸로 여덟 명이 어떻게 먹겠는가. 더 내놓게."

김상호와 봉사원이 계속 말싸움을 하자 이철이 한마디 했다.

"상호, 그 정도로 해. 별것 아닌 걸로 뭘 그리 싸우나?"

이철이 꾸짖자 김상호는 그에게 원한을 품었다. 사흘 동안 이 일을 마음에 둔 끝에 모두 잠든 한밤중에 이철에게 다가갔다. 통조림 뚜껑으로 만든 칼을 이철의 목에 대고 협박했다.

"사과하지 않으면 죽여 버리고 나도 자살하겠다."

분위기가 살벌해 이철은 김상호에게 사과했다. 김상호는 칼을 치우며 이철에게 충고했다.

◈ 1982년 4월 13일 국가안전기획부가 '세 개 간첩망 18명 검거'를 발표했다. 세 개 간첩망 중 하나가 앞서 나온 '서울·안동 거점 간첩'으로 조작된 안승윤 사건이고, 김상호는 '싱가포르에서 포섭된 사건'으로 발표되었다.

"그때 자존심이 상했네. 사람은 자존심이 상하는 건 절대 참을 수 없어. 앞으로 내 자존심을 건드리는 일은 하지 마."

김상호는 자기 자리로 돌아가 방에 있는 다른 사람들에게도 불만을 터뜨렸다. 극도로 흥분한 상태에서는 어떻게 할 수도 없어, 그가 무슨 말을 해도 우리는 대꾸하지 않았다. 이런 일이 일어나니, 방 분위기가 영 긴장되고 이상해졌다. 김상호는 우리 방에 더 있지 못하고 3사 하 독방으로 거처를 옮겼다.

3사 하 독방에 가서도 김상호는 예전 일을 자꾸 되새겼다. 이철에 대한 증오심이 더욱더 깊어졌다. 이철뿐만 아니라 다른 양심수들에게도 원한을 품었다. 취조받으러 가는 일반수에게 종잇조각을 건네며 검사에게 전해 주라고 부탁했다. 종잇조각에는 '안기부에 제공할 정보가 있으니 안기부 사람을 만나게 해달라'고 쓰여 있었다.

검사가 김상호를 불렀다. 며칠 뒤에는 안기부 광주 지부에서 김상호를 불렀다. 거기서 그는 자기가 미워하는 사람들이 규칙을 위반했다며 밀고했다.

며칠 뒤에는 이철이 안기부에 불려 가 조사받았다. 앞서 적었듯이 1987년 6월에 남민전 사람들이 고문당할 때 박석삼이 교도소 측을 규탄하는 내용을 종이에 써서 김상호에게 건넨 일이 있었다. 김상호는 그것을 이철에게 전달하고, 이철이 다시 천주교 단체에 전달했다. 천주교 인권 단체는 그것을 구실로 삼아 인권 옹호 캠페인을 일으켜 광주교도소 소장의 만행을 규탄했다.

그리고 천주교 인권 단체가 발행한 선전물을 이철이 비공식으로 입수해, 우리는 그 선전물을 방에서 돌려 읽었다. 김상호도 그 일을 잘 안다. 그는 그런 내용을 빠짐없이 안기부에 밀고했다. 이철은 안기부에서 고문당하며 심하게 추궁받았지만, 그런 일은 없었다고 끝까지 부인했다. 이철은 교도소로 돌아와서 다른 사동 독방에 갇혀 우리와 격리되었다.

그다음으로는 정종희가 안기부에 불려 갔다. 아침에 가서 저녁에 돌아왔는데, 그곳에서 조사받은 내용은 말하지 않았다. 단지 점심으로 추어탕이 나와 먹었다고만 말했다.

우리 방에서는 이철, 정종희 두 명이 안기부에서 조사받았고, 다른 사동에서는 양심수 서너 명이 더 조사받았다. 그 밖에 다른 교도소에 있던 박석삼을 비롯해 양심수 여러 명이 김상호 때문에 조사받았다.

광주교도소에서 대전교도소로 이감한 양심수 장병락도 한밤중에 찾아온 안기부 요원에게 조사받았다. 그는 전에 내게 삼일절 특사 소식을 전했던 비전향 장기수로, 광주교도소에서 김상호와 친하게 지냈다. 위궤양을 앓던 그에게 김상호가 제산제와 비타민제를 가끔 주었더랬다. 나도 김상호가 소개해 장병락을 알았고, 그에게 노엘캡슐이라는 위궤양약을 여러 번 주었다.

장병락은 북한에서 온 해상 안내원이다. 남쪽에는 가족이나 친척이 없어서 면회하러 오는 사람도 없고 영치금도 전혀 없었다. 김상호는 곤란한 사람을 보면 잘 도와주었다. 성격이 변덕스러워 도움이 지속되지 않을 때도 있고, 간간이 감정이 나빠지기는 했지만 말이다.

안기부 요원이 장병락에게 물었다.

"김태홍 알지?"

"그런 사람은 전혀 모른다."

장병락은 부인으로 일관했다. 안기부 요원이 구체적인 내용을 대서 캐묻지 않은 걸 보면, 김상호는 나에 대해서는 그다지 중요한 일은 말하지 않고, 추측 정도로만 말한 듯싶다.

긴박한 상황이 계속되던 어느 날, 우리 방이 대대적으로 검방을 받았다. 검방 나온 교도관들은 무엇보다 책을 철저히 조사했다. 며칠 지나 다시 검방을 나왔는데, 이때도 주로 책을 살폈다.

"찾았다!"

교도관이 『중국의 붉은 별』을 찾아내고는 소리쳤다. 교도관들은 그 책을 찾은 시점에서 검방을 바로 멈췄다. 미국인 저널리스트 에드거 스노가, 마오쩌둥과 중국 혁명에 참여한 사람들의 삶과 혁명을 기록한 책이다. 김상호가 비공식으로 입수해 이철을 비롯해 여러 사람에게 빌려주었고, 우리 방에서 나갈 때 내게 맡겼다.

그런데 그 책 때문에 이철이 징벌을 받았다. 책을 입수한 사람과 보관한 사람은 처벌하지 않고, 한 번 읽었을 뿐인 사람을 처벌하다니 아무래도 이해되지 않는 일이었다.

김상호가 밀고한 내용은 증거가 없었다. 이철은 안기부에서 김상호가 밀고한 내용을 모두 부인했다. 안기부는 교도소 측에 이철에게 징벌을 주라고 지시했지만, 증거가 없어 그럴 수는 없었다. 그래서 뭐라도 구실을 만들어 처벌하려 했다. 마침 책을 압수했으니 그 책을 구실로 이철에게 징벌을 주었다. 징벌이 결정되자 이철은 소지품을 받으러 방에 왔다가 내게 말했다.

"교도관들이 책에 관해 물으면, 태홍은 아무것도 모른다고 해.

책임은 모두 내가 지겠네."

　이철은 한 달간 징벌을 받았다. 그리고 일주일 뒤에 안동교도소로 이감됐다. 이때 박영식도 함께 이감됐다. 박영식은 이전에 접견물 부정 사건을 문제 삼아 교도소 측에는 부담스러운 존재라 조절 이감에 포함된 것 같았다. 교도소 측은 정기적으로 조절 이감을 해 관리하기 힘든 재소자를 이감했고, 특히 큰 문제가 일어난 뒤에는 대대적으로 조절 이감을 했다.

　김상호는 안기부뿐만 아니라 광주교도소 측에도 밀고했다. 조일지가 미웠는지 그가 볼펜과 거울, 바늘을 가지고 있다고 교도관에게 일러바쳤다. 셋 다 금지된 물품이었는데, 실은 김상호가 조일지에게 주었다. 두 사람이 서로 옆자리라 김상호는 물품을 숨긴 위치까지 잘 알아 그것마저 교도관에게 까발렸다.

　인쇄 공장 출역수로 다른 사동에서 지내는 김영◈이 이 밀고 사실을 알고는 기독교 집회 때 박영식에게 전했다. 그러면서 "관계없는 사람에게는 이야기하지 말라"고 덧붙였다. 박영식은 김영의 말을 잘못 이해해 조일지에게만 알렸다. 그는 조일지와 관련된 일이라 그리 생각했겠지만, 검방이 들어오면 조일지 자리만이 아니라 방 전체를 살피니 우리 방 모두에게 알려 대처하게 해야 했다.

　곧 교도관들이 왔다. 검방 부장이 조일지를 불렀다.

　"안경집 내놔."

◈ 나중에 김하기라는 필명으로 소설 『완전한 만남』을 펴냈다.

조일지는 늘 안경집에 작은 거울과 볼펜, 바늘을 숨겼는데, 이
야기를 듣고 다른 곳에 숨겼다. 검방 부장이 안경집을 확인했다.
안경 말고는 아무것도 없었다. 그러자 교도관 네댓 명이 방 안 전
체를 조사했다. 교도관들은 여러 물건을 압수했다. 봉투 속에 감
춰 놨던 내 작은 거울도 압수되었다.

양심수뿐만 아니라 교도관들도, 이것저것 밀고해 자꾸 문제
를 일으키는 김상호를 좋게 보지 않았다. 그 무렵 김상호는 마음
의 동요가 심했다. 아내 혼자 힘들게 가계를 꾸리며 아이를 키우
다 보니 옥바라지하기가 어려웠다. 편지를 보내는 횟수가 점차
줄었고 면회도 오지 않게 되었다. 그는 닥치는 대로 울분을 풀어
나갔다.

5·18 하루 뒤 부산에 뿌린 전단

1987년 겨울, 김영이 인쇄 공장 출역을 그만두고 우리 방에
들어왔다. 그는 1978년에 부산대학교 철학과를 수석으로 입학
했다. 학교 독서회에 들어갔는데, 간판만 독서회로 내걸었지 사
실은 민주화 투쟁을 실천하는 지하조직이었다. 각 학과에서 가
장 우수한 성적으로 입학한 학생을 설득해 가입시켰다. 머리가
좋아야 지하활동을 기민하게 하리라는 생각에서였다. 독서회 회
원이 김영과 여러 주제로 대화하면서 그의 기본 성향을 파악하
고 구성원으로 받아들였다.

그 조직에서는 한국 사회에서 민주화를 실현할 방법을 두고
자주 토론했고 시위도 주동했다. 1980년 5월, 광주에서 민중 항

쟁이 일어나자 김영은 부산에서도 봉기를 일으켜야 한다며, 같은 조직에 있던 여성 후배와 부산 남포동 부영빌딩 10층에서 민주화 투쟁을 선동하는 선전물을 뿌리기로 했다.

두 사람은 당일 동선을 잡아 보았다. 후배가 엘리베이터 위치를 확인해 10층으로 올라오기 조금 전에 김영에게 신호를 주면, 김영이 창밖으로 선전물을 뿌리고, 때맞춰 도착한 엘리베이터를 타고 바로 1층으로 내려가 밖으로 나가면 안전하게 도피하리라 예상했다.

1980년 5월 19일. 후배가 너무 긴장했는지 내려가는 엘리베이터를 잘못 보고는 김영에게 신호를 보냈다. 김영은 창밖으로 선전물을 뿌리고 얼른 그 자리를 빠져나왔다. 엘리베이터 앞에 섰는데 엘리베이터가 내려가고 있었다. 두 사람은 전속력으로 계단을 내려갔지만, 1층 현관으로 벌써 군인들이 몰려들었다. 계엄령이 내려진 때라, 시내 요소마다 군대가 배치되어 있었다. 고층 건물에서 선전물이 날리자 군대가 바로 출동해 현관 앞을 봉쇄했다.

김영은 건물 밖으로 돌진했으나 군인들에게 잡혀 마구잡이로 얻어맞고, 보안대 지하실로 끌려가 불법 구금된 채 갖은 고문을 당했다. 6개월 옥고를 치르자마자 군대에 징집되었다.

한편 젊은 여성이 김영과 함께 행동했다는 말을 들은 군대는 건물 안에 있던 젊은 여성들을 잡아 거기에서 후배를 골라내 연행했다. 후배도 수사 과정에서 심하게 고문당했지만, 사전에 김영과 말을 맞춘 대로 모르는 일이라고 잡아떼어 기소유예로 석방되었다.

김영이 징집되어 군대에 있을 때 부산에서 '부림 사건'이라는 공안사건이 조작되었다. 어느 날 보초를 서던 김영은 보안사에서 자신을 잡으러 왔다는 것을 알고는 소총을 든 채 도망쳤다. 얼마 못 가 그는 자수했고 다시 심하게 고문당했다.

이번에는 〈국가보안법〉 위반뿐만 아니라 군대 탈주와 무기 불법 휴대까지 겹쳐 군사 재판에서 10년 징역형을 받았다. 실제 부림 사건으로 구속된 열아홉 명은 집행유예를 받거나, 짧게는 1~2년에서 길게는 6년까지 실형을 받았는데, 김영은 군사 법정에서 군법 위반으로 기소되어 중형을 받았다.

그는 교도소에서 단식투쟁을 여러 차례 했다. 대전교도소에서는 밥이 너무 형편없어서 용도과장과 면담해 개선을 요구하려고, 관할구역 부장에게 용도과장 면담 신청 보고전을 써달라고 했다. 그랬더니 부장은 그를 지하실로 데려가 수갑과 포승으로 단단히 묶고는 사정없이 전기 고문을 했다. 그때 대전교도소에서 받은 고문이 보안사에서 받은 고문보다 더 고통스러웠다.

〈행형법〉상 재소자가 보고전을 신청하면 담당 교도관은 그것을 써서 제출할 의무가 있다. 면담 보고전을 제출하면 일주일 안에 해당 교도관(주로 과장이나 소장급)은 신청한 재소자를 면담해야 한다고 규정되어 있다. 그런데 담당 교도관들이 면담 보고전을 쓰기 싫어서 여러 가지 구실을 붙여 안 쓸 때가 많았다.

김영은 외국어에 재능이 있었다. 저녁을 먹고 나면 우리는 영어 회화를 연습하거나, 내가 그에게 일본어 회화를 가르쳐 주면서 영어나 일본어로 재미있는 이야기를 많이 나누었다. 그는 바로 일본에 가도 불편하지 않을 만큼 일본어를 했다.

축농증이 심하면 두통도 생겨 암기력이 떨어진다. 만성 축농증으로 몹시 고생한 김영은, 이런 문제를 극복하려고 스스로 암기력 증진법을 개발했다고 한다. 나름대로 기준을 정해 2000가지를 순서대로 암기했다는데, 머리, 이마, 눈썹, 속눈썹, 눈, 코, 입, 턱, 목, 가슴, 배, 배꼽, 허리, 발 등을 기준으로 삼았다고 한다. 그 기준과 암기할 대상을 알기 쉽게 연결하면 효과적으로 외운다고 했다. 그 방법으로 스무 자리 숫자를 한 번 듣고도 암기했다. 사실인지 아닌지 직접 시험해 봤는데 사실이었다.

나는 김영에게 스스로 건강을 보살필 수 있도록 요가를 가르쳐 주었다. 문어라는 별명대로 몸이 유연해 금방 배웠다. 그는 자기 얼굴이 고릴라를 닮았다고 했다. 얼핏 보면 그래 보였다. 마음씨 좋고 성실한 고릴라 김영은 끈질긴 노력가였다.

투사 회보를 만들던 청년

1987년 겨울, 동근식이 옆방에 들어왔다. 1980년 5월 광주 민중 항쟁 당시, 전남대 학생이었던 그는 도청에서 시민에게 호소하는 투사 회보를 인쇄했다. 도청에서는 시민군이 무기를 들고 공수부대에 항전했다. 공수부대가 마지막 공격을 개시하기 전날 밤, 동근식은 자신이 있던 방에 설치된 환기구를 통해 도청 밖으로 빠져나왔다. 환기구는 머리가 겨우 들어갈 정도로 작은 구멍이었다. 호리호리한 체격이라 겨우 빠져나왔다. 다음 날인 5월 28일, 공수부대가 도청에 남은 사람을 모두 사살했다.

동근식은 무사히 빠져나왔지만, 그동안 인쇄 작업을 하느라 옷이 새까매졌다. 누가 봐도 이상했다. 어떤 식당에 들어갔는데 아무도 없었다. 혹시나 갈아입을 만한 옷이 있나 찾아봤는데 여성복만 있었다. 그래도 새까만 옷보다는 낫겠기에 크기가 맞는 옷으로 갈아입었다. 길에서 우연히 아는 사람을 만났다. 그는 동근식이 여성복을 입은 걸 보고 이상하게 여겼지만, 이때는 비상시여서 서로 아무 말도 하지 않고 그냥 지나갔다.

동근식은 이리저리 도망 다니다 끝내 경찰에 붙잡혔다. 수사실에서 몽둥이를 든 수사관에게 얻어맞았다.

"네가 마지막으로 잡혀서 그나마 많이 봐주는 거야."

그보다 앞서 잡힌 사람들은 얼마나 더한 고문을 받았단 말인가. 동근식은 군사재판에서 집행유예를 받고 석방되었다.

복학해 다시 공부하던 4학년 때 양동화라는 대학 선배에게 받은 책이 문제가 되어 3년 반 징역을 살게 되었다. 선배와 동근식이 연루된 사건은 1985년에 조작 발표된 '구미 유학생 간첩단 사건'◈이었다.

◈ 1985년 9월 9일 국가안전기획부와 국군 보안사령부가 '미국과 서독에 유학 중 북괴에 포섭되어 국내에 잠입해 활동 중이던 학원 침투 간첩 양동화, 이진숙 등 두 개 간첩망 22명 검거, 이 중 19명 구속, 세 명 불구속 송치'를 발표했다. 언론에서는 '미국 유학생 간첩단 사건', '미-서독 유학생 간첩단 사건' 등으로 보도했다. 재판부는 양동화와 김성만에게 사형을 선고했고, 황대권과 강용주에게 무기형을 선고했다. 이 사건 관련자 중 네 명이 2017년에 재심을 청구해 2020년에 황대권과 이원중이, 2021년에 양동화와 김성만이 무죄판결을 확정받았다.

술과 찌개

어느 날 방을 청소하다가 누군가 유효 기한이 지난 요구르트를 하나 발견했다. 제조일에서 2주일 넘게 날짜가 지났다. 그냥 버리자니 아까워 마셔 보았다는데 신기하게도 요구르트가 술이 되었다. 우리는 요구르트를 그대로 놔둬도 술로 변한다는 사실을 알았다. 그때부터 술 생각이 나면 요구르트를 오랫동안 두었다가 발효해 마셨다.

요구르트 술은 도수가 약해 양껏 마셔도 취하지 않았다. 어떤 요구르트는 아무리 기다려도 술이 되지 않았다. 우리는 요구르트에 효소제인 에비오제를 넣으면 더 빨리, 도수가 더 높은 술이 만들어지지 않을까 실험해 보았다. 요구르트와 에비오제를 플라스틱 통에 섞어 두고 일주일 뒤에 마셔 보니 제대로 술이 되었다. 막걸리 맛도 나고 도수도 그쯤 되었다. 요구르트가 술이 될 때까지 플라스틱 통을 큰 선반 안쪽에 숨겼다. 선반에는 이불이 많아 교도관이 검방을 하러 와도 그쪽은 거의 조사하지 않았다. 술 냄새가 나도 모른 척했다.

6·29 선언 뒤로 교도관들은 양심수 방은 지극히 형식적으로 검방을 했다. 그래서 우리는 안심하고 술을 만들었다. 교도관들은, 양심수는 부정 물품을 가져도 남을 해치는 짓은 하지 않는다고 믿어 엄격하게 단속하지 않았다. 물론 부정 물품이 눈앞에 보이면 압수했지만 일부러 구석구석까지 조사하지는 않았다.

요구르트에 에비오제를 섞으면 여름엔 3~4일, 겨울엔 10~14일, 봄이나 가을엔 일주일쯤 지나 술이 되었다. 술맛은 여름보다 겨울이 좋았다. 천천히 발효시킨 술이 더 맛이 좋았다. 술이 다 만들어지면 우리는 모두 함께 마셨다. 저녁 8시 취침나팔 소리가 울린 뒤에 모였다.

감옥에서 술을 마시면 바깥세상과 그곳에서 지낸 일상이 사무치게 그리웠다. 술집에서 술을 즐기던 추억과 그 자리에 함께한 얼굴들이 하나둘 떠올랐다. 하루빨리 감옥에서 나가고 싶지만 언제가 될지 모르니 석방만 생각하면 다들 마음이 괴로웠다.

어느 겨울에는 플라스틱 통에 뜨거운 물을 담아 요구르트 통 옆에 두고 담요를 덮어 놓았다. 발효 온도를 올릴 생각으로 며칠 동안 그 상태를 유지했는데 맛을 보니 전혀 술이 되지 않았다. 오히려 이상한 맛이 났다. 온도가 너무 올라 발효균이 죽어서 그런 듯했다. 그 뒤로 온도를 올릴 때는 알맞게 맞추려고 조심했다. 적절하게 온도를 올리면 빨리 술이 되었다.

공휴일에는 옆방 사람을 초대해 낮에 함께 술을 마시기도 했다. 우리가 옆방에 초대받아 가기도 했다. 어느 날엔가 내가 옆방에서 술을 마시는데, 일반수 두 명이 초대받아 왔다. 그들은 술을 한 잔씩 마시더니, 호주머니에서 담배와 라이터를 꺼내 피우고 싶은 사람에게 돌렸다. 여러 사람이 담배를 피웠다. 교도관들은 이 일반수 두 사람이 담배를 피운다는 사실을 잘 알지만, 그들이 담배로 돈벌이를 하지는 않아 눈감아 주었다. 원래 상습 흡연자는 징벌했다. 하지만 두 사람은 평소 교도관들을 회유해 놓았고, 오랫동안 감옥살이하면서 처벌을 면하는 요령을 잘 알았다.

1988년 겨울에는 찌개도 만들어 먹었다. 12방 앞 복도에 있는 연탄난로 위에 냄비 대신 주전자를 올려놓고 끓였다. 찌개 재료는 11방과 12방이 반씩 냈고, 이민호가 요리했다. 그는 부지런한 사람이라서 늘 일을 했다. 찌개를 곁들여 술을 마신 적도 몇 차례 있었다. 찌개와 술이 잘 어울렸다. 술이 찌개 맛을 더 좋게했다. 교도소 음식은 대체로 맛이 없었기 때문에 이민호가 만든찌개는 각별했다.

땅콩 사건

1988년 2월 초순, 어느 일반수가 "양심수는 모두 머리카락을기르는데 일반수만 삭발하는 것은 불공평하다. 나도 머리카락을기르겠다"며 삭발을 거부했다. 그러자 교도소 측은 규율을 지킨다고 양심수도 삭발하게 했다. 우리 방에서는 삭발을 거부하기로 합의했다. 하지만 교도소 측이 강경하게 나오니 김장호가 겁이 나 합의를 뒤집고 자진해 삭발했다. 심지어 주변에 삭발을 권유하기까지 했다. 결국 다른 사람들도 삭발하게 되었다.

그런데 2월 하순 대통령 취임식 때 대사면을 한다는 소문이돌았다. 보통 가석방 대상자는 삭발에서 제외했다. 조일지와 정태성이 삭발하지 않아, 두 사람은 이번에 반드시 석방되리라 확신했다. 그래서 대통령 취임식 이틀 전, 구매 신청하는 날에 두사람은 아무것도 주문하지 않았다. 구매 신청은 일주일에 두 번으로 정해져 있었고, 주문한 다음 날 물품이 지급되었다.

대통령 취임식 날, 두 사람은 나가지 못했다. 교도소 측이 두사람을 삭발에서 제외한 건 만일을 대비해서일 뿐, 그들이 반드시 석방된다는 보증은 없었다. 이번에는 꼭 나가리라 확신한 두 사람이 받은 충격은 컸다.

교도소에서는 저녁 먹는 시간이 이르다. 여름에는 4시 반경이었고, 겨울에는 4시경이었다. 그래서 밤이 되면 배가 고파 뭐라도 먹게 된다. 대통령 취임식 날 밤에도 우리는 야식을 먹었다. 그러나 정태성은 이틀 전에 구매하지 않아 먹을 게 없었다. 조일지는 다행히 남은 땅콩이 있었다. 정태성은 사이가 비교적 좋았던 조일지에게 땅콩을 달라고 부탁했다. 조일지는 땅콩이 얼마 없다며 거절했다. 아무리 자기가 먹을 양이 적어도 아는 이가 달라고 청하면 조금은 나눌 텐데 조일지가 그렇게 나와 모두 놀랐다. 정태성이 내게 땅콩을 달라고 했다. 이 무렵 나는 그와 사이가 나빴지만, 땅콩을 나눠 주었다.

이때 일은 '땅콩 사건'이라는 이름으로 오랫동안 양심수들 사이에서 회자되었다. 한국에서는 2월 하순 대통령 취임 기념일, 8·15 광복절, 그리고 크리스마스 등에 사면이 이루어졌다. 이런 날이 다가오면 11방 사람들은 웃으면서 말했다.

"땅콩을 달라고 하지 마라."

두 사람의 일을 풍자한 표현이다. 하지만 당사자는 물론이고 이를 지켜본 우리도 석방을 확신했지만 크게 낙담했던 씁쓸한 기억을 떠올리게 했다. 땅콩이 마치 넘볼 수 없는 '자유'처럼 들렸다.

악질 교도관

어느 교도소에나 재소자를 폭행하거나 탄압하는 데 적극적인 교도관이 있었다. 광주교도소에서는 정○○ 교도관이 유별났다. 보통 키에 살이 조금 쪘고 눈에서 독기가 풍겼다.

그는 오랫동안 순화 교육 교관을 맡았다. 순화 교육 훈련 도중에 사소한 일로도 재소자를 폭행했는데 워낙 잔인해 사람들에게 원한을 샀다. 그에게 순화 교육을 받은 사람들은 '절대로 용서할 수 없는 놈'이라고 했다. 정 교도관이 3사 하 복도에서 "너는 죽었다"고 소리치면서 일반수를 때리는 장면을 나도 목격했다. 상대의 인격을 완전히 모멸하는 잔인함이 있었다. 말씨도 거칠어 재소자뿐만 아니라 동료 교도관들도 미워했다.

사형을 집행할 때는 집행 담당자를 희망자로 먼저 모집하고, 희망자가 없으면 교도관들이 차례로 지명됐다. 교도관 대부분은 사형 집행 담당을 피했다. 그러나 정 교도관은 솔선해서 자신이 담당하겠다고 나섰다. 기뻐하면서 사형을 집행했다.

어느 날 밤, 정 교도관이 4사 하 사동 야근 담당을 맡아 재소자를 감시하려고 복도를 왔다 갔다 했다. 우리 방 김장호가 감기에 걸려 옆방에 감기약이 있는지 물었더니 약이 있다는 답이 왔다. 마침 그때, 정 교도관이 우리 방 앞을 지나가기에 내가 그에게 옆방에 있는 감기약을 받아 달라고 부탁했다. 그러자 그는 "그런 일은 할 수 없다"고 했다. 규칙상 재소자 사이에 물품 수수는 금지되었으니 규칙에 따라 대응한 셈이었다. 그러나 이런 경우 다른 교도관이라면 누구든 감기약 정도는 건네주었다. 정 교도관은 다른 사람이 싫어하는 짓을 서슴없이 하는 사람이어서 그런 별것 아닌 편의도 봐주지 않았다. 나는 그의 뻔뻔스러운 태도에 화가 나 고함쳤다.

"지금까지 도대체 얼마나 많은 사람을 폭행하고 못살게 했어? 내가 살아 나가면 목숨 보전하기 힘들 테니 그런 줄 알아!"

그는 얼굴이 새파랗게 굳어 아무 말 없이 자리를 피했다. 두려운 마음이 들었을 것이다. 잔학한 사람일수록 약점이 많다. 자신이 학대한 사람한테 보복당하지 않을까 걱정해야 할 테니 말이다. 남에게 상처를 준 사람은 마음이 편할 수 없다.

광주교도소에서는 6개월에 한 번꼴로 사동 본무 담당이 바뀌었다. 1984년 여름에 3사 하 사동 본무 담당으로 왔던 '뱀눈'도 손꼽히는 악질 교도관이었다. 그는 오자마자 사동 분위기를 살벌하게 만들었다. 규율을 위반하는 일반수에게는 벌을 주거나 제재를 가했다. 자신에게 대드는 일반수는 가차 없이 때리고 포승으로 묶었다.

뱀눈은 이런 식으로 사동 질서를 유지했다. 예전에 어느 일반수가 뱀눈에게 맞아 죽기도 했다. 힘없는 일반수는 죽여도 문제가 되는 경우가 거의 없다 보니, 악질 교도관은 일반수를 아무렇지 않게 폭행했다. 일반수들은 뱀눈을 악질이라고 불렀다.

그런 뱀눈에게 어느 날 김용철이라는 일반수가 대들었다. 뱀눈은 김용철을 심하게 때린 것으로도 모자라, 세면장 쇠창살에 매달고는 양손을 수갑으로 고정했다. 계속 반항하자 거듭 폭행하고는 혁수정으로 묶어 방에 가둬 버렸다. 김용철은 그렇게 심하게 얻어맞으면서도 뱀눈에게 끝까지 반항했다. 아무리 때려도 굴복하지 않고 대들자 뱀눈은 김용철이 무서워졌다.

하루는 뱀눈이 술을 잔뜩 마시고 아침에 출근했다. 누가 봐도 술에 취한 걸 한눈에 알 정도였다. 그가 얼마나 정신적으로 괴로운지 알 수 있었다. 뱀눈은 3사 하에서 본무 담당을 할 수 없다며 사표를 냈다. 교도소 측은 사표를 수리하지 않고 부서를 옮겨 배치했다.

교도소에 불어온 민주화 바람

1987년 12월 16일에 치러진 제13대 대통령 선거에 노태우, 김대중, 김영삼, 김종필 등이 후보로 나섰다. 투표 전날 밤, 광주교도소에서는 선거 이야기가 한창이었다. 누군가가 "김대중 대통령 만세!"라고 외쳤다. 여기저기서 호응하는 소리가 들리더니 곧 재소자 대부분이 "김대중 대통령 만세!"를 외쳤다. 절규였다. 그 절규가 광주교도소 안에 한참 크게 울려 퍼졌다. 평소에는 재소자가 소리치면 교도관이 가만히 있지 않았지만, 이 외침을 제지하는 교도관은 없었다. 교도관들도 압도적 다수가 김대중 지지자였다. 하지만 다음 날 투표에서 노태우가 대통령으로 당선되었다.

1988년 4월 총선거에서는 야 3당이 여당보다 훨씬 많은 의석을 얻어 냈다. 야 3당은 한목소리로 양심수를 석방하라고 요구했다. 여당은 그 요구를 거부할 수 없었다. 문제는 석방 시기와 범위였다. 여야 간에 계속 협상이 전개되었다.

그런 상황에서 1988년 5월 25일에 재일 교포 양심수인 서준

식이 석방되었고, 6월 10일에는 재일 교포 양심수 강종건이 석방
되었다. 재일 교포들이 석방되는 데 유리한 상황이 되었다.

6월 29일, 김영이 우리에게 재일 교포 양심수 석방 소식을 전
했다. 이주광과 다른 한 사람이 다음 날 석방된다고 했다. 김영
은 다른 한 명이 조일지라고 판단해 그에게 출소할 준비를 하라
고 일렀다. 조일지는 지난 2월 하순에 나간다고 확신했다가 나
가지 못해 낙담한 경험이 있었다. 이번에도 그리 될까 싶어 크게
기대할 수는 없었지만, 그래도 일단 소지품을 정리해 출소를 준
비했다. 김영이 "내일 아침에 나가니 이제 음식은 필요 없을 것"
이라고 해, 갖고 있던 음식을 사람들에게 골고루 나눠 주었다.
가져가지 않을 물품도 사람들에게 조금씩 주었다.

6월 30일 오전 7시 30분쯤, 교도관이 우리 방에 와서 조일지
에게 출소하라고 전했다. 그 말을 듣고 조일지는 매우 기쁜 표정
으로 모두에게 마지막 인사를 하고 갔다.

옆방에는 다른 교도관이 와서 "동근식, 이감!"이라고 외쳤다.
이감이라고 바꿔 말했지만, 출소를 뜻했다. 교도관이 짐짓 익살
스레 한 말이었다. 동근식은 자신이 나가리라고는 꿈에도 생각지
못해 아무 준비도 안 한 터라, 서둘러 짐을 정리해 나갔다.

나는 여기 그대로 있는데 다른 사람이 나가는 것을 보니 울적
했다. 형기가 짧다면 만기까지 살아도 그다지 부담되지 않겠지
만, 장기형을 받은 사람에게 만기 출소는 부담이 컸다. 더구나
나는 무기징역이니 감형해도 20년이다. 정세는 우리가 석방되
는 데 유리한 방향으로 움직였지만, 이런 상태가 앞으로도 계속
되리라고 장담하지 못했다. 석방이 내 뜻대로 되는 것이 아니니

참고 옥중 생활을 할 수밖에 없었다. 이 단계에서는 희망을 품고 느긋하게, 석방되고 난 뒤를 준비하는 일이 중요하다. 옥중 생활을 다음 단계를 위한 비약이라 여기며 마음을 다잡았다.

한편 1988년 8월 15일에는 광복절 가석방 조치로 재일 교포 양심수 여러 명이 석방되었다.◆ 10월 3일 개천절에는 재일 교포 양심수 두 명이 더 석방되었다.◆◆ 그해 크리스마스에 대사면이 있다는 소문이 퍼져 모두 기대가 컸다. 무대 뒤에서는 여당과 야당 대표가 사면 범위를 놓고 협의했다.

12월 21일 시국 사범은 대부분 사면으로 석방되었다.◆◆◆ 남민전 사람들도 모두 석방되었다. 남민전의 임동규◆◆◆◆는 통일혁명당 재건위 사건까지 겹쳐 쌍무기수였다. 무기형 하나는 사면되고, 남은 무기형 하나는 20년 형으로 감형되어 가석방이 가능했다. 무기수는 형기가 확정되고 10년 이상 복역한 사람, 유기수는

◆ 광복절 전날인 8월 14일 박박·김병련·이승우·박영식이 석방되었다. 모두 1409명이 석방되었고 시국·공안 사건 관련자는 36명이었다(『한겨레』 1988년 8월 14일자).

◆◆ 이철·김철현이 석방되었다. 가석방 및 가퇴원 형식으로 석방된 1026명 중 양심수는 52명이었다. "야권 3당은 개천절 양심수 석방 조치가 노 대통령과 야당 총재들 사이의 합의 사항에 훨씬 못 미치는 것이라고 비난하고 양심수의 전면 석방 없이 정국 안정이 이루어질 수 없다고 경고했다"(『한겨레』 1988년 10월 2일자).

◆◆◆ 시국·공안 사범 281명이 석방되고 1622명에 대한 사면·복권 조치가 단행되었다(『한겨레』 1988년 12월 21일자).

◆◆◆◆ 감옥 안에서 『무예도보통지』를 연구 및 복원해 1988년 12월 가석방된 뒤 24반 무예를 전국에 보급했다.

3분의 1 이상 복역한 사람이 가석방 대상이 되었다. 남민전 사람들은 무기수로 9년쯤 복역해 가석방 대상이 되지 않았다. 그래서 우선 20년으로 감형하고 나서 가석방 형식으로 석방했다. 이런 까다로운 형식이 아니라, 남은 형기를 면제하거나 형 집행정지로 석방할 수도 있겠건만, 그렇게 하지는 않았다.

전체 재일 교포 양심수 중 가석방 대상은 네 명뿐이었다.[*] 그 네 명만 석방되고 나머지는 전원 감형되었다. 무기수는 20년으로, 유기수는 남은 형기의 반으로 감형되었다. 나는 이때 무기형에서 20년 형으로 감형되었다.

대구교도소에 수감된 최철교는 쌍무기수였는데, 무기형 하나는 사면으로 없어지고 다른 하나는 20년으로 감형되었다. 그는 첫 번째 구속에서 집행유예를 받았다가, 두 번째 구속된 1974년에 사형을 선고받으면서 앞서 받은 집행유예가 무기형으로 바뀌었다. 즉, 재판부는 그에게 사형을 선고하면서 동시에 무기형을 추가로 선고했다. 사형을 집행하면 무기형은 아무 효력이 없는데도 사형수에게 무기형을 추가한 걸 보면, 당시 군사독재 통치가 얼마나 살벌했는지를 짐작할 수 있다.

한편 간첩죄가 없는 공안 사범은 형기 중 3분의 2 이상 복역한 사람이 가석방되었다. 김영이 이에 해당해 가석방되었다. 간

---

[*] 강종헌·강우규·양승선·양회선이 석방되었다(『한겨레』 1988년 12월 21일자). 2018년 1월 발간된 『발부리 아래의 돌』(김호정 기록, 우리학교)에서 강우규를 비롯해 모두 11명이 고초를 겪은 '재일 교포 간첩단 조작 사건'을 자세히 기록했다.

첩죄가 있는 공안 사범은, 형기 중 3분의 2 이상 복역한 유기수는 남은 형기에서 반이 감형되었고, 10년 이상 복역한 무기수는 20년으로 감형되었고, 20년 이상 복역한 무기수는 가석방되었다. 단, 고령자와 신체장애인은 형기 중 3분의 2 이상 복역한 사람도 가석방되었다. 우리 방에서 정종희는 시각장애인으로 이에 해당해 석방되었다.

나는 무기형에서 20년 형으로 감형돼 일단 안심했다. 무기형과 유기형은 차이가 컸다. 감형이 되니 마음에 여유가 생겼다. 조금씩 민주화가 진행되고 있다는 것을 이번 사면 조치로 다시 실감했다. 이번에 나가지 못한 사람들도 곧 석방될 수 있으리라 여겼다.

현실은 좋은 상황과 나쁜 상황이 번갈아 나타난다. 좋은 일만 계속되지는 않는다. 그럼에도 역사를 돌아보면 민중을 억압하고 배신하는 자들은 몰락했다.

나는 한국 정세 변화를 관찰하면서 괴로워도 힘차게 노력하자고 결심했다. 건강을 유지하고 이다음 단계에 대응할 준비를 충분히 하면, 언젠가는 좋은 기회가 와서 내 인생이 꽃피는 시기를 맞이하리라고 굳게 믿었다.

김영과 4사 하 독방에 있던 시국 사범들, 그리고 남민전 사람들이 출소하기 전에 나에게 담요와 옷을 잔뜩 줘서 11방, 12방 사람들과 함께 나누었다. 김영이 준 밍크 담요를 나는 오랫동안 썼다. 보온성과 감촉이 좋았다. 그 담요를 덮고 잘 때면 김영과 함께한 추억이 떠올랐다. 그와는 여러 차례 편지를 주고받았다. 유머가 있고 재미있는 사람이었다.

그는 출소하고 나서 김하기라는 필명으로『완전한 만남』이라는 소설을 펴내 유명해졌다. 오랫동안 감옥에서 고생한 양심수들의 생활을 소설화했다. 나중에 이철이 이 책을 일본어로 번역했다.

이처럼 사회의 변화는 교도소의 일상도 조금씩 바꿨다. 1988년 하반기에 정상용과 서경원 등 평민당(당수 김대중) 국회의원들이 광주교도소에 있는 양심수들을 만나러 왔다. 그들은 정기적으로 양심수와 접촉해 교도소 측이 양심수의 인권을 침해하지 않도록 배려했다. 그들도 광주교도소에 복역한 경력이 있어 양심수의 상황을 잘 알았다.

당시 광주교도소장 강○○은 고문 도사로도 불릴 만큼 악질이었다. 그러나 민주화를 요구하는 목소리가 높아지고 부분적이나마 민주화가 이루어져 국회의원들이 정기적으로 교도소를 방문하니 교도소장도 얌전해졌다. 이런 사람은 상황이 조금이라도 불리해지면 능숙하게 처세술을 발휘했다. 6·29 선언 이후 양심수가 구호를 외치거나 문을 차도 탄압하지 않았다.

1988년 10월부터는 신문을 구독하게 되었고, 스피커를 통해 라디오 뉴스를 들을 수 있었다. 그 전까지 신문과 라디오 뉴스 등 시사성을 띤 것은 모두 금지했는데, 이제 그 제한이 없어졌다.

그런데 교도소 측은 신문을 구독하는 데에 조건을 두었다. 독방은 문제가 안 되었는데, 합방에서는 방 전체 인원이 신문을 구독해야 허가했다. 한 사람이라도 신문을 구독하지 않으면, 그 방에서는 누구도 신문을 볼 수 없었다. 예를 들어 합방에 여덟 명이 있다면, 각각 한 부씩 모두 여덟 부를 신청해야 했다. 양심수는 모두 시사에 관심이 있어서 양심수만 있는 방은 문제가 없었다. 그러나 일반수와 양심수가 섞인 방에서는, 원하지 않는 일반수도 있어서 신문을 구독하기가 어려웠다. 4사 상의 남민전 사람들이 나섰다.

"신문 구독을 제한하지 마라!"

"라디오 뉴스를 생중계 하라!"

어느 날 저녁 8시, 4사 상에서 들려오는 구호 소리에 다른 양심수와 일반수가 호응했다. 4사에서 맞은편 사동으로, 다시 옆 사동으로 퍼져 순식간에 모든 사동, 모든 재소자가 구호를 외쳤다. 교도소 측은 어떻게든 사태를 막고자, 본보기로 일반수를 연행하려 들었다. 이 사실까지 알려져 사태가 더욱 심각해지자 바로 연행을 멈췄다. 이날 모든 재소자가 밤늦게까지 발로 문을 차고 구호를 외쳤다. 상황이 이렇게 되면서 보안과에서는 재소자들이 요구하는 사항을 받아들이겠다고 했다. 하지만 교무과가 거부했다.

다음 날 밤에도 남민전 사람들이 주도해 모든 재소자가 문을 차면서 구호를 외쳤다. 교무과도 하릴없이 요구 사항을 받아들였다. 징벌자를 제외하고 누구든 원하면 신문을 구독할 수 있게 되었고, 라디오 뉴스도 그대로 듣게 되었다. 대신에 교도소 측은 신문 기사에서 교도소 관련 기사는 삭제하고, 라디오 뉴스에서 교도소 관련 소식이 나오면 소리를 낮춰 재소자에게 들리지 않게 했다.

집필 허가는 일반수는 일부만 해당했지만, 양심수는 신청만 하면 거의 다 허가되었다. 집필을 신청하면 볼펜과 공책을 줬다.

전에는 편지를 쓰려면 담당실까지 가서 볼펜을 빌려 그 자리에서 써야 했다. 담당실은 사람들이 자주 오가는 곳이라 마음 놓고 편지 쓰기가 어려웠다. 그래서 사람들은 몰래 각자 볼펜을 지녔고, 교도관에게 들킬까 걱정하면서 방에서 몰래 편지를 썼다. 들키면 볼펜을 빼앗겼다. 집필이 허가된 뒤로는 방에서 마음 놓고 편지를 쓰고, 공책에 글도 썼다. 한 달에 한 번 공책을 검열해 아무 내용이나 마음대로 쓸 수는 없었지만, 당시에는 공책에 글을 쓰는 자체가 기쁨이었다. 등급에 따른 편지 발송 횟수 제한도 없어졌다.

면회 횟수 제한도 느슨해졌다. 4급이 한 달 한 번에서 두 번으로, 3급이 한 달 두 번에서 세 번으로, 2급이 일주일 한 번에서 두 번으로, 1급은 그대로 하루 한 번 면회가 허용되었다.

전에는 "서신을 보내고 면회하는 범위는 직계가족에 한정한다. 다만 교정·교화상 필요하다고 인정하는 경우에는, 직계가족 이외에도 허가한다"라고 규정했는데 "직계가족 이외의 사람도 할 수 있다. 다만 교정·교화상 부적절하다고 인정하는 경우에는 직계가족 이외의 사람을 제한할 수 있다"로 개정했다. '여소 야대'가 정치 상황을 바꾸었음을 교도소에서도 뚜렷이 느꼈다.

밀서 사건

채도선은 1988년 여름에 우리 방에 들어왔다가 한 달 반 뒤에 3사로 전방했다. 그는 육군사관학교에 다니다 미국 육군사관학교에 유학했다. 해마다 성적이 매우 우수한 한두 명만 갈 수

있었다. 미국에서 사관학교를 졸업하고 나서는 경영대학원에서
도 공부했다.

그런데 그는 입만 벙긋하면 믿을 수 없는 이야기를 쏟아 냈다.

"사관학교를 졸업하고 미군에 입대해 나토NATO군에 배속됐
지. 체코슬로바키아 국경 근처에서 훈련하는데 잘못해서 국경을
넘어 체코슬로바키아군에 잡혔어. 나를 제외한 나토군 병사는 모
두 석방되었는데, 나는 한국 사람이라 모스크바까지 보내졌어.
거기서 북한에 가지 않겠느냐고 권유해 거절했더니 원래 있던 곳
으로 돌려보내 주더라고. 그때 본 모스크바는 꽤 멋졌어."

한국인이 미군에 들어가 나토군에 배속된 일도, 모스크바에
다녀왔다는 이야기도 믿기 어려웠다. 정말로 모스크바에 다녀왔
다면, 말하기 좋아하는 그가 구체적인 경험담을 쏟아놓았을 텐
데 그런 얘기는 없었다.

그는 직장 일로 일본에도 체류했다면서 그곳에서 사귄 여성
이야기를 한참 늘어놓았다. 내가 여성의 이름을 물었더니 곧바
로 대답하지 못하고 뜸을 들였다. "계집애[女] 변(한자에서 글자의
왼쪽에 적는 부수)에 무엇인가가 붙은 이름이었는데 지금은 생각
나지 않는다"며 대답을 회피했다. 암기력이 뛰어나 1년 전에 한
번 만난 사람 이름도 기억하는 그였다. 잘못 대답하면 일본 사람
이름에 정통한 나에게 거짓말이 발각될까 봐 얼버무린 듯했다.

"내가 일본에서 소련 대사관, 중국 대사관, 조총련 본부를 방
문했어. 그들은 나를 한국에서 중요한 인물이라고 생각해 내가
제안한 내용을 본국에 문의했지. 나는 우리 민족의 장래를 생각
해서 그렇게 행동했네. 한국에 돌아와 안기부에 잡혔는데, 그들

은 나를 수사하다 곧 중단했어. 내가 중요 인물이다 보니 아래 수사관에게 수사를 시키지 않고 안기부장이 직접 와서 나와 이야기했네. 안기부장이 당분간 천천히 쉬라고 해서 교도소에 왔을 뿐이야."

허풍이었다. 그러나 〈국가보안법〉 위반으로 징역 7년 형을 받았으니, 일본에 가서 소련 대사관이나 조총련 본부를 방문한 것은 사실일지 모른다.

채도선은 대전교도소에서 단식투쟁을 해 광주교도소로 이감됐다. 광주교도소에 와서도 단식을 했다. 그는 교도소 측에 자신이 영문으로 쓴 '양심선언'을 서울 용산 미8군 사령관에게 보내 달라고 했다. 선언문은 '남쪽 정부도 북쪽 정부도 나쁘다. 그 때문에 양쪽 국민이 피해를 받고 있다. 남북 국민은 양쪽 정부로부터 버림받아 비참한 상황에 몰렸다'는 내용이었다. 교도소 측은 정체 모를 양심선언문을 미8군 사령관에게 보내라는 요구를 받아들일 수 없었다. 채도선도 잘 아는 바였다. 그의 진짜 목적은 다른 데 있었다.

그는 우리에게 동참해 달라고 했지만, 우리는 뜻이 분명하지 않은 단식투쟁에 동조하지 않았다. 단식한다면서도 그는 음식을 먹었다. 구매부에서 수박을 특별 판매해 우리 방에서 수박을 사서 먹는데, 내가 그에게 수박을 조금 주었더니 주저하지 않고 받았다. 과자나 우유도 주는 대로 먹었다.

채도선은 사나흘쯤 단식하다 그만두었다. 그러다 며칠 뒤 다시 단식했다. 그때도 교도관에게 발각되지 않게 음식을 먹었다. 중간에 교도관 간부를 만나 교섭하고서는 우리 앞에서는 입을 꾹

다물었다. 나중에도 두 번 더 단식했지만, 대체 그가 무엇을 위해 그랬는지 알 수 없었다.

의문스러운 단식투쟁을 여러 차례 진행한 끝에 채도선은 3사하에 있는 대방을 혼자서 썼다. 자기만의 처우 개선을 내걸었기에 우리에게 단식하는 목적을 말하지 못한 것이다. 교도소 측은 그가 들어갈 방을 고쳤다. 벽을 흰 종이로 도배하고, 마루에는 종이를 바른 뒤 니스를 칠했다. 방에 커다란 세계지도도 걸었다.

채도선은 자신이 미국 육군사관학교를 졸업해 미국 고위층과 한국군 장군을 많이 안다고 교도소장에게 허풍을 떨었다. 미국 육군사관학교를 졸업하고 한국군 장교를 한 것은 신분장*에서 확인되는 내용이었다. 그러니 소장은 그의 뒤에 거물이 있을까 싶어 그가 해달라는 대로 처우를 봐준 것 같다.

4사 하 12방에서 3사 하 독방으로 쫓겨난 홍기후와 문영석, 그리고 11방에서 3사 하 대방으로 옮긴 채도선, 이 세 명은 처음에는 서로 사이좋게 지냈다. 홍기후와 문영석은 채도선이 주도한 단식투쟁에도 참여했다.

그들과 12방에 있는 양심수 몇 명이 채도선이 새로 작성한 '양심선언'에 서명하기도 했다. 그들은 선언문의 의도를 잘 알지 못했다. 이번에 쓴 선언문은 전에 영문으로 쓴 것과 내용은 비슷했지만, 분량이 줄었고 한국어로 쓰여 있었다. 우리 방에 와서도

◈ 교도소에서 직원 및 재소자의 이력, 성적 따위를 모아 둔 장부. 한 사람에 한 책씩 되어 있다.

서명해 달라고 했지만, 자기 편의를 위한 것임이 뻔해 우리는 서명하지 않았다.

몇 달 뒤, 채도선은 내용을 조금 수정한 양심선언문을 작성해 30명 가까운 양심수의 이름을 제멋대로 서명해 『노동계』라는 월간지에 발표했다. 그는 우리 방에 찾아와 "양심선언 서명란에 내가 11방 사람들 이름을 써넣었으니 이해해 달라"고 했다.

남의 이름을 도용하고는 나중에 이해해 달라니. 홍기후와 문영석도 채도선이 자신들을 이용한다는 사실을 느끼기 시작했다.

채도선은 1년 중 3분의 1가량 단식투쟁을 했다. 가짜 단식이었다. 교도관들도 그가 단식 중에 숨어서 음식을 먹는다는 사실을 알았다.

1989년 봄, 채도선은 교무과 2실 계장에게 나를 무고했다.

"김태홍이 라디오로 이북 방송을 듣고, 그 내용을 다른 양심수에게 알리니 그를 처벌하시오."

계장은 이 터무니없는 말을 믿지 않았다. 그러자 채도선은 보안과장에게도 똑같이 말했다. 나는 채도선이 이런 말을 하고 다닌다는 사실을 알고서 보안과장과 면담했다. 보안과장은 "채도선이 말하는 건 믿지 않는다"고 분명하게 말했다.

나는 교무 2실에 가서 직원에게도 물었다.

"채도선이 내가 라디오로 이북 방송을 듣고 다른 사람들에게 그 내용을 전달했다고 하는데 정말입니까?"

"그런 말은 들은 적도 없고, 채도선이 무슨 말을 해도 우리는 절대 믿지 않습니다."

재소자는 교도소에서 라디오를 소유할 수도 없고, 이북 방송을 듣고 남에게 전달하면 〈국가보안법〉 위반으로 추가 형을 받는다. 교도관들은 채도선이 거짓말을 일삼는다는 것을 알고 있었다.

그는 나를 함정에 빠뜨리려던 작전이 실패하자 작전을 바꿔 소장 면담을 신청했다.

"실은 내가 라디오로 이북 방송을 듣고 양심수들에게 전했어. 그러니 나를 처벌해 줘. 소장이 나를 고발하지 않으면 직무유기로 모가지야."

채도선은 소장 앞에 라디오를 내놓았다. 소장은 그를 고발하지 않았고, 문제가 커지지 않게 마무리했다. 라디오를 문제 삼으면 교도관 한두 명은 파면해야 할 테고, 그러면 소장도 책임을 추궁당할 우려가 있었다.

대체 누가 채도선에게 라디오를 주었을까? 교도관이 아니고는 불가능했다. 교도관 중에 그의 고등학교 후배가 한 사람 있었는데, 그가 채도선에게 라디오를 주지 않았겠냐고 소문이 났다. 채도선이 복잡한 문제를 일으키자, 그 교도관은 난처해졌다.

라디오 문제가 일어나고서 채도선은 3사 하에서 4사 상 12방으로 전방했다. 얼마 지나지 않아 교도관 20명이 그의 방에 몰려들어 밀서를 내놓으라고 했다. 당장이라도 철저하게 검방을 해서 찾아낼 기세였다. 그는 망설임 없이 밀서를 내밀었다. 교도관들은 밀서만 받고 그대로 떠났다. 교도소 측에서 그에게 밀서가 있는 것을 어떻게 알았을까? 이것도 그가 꾸민 연극이었다. 그는 밀서를 써놓고는 어느 재소자에게 일부러 그 일을 흘려 교도관의 귀에 들어가게 했다. 그러고는 이런 태도로 일관했다.

"그 밀서 내용을 외부에 발표하겠다. 그렇게 되길 바라지 않는다면 내가 요구하는 사항을 들어라."

채도선은 사기를 치거나 상대를 번거롭게 해서 지치게 하는데 전문가였다. 교도관들은 그가 미국 육군사관학교를 졸업했다는 이유로 눈치를 보며 잘 대해 줬지만 그는 늘 불만이었고 교도관들을 애먹였다. 그가 터무니없는 짓을 계속하자 안동교도소로 이감했다.

4장
대구교도소에서

19	89	년	5	월	16	일	~
19	92	년	7	월	9	일	

단식투쟁 동안 사랑니가 났다.
시작하기 일주일 전, 어금니가 가려워 거울로 보니
오른쪽 위에 사랑니가 3분의 2쯤 나왔다.
단식 하루 전날 밥을 먹을 때 사랑니가 조금 아팠는데,
단식을 시작하고는 내내 이를 쓰지 않으니 사랑니가 아프지 않았다.
사랑니는 20대 초반에 난다고들 하는데,
나는 서른두 살에 처음 사랑니를 만났다.

갑작스러운 이감

1989년 3월, 김상호가 안동교도소에서 출소했다. 그는 안기부를 찾아가 교도소에서 경험한 일을 이야기했다. 국민일보 기자를 만나 양심수를 비방 및 중상했다. 그 뒤 '김정익'이라는 필명으로 『수인번호 3179 : 어느 좌익 사상범의 고백』을 펴냈다. 그는 '양심수가 모인 합방에서는 정치 이야기를 하거나 불온서적을 돌려 읽으면서 사상 각성을 한다'고 주장했다.

채도선이 꾸민 밀서 사건과 김상호가 벌인 일로 1989년 5월 16일에 전국 각 교도소에서 공안 사범 양심수들이 대거 이감되었다. 그러면서 양심수 합방을 아예 없앴다. 광주교도소 4사 하 11방과 12방 사람도 모두 이감되었다. 광주·대구·전주·안동교도소의 공안 사범을 서로 바꾸었는데, 나는 대구교도소로 가게 되었다.

광주교도소는 기상 시각이 3월 중순부터 10월 말까지는 아침 6시 반이었고, 겨울에는 7시였다. 나는 늘 기상 시간보다 한 시간쯤 앞서 일어나 책을 읽었다. 이른 아침에는 머리가 맑았다. 시계가 없으니 하늘이 얼마나 밝은지로 시간을 가늠했다. 5월 16일 그날도 여느 때처럼 기상 시간보다 일찍 일어났다. 10분쯤 지났을까, 교도관이 와서 11방과 12방 모두 이감 준비를 하라고 알렸다.

갑작스러운 통보에 다들 깜짝 놀랐다. 허둥지둥 짐을 챙겼다. 강당 맞은편 교실에서 아침을 먹고, 강당에서 짐 검사를 받았다. 영치했던 물건도 돌려받았다. 나를 포함해 양심수 20명이 대구행 버스를 탔다. 버스에 오르기 전, 교도관들은 우리 몸을 수갑과 포승으로 옭아맸다.

대구교도소에 도착한 것은 오후 2시였다. 이감 절차는 똑같았다. 먼저 짐 검사를 받았다. 교도관이 보따리 속에 든 내 옷을 신기하다는 듯 들여다보더니 뜬금없이 물었다.

"손으로 빨아서 옷이 이렇게 깨끗한가? 집에서는 세탁기로 빨아도 깨끗하지 않은데."

짐 검사를 마치고 각자 지정된 방으로 갔다. 나는 8사 8방에 배치되었다. 8사는 독방이 여덟 개만 있는 소규모 사동인데, 특별 요시찰자를 수용했다. 이번에 이감 온 사람 가운데 내가 제일 단식투쟁 횟수가 많았다. 교도소 측은 단식투쟁을 주도하지 못하게 나를 특별 요시찰자 사동에 격리했다. 함께 온 사람들은 거의 1사 하나 2사 하에 수용되었다. 그들은 서로 연락할 수 있었지만 나는 그럴 수 없었다.

8사 독방은 3.3제곱미터 넓이 공간에 수세식 화장실이 설치되어 있었다. 문과 맞은편 벽 높은 위치에 각각 작은 창이 하나씩 있었다. 벽에 난 창은 밖에서 두꺼운 판으로 막아 안에서 아무리 외쳐도 소리가 새어 나가지 않게끔 되어 있었다.

8사는 무척 비좁았다. 반지하라 복도가 어두웠다. 운동장도 작아 제대로 달리기가 어려웠다. 기분이 우울해졌다. 게다가 8사

5방에 노동쟁의로 구속된 시국 사범 한 명을 빼고는 모두 일반
수였다. 8사에 수용된 일반수는 요시찰자 중에서도 요시찰자였
다. 아무리 맞아도 끝까지 대드는 사람들이라 교도관도 그들을
조심했다. 8사 본무 담당이 비교적 처우를 잘해 줘 그들도 큰소
리 내지 않고 지냈다. 처음 배치되어 사정을 몰랐던 교도관이 편
의를 안 봐주고 규칙대로 대응했다가 크게 당한 일도 있었다.

8사 독방은 문과 벽이 나무로 되었다. 내 옆 7방에는 정신이
불안정한 일반수가 있었다. 그는 흥분하면 문과 벽을 발로 찼는
데, 하루는 어찌나 심하게 차대던지 문이 부서졌다. 교도관과 경
비교도대원 20명이 동원되어 겨우 그를 붙잡았다. 그는 보안과
지하실로 끌려가 연쇄로 손발이 묶였다. 지난겨울에는 그가 연탄
난로를 뒤집어 한바탕 난리가 났다는데, 돌연 발작이 일어나는
거라 더 위험했다.

2방에는 문상태라는, 각성제를 팔던 상인이 있었는데 여러 차
례 적발돼 교도소를 들락날락했다. 그가 8사에서 주도권을 잡았
다. 보통은 일반수가 교도관을 조롱하면 가혹한 처사를 받지만,
그는 예외였다. 통제 못 할 망나니라 다들 그냥 놔두었다.

문상태 같은 특별 요시찰자는 6개월에 한 번씩 이감했다. 그
들이 어떤 일을 저지를지 몰라 교도소 안에 기반을 만들기 전에
이감했다. 문상태는 대구교도소에 오기 전에 안동교도소에 있었
다. 거기서 김상호와 같은 사동에서 지냈다.

"상호가 안동교도소에 이감 와서 양심수 사동에 갔는데, 그
사동의 모든 양심수가 상호에게 나가라고 소리쳤어. 문을 차고,
상호한테 욕설을 퍼부었는데 점점 심해졌지. 상호는 겁이 나서

모두에게 사과했어. 임시방편으로 무마했지만, 상호는 아주 단단히 미움을 받아 그 방에 못 있고 일반수 사동으로 왔어. 동료 양심수들을 밀고하고는 늘 두려움에 떨었어. 출소하는 날도 안기부 요원이 마중 오고서야 겨우 밖으로 나갔지."

채도선과 김상호가 일으킨 문제는 광주교도소에서 끝나지 않고 대구교도소에 와서까지 이어졌다. 대구에 오고 며칠 뒤, 안기부 요원 두 명이 나를 찾아왔다. 안기부 대구 지부 과장과 신입 수사관이었다. 과장은 자신은 아이나 조카, 조카딸 이외의 사람에게 절대로 반말을 쓰지 않는다고 했다. 자기 아내에게도 정중하게 말한다고 했다. 그는 내게도 정중하게 말했다. 누군가를 고문하면서도 정중한 말씨를 쓸까 생각하며 나는 속으로 웃었다. 그는 말씨는 정중했지만 눈매는 날카로웠다.

안기부 요원들은 광주교도소에서 일어난 일을 물었다. 그 당시 상황을 파악하려는 참고인 심문이었다. 채도선과 김상호가 개인적 이익을 추구하는 과정에서 일어난 일이었고, 다른 양심수에게 문제가 있어서 일어난 일은 아니라고 대답했다. 나는 채도선의 사기 기질과 김상호의 심한 변덕을 구체적으로 설명해 이번 이감이 부당하다고 주장했다. 내게는 구체적인 혐의가 없다고 여기자 그들도 더는 추궁하지 않았다.

말이 통하는 소장

이감 온 지 일주일 뒤에 소장이 사동 순시를 나왔다. 소장은 교도소에서 가장 높은 사람이라 소장이 순시하면 교도관들이 몹시 긴장했다. 8사에는 방 밖에서 계속 왔다 갔다 하는 일반수가 두 명 있었다. 소장이 순시한다는 말을 듣고, 그 두 명은 자기 방으로 서둘러 들어갔다. 나도 그때 복도에 있다가 얼른 방으로 들어갔다.

소장이 내 방 앞에 멈춰 "언제 이감 왔느냐? 누가 면회하러 오느냐?"고 물었다. 질문에 답하고서 소장에게 방에 선반과 옷걸이가 없어 불편하니 설치해 달라고 했다. 그러자 소장은 수행한 보안과장에게 선반을 설치하라고 지시했다. 소장이 순시할 때 무엇을 요구해 받아들여지는 일이 거의 없었는데, 대구교도소장은 내 요구를 순순히 들어주었다.

소장과 면담하는 동안 보안과장이 내 방문이 잠기지 않은 것을 보고는 문을 열었다. 잘못하면 근무 태만으로 본무 담당이 견책될 일이었으나, 소장은 아무 말 없이 떠났다. 그러자 본무 담당은 내 방을 잠그는 일에 신경 쓰지 않았다. 내가 방 밖으로 나가고 싶어 하면 언제든 나가게 해주었다.

며칠 뒤, 영선營繕부 사람이 선반과 옷걸이를 설치하려고 치수를 쟀다. 2~3일 후 그들은 페인트칠까지 한 선반과 옷걸이를 가져와 내 방에 설치해 주었다. 소장이 지시한 일이라 신속하게 선반과 옷걸이를 만들어 주었다.

7방에 수갑과 포승으로 속박된 학생이 한 명 들어왔다. 학생들이 처우를 개선하려고 일제히 단식투쟁에 들어가자 교도소 측은 그들을 수갑과 포승으로 묶어 분산 수용했다. 밤에도 그대로 묶인 채 자야 했다. 구호를 외치거나 발로 문을 차지 않았는데도 수갑과 포승으로 묶는 것은 인권을 짓밟는 위법행위다.

사흘쯤 지나 순시 나온 소장에게 학생들을 수갑과 포승으로 묶는 부당한 처사를 소장이 지시했는지 물었다. 〈행형법〉에 따르면 재소자를 수갑과 포승으로 묶으려면 반드시 소장이 허가해야 했다. 그래서 나는 그 점을 확인하려고 소장에게 물었다. 소장은 자신은 지시한 일이 없다고 했다. 그 말이 사실이라면 교도관들이 부당하게 학생들을 결박한 셈이었다.

소장이 8사를 떠나고 나서 7방 학생은 수갑과 포승이 풀렸다. 애초에 수갑을 채울 때 절대로 못 풀게 수갑 구멍에 철사를 넣어 고정해 그냥은 풀지 못하고, 커터로 철사를 잘라 내고서야 풀렸다. 지독한 처사였다.

단식투쟁

1988년부터 양심수들은 민주화 운동 기념일에 정기적으로 단식투쟁을 했다. 이승만 독재 정권을 타도한 4·19, 광주에서 전두환 군사정권에 항쟁한 5·18, 일제강점기에서 해방된 8·15 등의 기념일이면 전국에 있는 교도소에서 양심수들이 일제히 단식투쟁을 전개했다. 하루만 단식하기도 했고, 2~3일간 하기도 했다. 〈국가보안법〉 철폐나 양심수 석방처럼 정치적 요구만을 내걸고 단식투쟁을 할 때는 대체로 기간을 정해서 했다. 정치적 요구 외에 처우 개선 등을 함께 요구할 때는 기간을 정하지 않고 보통 사흘 이상 진행했다.

대구에 오기 전, 광주교도소 양심수들은 5·18 광주 항쟁 때 자행된 학살에 항의해 5월 18일부터 사흘간 단식하기로 했다. 우리는 그 이틀 전인 5월 16일에 대구교도소로 왔지만, 예정대로 단식을 실행했다. 나는 8사에 격리되어 함께 이감해 온 동료들과 연락을 나누지 못했지만, 모두 함께하리라 믿고 단식에 돌입했다. 우리가 정해 둔 구호가 있었다.

"광주에서 대학살을 한 군사정권은 퇴진하라!"

"〈국가보안법〉을 철폐하고, 모든 양심수를 석방하라!"

"군사정권을 지원하는 미군은 철수하라!"

나는 예정대로 사흘간 단식했는데, 나중에 알고 보니 1사와 2사에 있던 동료들은 이틀 더 단식을 연장했다. 이들은 2.5제곱미터 넓이의 작고 좁은 독방에 수용되어 지내기가 매우 힘들었다. 그래서 처우 개선 요구를 추가해 단식을 연장했다. 이때는 의사소통이 잘 안 돼 목표한 바를 이루지 못했다.

2주 뒤 우리는 다시 단식에 돌입했다. 2사 하에 있는 중방 10개를 이감 온 양심수에게 내달라고 요구했다. 출역하는 사람은 출역수 사동에 가니 그들은 제외했다. 단식 사흘째에 전담반*을 맡은 박○○ 담당관**이 2사 하 중방을 모두 장기수 양심수가 사용하게 하겠다고 약속해 단식을 풀었다. 중방이 비는 대로 한 명씩 들어가기로 했다.

대구교도소의 2사는 광주교도소의 3사와 구조가 같았다. 13

◆ 양심수 담당 부서, 교무2과.

◆◆ 보안과나 서무과 등에는 없고, 교무과에서 양심수를 담당하는 간부 직원을 일컫는다. 계장과 과장 사이 지위로 말단 교도관의 직책인 '담당'과는 다르다.

방에서 22방까지가 중방이었다. 13방이 비어 있어서 전주교도소에서 이감 온 이장형*이라는, 환갑 조금 넘은 양심수가 들어갔다. 그는 1984년에 간첩 조작 사건으로 구속되었다.

며칠 뒤 그다음 차례로 내가 14방으로 옮겼다. 2사에 가서 상황을 살펴보니, 광주에서 함께 온 동료 가운데 네댓 명이 영치금이 거의 없어서 어렵게 지냈다. 나는 일본에 있는 가족이 정기적으로 송금해 여유가 있는 편이라, 필요한 물품을 사서 동료들과 나눴다.

15방에 이민호, 16방에 김정묵이 차례로 들어왔다. 예전에 광주교도소에 있다가 마산교도소로 옮겨 갔던 김정묵을 대구교도소에서 다시 만났다. 그런데 그 뒤로 다른 동료들은 중방으로 오지 못했다. 중방에 있는 일반수가 다른 곳으로 옮겨 가야 자리가 나는데, 교도소 측은 일반수를 다른 곳으로 옮기려는 기미가 없었다. 그래서 보안과 양심수 담당 주임을 만나서, 박 담당관이 약속한 내용을 이행하라고 했다. 그러자 그 주임은 "박에게 무슨 배방권이 있다고 그런 약속을 했는지 터무니없다. 배방권은 보안과에 있지 교무과에는 없다"며 우리 요구를 거절했다.

박 담당관이 약속을 위반한 데다, 양심수를 탄압하고 열악한

◈ 제주 출신으로, 한국전쟁 때 학도병으로 지원해 해병대 장교로 제대했다. 예비군 중대장까지 지내다 1984년 6월 15일 불법 연행을 당했다. 일본에 가서 친척과 친구를 만난 사실이 입북으로 조작되어 67일간 고문 끝에 간첩죄로 무기징역을 선고받았다. 이때 고문 수사관이 이근안이었다(『한겨레』 1993년 2월 16일자 참고). 1998년 가석방되었다.

처우가 계속되는 문제로 우리는 날로 불만이 커졌다. 전주교도소에서 온 양심수 김광호는 교도관과 말다툼하다 보안과 지하실로 끌려가 수갑과 포승으로 묶여 혼이 났다. 나도 보안과 악질 계장 때문에 보안과 지하실에 연행돼 수갑과 포승으로 묶여 고생했다. 어려운 상황을 뚫어야 했다. 미지정에 있던 공안 사범 모두 무기한 단식투쟁을 하기로 합의했다.

그렇게 해서 8월 하순, 병사와 1사, 2사 독방에 있던 공안 사범 전원이 단식에 돌입했다. 병사에는 대구교도소에 오래 복역한 최철교와 김상순*이 있었다. 이들도 단식투쟁에 합류했다. 우리는 공안 사범 사동을 만들어 처우를 개선하고, 인권을 짓밟지 말라고 외쳤다. 공안 사범 사동 설치까지는 아무래도 어렵겠다고 생각했지만, 요구 조건을 폭넓게 내세워 최대한 여러 가지를 개선하고자 도모했다.

단식 사흘째가 되자 소장이 나섰다. 2사 중방 전체를 공안수가 쓰도록 할 테니 단식을 풀라고 했다. 우리는 그 정도 조건으로는 타협할 수 없어 단식을 계속하기로 했다.

단식 나흘째에 27방에 있던 권태우라는, 제일 젊은 공안 사범이 내 방 앞으로 왔다. 너무 배가 고프니 음식을 조금 달라는데, 나는 아무것도 주지 않았다. 이번 단식은 무기한 단식이라 어중간하게 뭘 먹으면 공복감이 커져 훨씬 고통스러우니 차라리 아

◈ 1983년 7월 19일 불법 연행되어 국군 보안사령부와 대구보안부대에서 38일간 불법 구금당했다. '김상순 간첩 조작 의혹 사건'으로, 10월 19일 간첩 혐의로 징역 12년이 선고되었다.

무엇도 먹지 않는 게 좋겠다고 그를 설득했다. 내 말을 듣고 그는 자기 방으로 돌아갔다.

하지만 연이어 덮쳐 오는 공복감을 그는 끝내 이기지 못했다. 자기 방에서 조금 남은 고추장을 발견해 먹고는 위가 뒤집혔다. 나흘을 단식해 위가 예민해진 상태에서 자극적인 고추장을 먹으니 당연했다. 2~3일간 위가 아파 몹시 고생했지만 원래 위장이 튼튼한지 다행히 후유증은 없었다.

단식하는 도중에 설사하는 사람도 생겼다. 음식을 먹어서 그렇다. 이를 눈치챈 교도관들은 모른 척했다. 자신이 당직하는 날 단식자가 쓰러지면 책임을 추궁받으니, 차라리 몰래 음식을 먹는 게 교도관도 마음이 놓였다.

단식 닷새째, 작업과장이 내 얼굴을 보고는 많이 여위었다며 뭐라도 먹으면 좋겠다고 했다. 내가 물을 마시면서 단식한다고 하자 "물 말고 다른 음료수를 마시면 어떻겠냐?"고 권유했다. 물 말고는 아무것도 먹지 않는 완전 단식이라 소금도 먹지 않았다.

단식하기가 무척 힘든 여름이었다. 일주일이 지나자 의무과 직원이 링거주사를 권했다. 경험 삼아 맞아 보았으나 머리가 아팠다. 다음 날에도 의무과 직원이 링거주사를 맞으라고 했지만 거절했다.

단식을 중단하는 사람이 생겨났다. 사흘째에 김광호가 그만두고, 여드레째에는 김정묵이 중단했다. 단식을 그냥 풀자니 민망했던지 즉각 병사로 옮겼다. 신체에 이상이 생겨 어쩔 수 없이 단식을 중단했다고 하기 위해서였다.

단식이 길어지자 소장은 초조했다. 보안과장과 박 담당관을 꾸짖으며 빨리 단식을 끝내게 하라고 지시했다. 단식 열흘째 아침, 소장이 직접 단식 현장을 돌아보러 나섰다. "소장 순시!"라는 호령에, 나는 보던 책을 치우고 순식간에 이불을 깔아 그 속으로 들어갔다. 단식으로 몸이 쇠약해졌다는 인상을 주기 위해서였다. 단식투쟁의 성공을 판가름하는 중요한 순간이었으므로 요령 있게 연극할 필요가 있었다. 소장은 단식하는 사람을 모두 꼼꼼히 관찰했다.

내 방 앞에 멈추어 본무 담당에게 문을 열라고 지시했다. 소장은 "자네가 제일 야위고 안색이 좋지 않으니 건강을 생각해 밥을 먹게나"라고 했다. 아주 좋은 기회였다. 나는 이불 속에 누운 채로, 이전에 부당하게 보안계장에게 끌려가 보안과 지하실에서 수갑과 포승으로 묶였던 일을 이야기했다. 소장은 앞으로는 그런 일이 없도록 조치하겠다고 약속했다.

그날 오후, 우리 대표와 소장이 만나 재소자 처우를 놓고 교섭했다. 그 결과 다음과 같은 개선 사항을 얻어 냈다.

- 2사 하 중방 10개를 공안수가 사용하도록 한다.
- 각 방에 선반을 두 개씩 설치한다.
- 두 명씩 대여섯 조로 나눠 했던 운동을 대여섯 명씩 두 조로 나눠 하고, 운동 시간을 한 시간에서 한 시간 반으로 연장한다.
- 미지정에 있는 공안수는 사동이 달라도 함께 비디오를 시청하게 한다.
- 교도관이 폭언·폭행하지 않도록 지시한다.
- 부당하게 수갑과 포승으로 묶지 않도록 지시한다.

공안수 15명 중 두 명이 도중에 단식을 그만두었지만, 13명이 끝까지 단식투쟁을 관철해 상당한 처우 개선을 이뤘다.

단식이 끝나고 나서, 소장은 의무과 담당에게 말해 내게 링거 주사를 맞게 하라고 지시했다. 나는 열흘 단식하는 동안에 현기증이 한 번도 나지 않았고 몸 상태도 좋았다. 단식 일주일째가 고비였는데 그 시기를 넘기면서 몸도 아주 편했다. 배고픈 감각도 없어졌다. 나는 의무과 담당에게 링거주사를 맞으면 머리가 아파 오히려 몸에 좋지 않다고 거절했다. 대신에 몸무게를 재러 담당과 함께 의무과로 갔다. 복도를 걷는데 복도가 흔들리는 듯했다. 체중계에 올라 보니 49킬로그램이었다. 단식하기 전에 59킬로그램이었으니, 열흘간 10킬로그램이 빠진 셈이다. 그중 대부분은 수분이어서 밥을 먹기 시작하자마자 몸무게가 늘었다. 한 달쯤 뒤에는 몸무게가 약 60킬로그램이 되어 버려 단식 전보다 늘었다. 감옥에 갇히기 전에는 53~54킬로그램이었다. 광주교도소와 대구교도소에서 단식을 많이 했더니 몸무게가 60킬로그램까지 늘었다. 단식하면 체질이 개선되어 살이 찌기 쉬워진다. 그러니까 단식으로 살을 빼는 것은 큰 잘못이다. 단식하면 당연히 살이 빠지지만, 먹기 시작하면 그 반동으로 몸무게가 더 는다. 살을 빼려면, 단식이 아니라 소식과 운동을 끈기 있게 잘해야 한다.

단식을 끝내고 사나흘 뒤에 새까맣고 윤기 나는 변을 보았다. 맞은 방 사람에게 물었더니 숙변이라고 알려줬다. 이전에 광주교도소에서도 여러 차례 단식했지만, 숙변을 본 건 이번이 처음이었다.

어느 학자가 연구한 바로는, 일주일을 단식하면 면역력이 10

배 높아진다고 한다. 경험해 보니 그럴싸했다. 단식으로 몸이 좋아지고 저항력(면역력)이 강해진 게 사실이었다.

그리고 단식투쟁 동안 사랑니가 났다. 시작하기 일주일 전, 어금니가 가려워 거울로 보니 오른쪽 위에 사랑니가 3분의 2쯤 나왔다. 단식 하루 전날 밥을 먹을 때 사랑니가 조금 아팠는데, 단식을 시작하고는 내내 이를 쓰지 않으니 사랑니가 아프지 않았다. 그사이 사랑니가 완전히 나버려 밥을 먹어도 아프지 않았다. 사랑니는 20대 초반에 난다고들 하는데, 나는 서른두 살에 처음 사랑니를 만났다.

노동운동가

1970년대, 한국 노동자들은 생활이 매우 어려웠다. 하루 열두 시간 넘게 일하는 건 보통이었다. 그러나 장시간 일해도 굶어죽지 않을 정도밖에 봉급을 받지 못했다. 단결권·단체교섭권·단체행동권도 유명무실했다. 노조도 어용 노조인 한국노총(한국노동조합총연맹) 산하 조직만 허가되었다. 비참한 상황에 절망한 노동자 가운데 투신하거나 분신하며 저항하는 사람이 나타났다.

1980년대에 학생운동이 활발해지면서 투옥되는 학생도 많았는데, 출소한 뒤 노동 현장으로 들어가기도 했다. 이들은 먼저 동료들과 함께 어용 노조를 무너뜨리고 민주 노조를 만들었다. 이런 움직임이 6월 항쟁의 뒤를 이어 1987년 7·8·9월 노동자 대투쟁으로 확대되었다. 전국에서 노동자들이 들고일어난 결과, 노동자의 권익과 생활수준이 부쩍 향상되었다. '한 사람의 힘은 약하지만, 조직된 힘은 강하다.' 노동자들은 이 사실을 깨달았다.

8사 5방 김창주는 풍산금속 노동조합 간부였다. 풍산금속은 총탄을 만드는 기업이었다. 예전에는 어용 노조였는데, 기독교 인권 단체의 도움을 받아 민주 노조로 바뀌었다. 전국 각지에서 민주 노조가 한참 건설되던 때였다.

풍산금속에는 여성 노동자가 많았다. 노동쟁의가 발생해 몸을 서로 부딪치며 싸울 때는 여성 노동자가 더 과감하게 싸웠다. 한국에서는 노동쟁의가 발생하면 공권력이 개입했다. 파업하자마자 곧바로 전투경찰이 투입되어 파업 주동자를 구속하기 일쑤였다. 파업 지도부와 일반 노동자를 격리해 노동쟁의를 중단시키기 위해서였다. 권력이 일방적으로 기업 측을 편드는 증거이기도 했다.

김창주도 노동쟁의를 일으켰다는 이유로 투옥되었다. 그는 "쉽게 만든 노조는 탄압에 쉽게 무너지지만, 힘든 상황에서 만든 노조는 뿌리가 깊고 강해 오히려 잘 버틴다"고 했다. 노동운동을 하면서 노동자가 얻은 진리였다.

구속된 노동자는 저마다 처지가 달랐다. 회사가 어느 정도 규모가 있고 노조도 힘이 강하면 수감된 동안 동료들이 면회도 자주 오고 접견물이나 영치금을 넣어 주며 보살폈지만, 기업이 작고 상황이 어려운 노조에서 활동하는 노동운동가는 감옥 생활도 힘겨웠다. 나 다음으로 8사에 들어간 한 노동운동가는 노조의 힘이 약해 어떤 도움도 받지 못했다. 영치금도, 돌봐 줄 사람도 없었다. 심지어 간염에 걸렸는데 치료약을 살 돈이 없었다.

대구교도소에서는 학생운동이나 노동운동을 하다 구속된 시국 사범을 수용할 독방이 부족해, 반 이상을 일반수가 있는 합방에 수용했다. 1991년에 내가 만난 학생 출신 노동운동가도 2사하 독방으로 오기 전에는 일반수 합방에서 지냈다. 나는 그에게 일본 구원회가 보내 주는 월간지 『세카이』世界를 교재 삼아 석 달간 일본어를 가르쳤다.

그가 지낸 일반수 합방은 15제곱미터 크기였고, 거기서 10명이 지냈다. 깡패가 방 주도권을 잡고서는 신입이 들어오면 신고식으로 괴롭히고, 일반수가 구매한 물품을 빼앗아 괴롭혔다. 심심풀이로 연약한 일반수를 때리고 안마를 시켰다. 힘없는 일반수는 제대로 먹지 못해 배가 고팠고, 늘 맞으며 지옥 같은 생활을 했다.

교도소 측은 이런 상황을 알면서도 대책을 세우지 않았다. 오히려 그런 깡패를 중간 통치자 삼아 교도소라는 집단의 질서를 유지했다. 교도소는 재소자를 교정·교화하는 곳이라지만, 실제로는 태연하게 인권을 짓밟았다. 1960년대에 박정희가 '형무소'라는 어감과 인식이 안 좋다며 '교도소'로 이름을 바꾸었는데,◆ 이름만 달라졌지 실제 내용은 그대로였다. 이름이나 규정을 바꾼다고 해도 내용을 개선하지 않으면 아무 의미가 없다.

깡패들은 시국 사범은 건드리지 않았지만, 그런 횡포를 곁에서 보기만 해도 고통스러웠다. 이 학생 출신 노동운동가도 독방으로 오고서야 비로소 그 고통에서 해방되어 마음이 편해졌다고

◆ 1961년 〈행형법〉 개정에 따라 명칭을 형무소에서 교도소로 바꾸었다.

했다.

그는 구속되기 전에 어느 공장에서 일했다. 이력서에는 대학에 다닌 경력을 쓰지 않았다. 동료들과 쟁의를 함께하면서, 노동자가 단결하면 기업주를 밀어붙일 수 있고 봉급이나 노동조건을 개선할 수 있다는 것을 깨달았다. 하지만 공권력이 탄압해 들어오고 그가 구속되자, 쟁의는 바로 분쇄되었다.

중국어를 배우다

광주교도소에 있던 1989년 봄, 박재경이 남민전 박석률◆의 어머니와 함께 나를 처음 면회하러 왔다. 박재경은 전남대학교 사회학과에 다니면서 데모를 주도하다 구속되어 1년가량 복역했고, 출소 뒤 복학해 학교를 졸업해서는 광주 민가협에서 일했다. 민가협◆◆은 양심수 출신자와 그 가족으로 구성되었다. 박석률의 어머니도 민가협 회원이었다.

◆ 앞서 나온 박석삼의 형. 1974년 4월~1975년 2월 민청학련 사건으로, 1979년 11월~1988년 12월 남민전 사건으로, 1995년 11월~1996년 8월 범민련 사건으로 수감되었다. 6·16공동선언실천남측위원회 공동 대표, 한국진보연대 공동 대표 등을 역임했으며, 2017년 7월 25일 심장마비로 별세했다.

◆◆ 1985년 12월 12일 창립. "민가협이 창립되던 1985년은 군사독재 정권하에서 수많은 청년·학생, 노동자, 민주 인사 들이 구금되어 있었고, 안기부 등 수사기관, 교도소에서 고문 등 인권유린이 심각했기에 이러한 인권침해와 맞서 싸우고 양심수들을 구조하기 위해 가족들의 모임이 만들어진 것이다" (민가협 홈페이지 소개글 중).

당시 두 사람은 내게 교도소에서 처우가 어떠한지, 민가협에 바라는 일이 있다면 무엇인지 물었다. 감옥에서 곤란한 일이 생기면 언제라도 이야기해 달라고 했다. 박재경은 내가 대구교도소로 이감될 때까지 두 달에 한 번꼴로 면회하러 와주었다.

그런데 대구교도소에서는 민가협 회원을 면회시켜 주지 않았다. 나는 보안과 소속 양심수 면회 담당에게 박재경을 민가협 회원이라고 말하지 않고 친구라고 했다. 대구로 옮겨 2~3주쯤 지날 무렵, 부산에 사는 내 사촌 형과 박재경이 함께 면회 왔다. 가족이나 친척은 만나게 했지만, 다른 사람이 단독으로 오면 되돌려 보내기도 했다. 그래서 박재경은 안전하게 사촌 형과 함께 왔다. 그간 사촌 형과 편지로는 왕래했지만 면회는 처음이었다.

어느 날, 박재경이 『생체시계』◆라는 책을 보내 주었다. 소련 의사가 쓴 기초의학 서적이다. 인간의 본질적 특성을 의학적으로 설명하고, 고혈압·당뇨병·암·노화 등에 대해 깊이 분석해 놓았다. 그 책은 내 의학 지식을 체계화하는 데 큰 도움이 되었다.

박재경은 편지로, 책을 보내려고 하니 필요한 책이 있으면 언제라도 알려 달라고 썼다. 나는 중국어를 공부하려는데 적절한 책이 있으면 보내 달라고 답장했다. 그랬더니 『북경식 표준 중국어』라는 교과서와 사전을 보내 주었다. 알기 쉽게 문법을 설명해 중국어 문장 구조와 의미를 이해하기는 어렵지 않았다. 문제는 중국어 발음과 성조였다.

◆ V. M. 딜만, 『생체시계』, 김정기 옮김, 밝은세상, 1991.

어딘가 가까이에 중국인이 없을까 찾았는데 맞은쪽 대방인 9방에 티엔리민이라는 화교가 있었다. 그는 개인 무역을 하다 벌금을 내지 못해 벌금에 해당하는 날수만큼 금고형을 받았다. 어느 정도 벌금은 구금 하루를 5000원으로 환산했다. 즉, 벌금이 10만 원이면 20일 동안 구금되었다. 다만 벌금이 고액이면 소득에 따라 하루에 해당하는 구류 환산액이 달랐다. 구금 도중에라도 벌금을 치르면 언제라도 구금이 해제되어 석방되었다.

티엔리민에게 중국어를 가르쳐 달라고 부탁했더니 기꺼이 받아 주었다. 통방은 원래 안 되지만, 중국어를 배운다고 하니 교도관도 제지하지 않았다. 일요일에는 내가 그의 방으로 가거나 그가 내 방으로 와서 중국어를 공부했다. 열흘간 단식한 성과로 처우가 유연해졌다. 그가 출소할 때까지 넉 달 동안 주로 발음과 성조를 배웠다. 열심히 배우니 성의 있게 가르쳐 주었다. 넉 달을 배우고 나서 소리 내어 중국어책을 읽었다. 티엔리민은 무슨 뜻인지 충분히 알아들을 정도로 내 발음이 향상했다고 말했다.

중국어를 공부한 지 1년이 지날 무렵, 일본 구원회에서 중국어책을 세 권 보내 주었다. 교무과 전담반에서는 중국어를 아는 사람이 없어서 그대로 허가증을 붙여 주었다. 담당 교회사가 내게 이 책에 불허할 만한 내용이 있으면 알려 달라고 부탁했다. 나는 그러겠다며 책을 받았다. 책에 불허될 내용이 있대도 일부러 알려 책을 반환할 바보는 없다. 홍콩에서 발간한 경제학책, 베이징에서 발간한 소설집이었고, 나머지 한 권은 일제 점령하 만주에서 공산주의 활동을 한 조선인의 전기였다. 경제학책과 전기는 읽기 쉬웠다. 거의 사전을 찾지 않고 술술 읽었다. 그러나 소설은 어려웠다. 사전을 찾느라 시간을 많이 썼다.

고문보다 힘든 기억

단식투쟁 두 달 뒤, 2사 하 중방을 공안수가 모두 차지했다. 아침부터 저녁까지 문을 잠가 두지 않아 다른 방에 가서 함께 밥을 먹거나 바둑을 두었다.

겨울이 되면 교도소 측에서 양심수 전원과 병든 일반수에게 플라스틱제 탕파를 내주었다. 특별히 따로 만든 게 아니라 일회용 플라스틱제 엔진오일 용기 등을 대용으로 썼다. 뚜껑을 잘 잠그지 않으면 밤에 잘 때 뜨거운 물이 새서 이불을 적셨다. 용기를 세워 놓고 자다가 잠결에 탕파를 넘어뜨리면 뜨거운 물이 새어 나왔다. 광주교도소에서 함께 이감해 온 이민호가 주전자에 물을 끓여 양심수 전원에게 탕파용 뜨거운 물을 공급했다. 그가 운동하러 나가면 나나 김창규라는 젊은 양심수가 대신 물을 끓였다.

이민호는 일반수 여럿에게도 뜨거운 물을 나눠 주었다. 그들은 고맙다며 답례로 닭고기·소시지·빵·주스 등 구매부에서 파는 음식물을 주었다. 저녁이나 밤에 이민호가 나를 불러 받은 것을 나눠 주었다. 이웃 방이라 뒤쪽으로 난 창에서 손을 뻗으면 물건을 주고받을 수 있었다.

대구에 막 왔을 때 이민호는 영치금이 없어 고생했다. 나는 8사에 있다가 2사 하 14방으로 오고서야 그 사실을 알았다. 두세 달 뒤에 그에게 영치금이 올 때까지 나는 그에게 필요한 것을 사

주었다. 그는 그 일을 끝까지 잊지 않았고, 여러 면에서 내게 잘해 주었다.

겨울이 되어 복도에 난로를 설치하면 광주교도소에서처럼 이민호가 찌개를 끓였다. 다른 사람들도 보탰지만, 일반수들이 준 닭고기와 소시지를 포함해 찌개 재료 중 반 이상을 이민호가 혼자 준비했다. 모두 둘러앉아 그가 끓인 찌개를 나눠 먹었다.

이민호는 전라도에 있는 고등학교를 졸업하고 서울에 올라와 장사를 했다. 양계장에서 닭을 사다 도축해 정육점에 되팔았다. 이익이 적어 그다지 돈벌이가 안 되었다. 그래서 제주도로 내려갔다. 친한 친구에게 부탁해 수영 팬티를 한 보따리 받았다. 낯선 제주도에서 이곳저곳을 걸어 다니며 수영 팬티를 팔았다. 번 돈으로 도매시장에 가서 여러 상품을 사다 되팔았다. 어느 정도 돈이 모이자 작은 가게를 열었다. 열심히 일하다 보니 어느새 집도 장만했다.

그가 살던 집은 5층 건물이었는데 어느 날 옥상에서 술을 마시다 취해 아래로 떨어졌다. 왼발을 심하게 다치고 허리뼈가 구부러졌다. 왼쪽 넓적다리뼈는 밖으로 튀어나오고 무릎의 넓적한 뼈는 흩날려 없어졌다. 일단 병원에서 치료했지만, 의사는 왼발을 잘라야 한다고 했다. 그러자 그는 "죽으면 죽었지 절대로 자를 수 없다"고 했다. 그의 형은 전남대학교병원의 외과 부장이었다. 오랫동안 소식을 끊은 형에게 연락해 다친 사정을 설명했다.

수술받기로 하고 제주공항에서 광주행 비행기를 기다리는데 끔찍한 고통에 시달렸다. 마침 병원에는 세미나 차 일본에서 온 외과 박사가 있었다. 이민호의 형은 일본인 외과 박사에게 수술을 부탁했다. 복잡하게 골절한 뼈를 연결하려면 고도의 기술이 필요했다. 시간도 오래 걸렸다. 엉덩뼈를 깎고, 그것을 왼쪽 무릎 안에 끼워 무릎의 넓적한 뼈를 대신했다. 구부러진 허리뼈를 똑바로 하려고 그를 침대에 붙들어 매 못 움직이게 하고, 다리뼈에 연결된 철사에 추를 달아 침대에서 늘어뜨렸다. 그 추로 그의 왼발 뼈와 허리뼈가 똑바른 상태로 유지되었다. 여섯 달 동안 침대에 묶여 움직이지 못했다.

여섯 달 뒤, 부러진 다리뼈가 제대로 붙었다. 허리뼈도 곧게 되었다. 그러나 왼발은 3센티미터가 짧아졌다. 그래도 다리 절단보다 훨씬 나았다. 반년이나 몸을 전혀 못 움직여 몸 쓰기가 마음 같지 않았다. 날마다 필사적으로 재활 훈련을 했다. 그러자 조금씩 몸이 움직였다. 권투를 배운 적이 있어 운동하는 요령을 잘 알았다. 석 달간 재활하자 일상생활을 할 만큼 회복되었다. 퇴원해 제주도로 돌아가서도 열심히 운동을 계속했다.

모은 돈은 모두 병원비로 나갔다. 몸이 회복되자마자 다시 장사를 했다. 여러 해 고생한 끝에, 생활에 여유가 생기자 급한 성격을 바꿀 양으로 낚시를 취미로 삼았다. 물고기를 낚으려면 침착하고 느긋하게 기다릴 줄 알아야 했다. 그는 한 가지 일에 열중하는 유형이라 낚시에 푹 빠졌다.

하루는 낚시 친구 몇 사람과 배를 타고 서해 먼바다까지 나갔는데, 예상치 못한 폭풍우를 만나 배가 북한 영내로 표류했다. 북한 해양경비대가 그들을 보호했다. 사정을 이야기하자 그들을 어느 숙소로 안내했다. 그곳에서 1년을 보냈다.◆

북한 측은 이들에게 평양을 비롯해 각지를 견학시키고 잘 대우해 주었다. 북한의 우수성이나 남한의 모순점을 학습했지만, 이민호는 절대로 믿지 않았다.

북한에서 체류한 지 1년쯤 될 무렵 그들은 모두 남쪽으로 돌아왔다. 이민호가 대표로 감사문을 낭독했다. 그 모습이 북한 텔레비전에 방영되었다. 남쪽에 도착하자마자 그들은 보안사로 끌려가 심하게 고문당했다. 북쪽에 다녀온 사람은 사정을 가리지 않고 모두 고문했다. '의심스러우면 처벌한다'는 게 당국의 방침이었다. 수사가 끝나고 모두 석방되었다.

그런데 몇 년 뒤, 이민호만 재수사를 받았다.◆◆ 수사관은 그에게 감사문을 대표로 낭독한 장면을 비디오로 보여 주었다. 수사 당국은 북한에서 방송하는 텔레비전과 라디오 프로그램을 대부분 녹음·녹화했다. 그는 살려고 그럴 수밖에 없었다고 말했다. 하지만 수사관들에게 사실이나 진실은 아무 상관이 없었다.

이민호는 죽도록 얻어맞았다. 수사관들은 그에게 잠 안 재우

◆ 당시 언론에서는 1980년 12월 2일 어업 중이던 제2 태창호가 북한에 납북되어, 선장을 포함한 선원 여섯 명과 어부 11명 등 총 17명이 강제 억류 244일 만인 1981년 8월 4일 인천항으로 귀항해 8월 11일 기자회견을 했다고 보도했다.

◆◆ 북한에서 귀환하고 3년 뒤인 1984년 10월 13일 국군 보안사령부가 '간첩 여섯 개 망 여섯 명을 검거 및 구속'을 발표했다. 그중 한 개 망이 이민호이고, 앞서 이야기한 조신치·조일지·윤정헌이 다른 세 개 망 간첩으로 발표되었다. 그날 『경향신문』 관련 기사 중 「개인별 범죄 사실」에 나온 이민호의 범죄 사실은 '납북 어부로 북한에 체류하는 동안 각종 간첩 교육을 받았다. 귀환 후 제주 해안 경비 실태, 함정 동향 등을 수집하고 서민층에 지하조직을 구축하려 했다'는 것이다.

기 고문, 물고문, 전기 고문 등 온갖 고문을 해댔다. 그에게 제일 괴로웠던 고문은 '통닭구이 고문'이었다. 손목과 발목을 포승으로 묶은 상태로 통나무에 걸어 놓고는 수사관이 그의 옆구리를 발로 찼다. 그러면 몸이 공중에서 통나무 주위를 한 바퀴 돌았다. 그렇게 여러 차례 돌고 나면 손발이 아파 견딜 수 없었다. 그게 끝이 아니었다. 수사관들은 통나무에 매단 그가 얼굴을 못 움직이게 머리카락을 잡아서 수건을 덮어씌운 다음 주전자에 든 물을 코와 입에 들이부었다. 그러기를 몇 차례 되풀이했다. 그다음에는 주전자 물에 고춧가루를 타 코와 입에 들이부었다.

이민호는 고문 끝에 그들의 지시대로, 북한 당국에 포섭되어 간첩 행위를 했다고 '자백'했다. 한국의 재판에서는 자백이 중요한 '증거'가 되었다. 이 증거를 기본으로 그의 '죄'가 입증되어 재판에서 12년 징역형을 받았다.

이민호에게는 고통스러운 기억이 하나 더 있다. 군 복무 중에 베트남에 파견된 것이다. 이민호가 베트남전쟁에서 겪은 일을 이야기해 주었다.

"베트남에서 미군이 저지른 만행은 상당했어. 미군 병사는 베트콩(남베트남민족해방전선 병사)을 생포하면 장기 휴가를 받아. 베트콩을 생포하려면 베트콩이 있는 정글 속으로 들어가서 치열한 전투를 벌여야 했는데, 미군이 베트콩을 죽이거나 생포하는 것보다 베트콩에게 총살되는 경우가 훨씬 더 많았어. 생포는 못 해도 베트콩을 사살한 인원수에 따라 휴가 일수가 결정돼. 물론 생포할 때보다는 휴가 일수가 짧지. 그래서 미군은 어느 마을을 습격해 여성들을 강간하고 마을 사람을 몰살했어. 시체마다 양쪽

귀를 잘라 주둔지로 가져갔어. 귀 두 개당 한 명으로 간주해 휴가 날수를 정했지. 귀를 보고 베트콩인지 민간인인지 구별하기는 불가능하잖아."

침략군의 도덕적 폐퇴가 베트남에서 노골적으로 나타났다.

"우리 부대가 미군 부대와 함께 정글을 행군하는데 갑자기 총성이 울렸어. 어디에서 쏘는지 모르니 더 공포에 떨었지. 총성이 들리자마자 모두 당황해 아무 데나 숨었어. 나는 작은 구멍을 찾아 머리와 몸뚱이는 숨겼지만, 엉덩이는 그대로 밖에 나와 있었어. 얼마나 두려웠는지 그럴 수밖에 없었네."

거기까지 말하고는 더 이야기하지 않았다. 그는 자신이 보안사에서 고문받은 이야기는 곧잘 했다. 그러나 베트남전 체험담은 딱 한 번, 그것도 이야기하다가 심각한 표정이 되어 중도에서 멈췄다. 누구나 견디기 힘든 고통은 말하기 싫어한다. 그가 베트남에서 겪은 일은 보안사에서 당한 고문보다 그를 더욱 고통스럽게 했다.

이민호는 운동 시간에 열심히 달렸다. 왼발이 3센티미터 짧아 달리는 모습이 어색했지만, 보통 사람보다 잘 달렸다. 그는 방에서도 자주 운동했다. 그래서 그의 몸은 힘찬 근육질이었다.

날조된 사건들

내 방 맞은편 대방 2사 하 12방에 동춘이라는 일반수가 있었다. 이 방은 고혈압이나 당뇨 등 병을 앓는 사람들이 지내는 환자 방이었다. 동춘은 뇌전증 환자였다.

어느 날 아침 세면 시간이었다. 복도 끝, 철 격자문 앞에서 동춘이 서성였다. 거기에서는 밖이 잘 보였다. 가만 보니 격자문 가까이에 종이로 싼 담배가 떨어져 있었다. 동춘이 철사로 담배를 질질 끌어와 주워서는 자기 방 소지품 속에 숨겼다.

그런데 누군가 이 사실을 밀고했다. 동춘은 1사 하 조사방에 갇혀 교도관에게 심문을 받았다. 그는 담배를 주운 일이 없다며 시치미를 뗐다. 그래놓고는 조사방에서 몰래 담배를 피우다 발각되어 결국 징벌을 받았다. 담배를 몸에 숨겨 갈 생각을 하다니 사람이 간도 컸다.

동춘이 징벌을 다 받고 다시 환자 방으로 돌아온 얼마 뒤, 그 방 사람이 한 명 죽었다. 천○○ 부장이라는 교도관이 재소자와 말다툼을 벌이다 모욕적인 말을 듣고는 무자비하게 폭행해 벌어진 일이다. 교도관이 재소자를 죽인 사실이 드러나면 죽인 교도관만 처벌받는 게 아니라 간부들도 책임을 추궁받는다. 교도소 측은 이 사건을 아주 다르게 꾸며 냈다. 천 교도관의 폭행 사건이 일어나기 전, 동춘이 죽은 재소자와 말다툼한 사실을 알고는 동춘을 살인범으로 만들기로 했다.

"자네가 때렸다고 하면 처우를 잘해 주겠네."

교도관들은 동춘을 꾀었다. 동춘은 꾐에 넘어가 그를 때렸다고 조서에 썼다. 첫 검취(검사의 취조)에 가서도 동춘은 그를 때렸다고 진술했다. 동춘은 그를 죽인 범인이 되었다.

그런데 동춘이 곰곰 생각해 보니 아무래도 이 일이 자신에게 심각한 불이익을 줄 것 같았다. 다음 검취에서는 그를 때린 적이 없다고 부인했다. 검사는 화가 나서 "했다고 인정했으면서 왜 인

제 와서 하지 않았다고 하느냐"며 동춘을 폭행해 어깨뼈를 부러

뜨렸다.

우리는 4사와 5사 사이에서 운동했다. 4사와 5사는 출역수 사

동이라 낮에는 아무도 없었다. 단, 4사에 있는 독방 두 곳에 문제

가 있는 재소자를 수용하기도 해 그럴 때는 낮에도 사람이 있었

다. 운동 시간에 4사 독방을 들여다보니, 거기에 동춘이 있었다.

동춘은 어깨에 깁스를 한 채 우울한 표정으로 있었다. 그는 결국

교도관과 검사의 함정에 빠져 폭행치사죄로 2~3년 추가 형을 받

았다.

대구교도소에 전해 내려오는 이야기가 있었다. 이때에서 10

년도 더 전에 일어난 일이다. 어느 공사 현장에서 아이 시체가 발

견되었다. 경찰 당국은 살인 사건이라 보고 수사를 시작했다. 그

런데 아무리 수사해도 범인이 누군지 알 수 없었다. 경찰은 범인

을 꾸며 내기로 했다. 감옥에 복역한 재소자를 범인으로 특정하

고, 한밤중에 교도소에서 빠져나가 아이를 죽이고 다시 교도소로

돌아왔다는 줄거리를 만들었다. 재소자가 교도소에서 밖으로 나

갈 때 통과해야 하는 영역을 경비한 교도관들을 공모자로 삼아,

사동에 근무하던 야근 담당과 복도를 경비하던 부장, 정문을 경

비하던 담당이 공모해 아이를 죽이는 데 도움을 주었다고 조서를

작성했다. 재소자와 교도관 세 명이 경찰서에서 무자비하게 고문

받고 사건이 날조되었다.

형사는 재소자에게 공소 내용을 시인하면 형량을 가볍게 해

주고 처우도 잘해 주겠다고 유혹했다. 그는 재판에서 공소 내용

을 시인했다. 그러자 교도관들은 그에게 어찌 그런 바보 같은 짓

을 하느냐며 한탄했다. 1심 재판에서 재소자는 사형, 교도관은 무기부터 15년 형까지 선고되었다. 사형 판결을 받고 비로소 속 았다는 것을 깨달았지만, 이미 늦었다.

즉시 모두 항소했다. 2심 재판이 진행되는 동안에 진짜 범인 이 자수했다. 범인은 공사 현장에서 불도저를 운전하던 사람인 데 부주의로 아이를 치어 죽였다. 진짜 범인이 나타나 네 사람은 모두 무죄가 됐다. 교도관들은 죄가 없는데도 가혹한 처사를 받 아, 보상으로 1계급 특진했다.

그때 부장이던 교도관이 나중에 보안과장이 되었다. 그는 양 심수들에게 "당신들의 심정을 잘 이해한다"고 했다. 오랫동안 대 구교도소 사람들 사이에 전해졌고, 지금도 전해질 것이다.

마비된 몸, 아픈 마음

2사 하 6방에 정용호라는 양심수가 있었다. 그는 학식이 있 었고 성격도 온화했다. 경상남도 진주가 고향으로, 일제강점기 에 일본 고베에서 상선학교를 졸업하고 항해사로 일했다. 전쟁 시기에는 항해사가 부족해 대우가 좋았다. 조선인 항해사라도 봉 급이 괜찮았고 대우도 일본인과 똑같았다.

해방 뒤에는 진주로 돌아와 남로당 진주 지부 간부를 맡았다. 한국전쟁이 일어나기 전, 남한 각 지역에서 몇 명씩 추천돼 북한 에 가서 군사훈련을 받았는데 그도 포함돼 다녀왔다. 전쟁 전에 는 남북의 경계가 그다지 엄격하지 않아 비교적 자유롭게 왕래 했다. 군사훈련을 받는 동안 김일성이 방문해 만나기도 했다.

한국전쟁이 발발하자 정용호는 진주에서 유격대 소대장을 맡았다. 석 달 뒤 진주가 인민군과 국군의 전선이 되었다. 하루는 백마 탄 김일성이 중령 계급장을 달고 최전선을 시찰하는 모습이 보였다. 김일성이 다가오자 그는 김일성에게 인사하고 악수했다.

정용호는 유격대 투쟁 중에 국군에 잡혀 전라남도 광주에서 수사받다가 전라북도 남원으로 옮겨 계속 수사받았다. 수사는 고문으로 이어졌다. 날카로운 못이 박힌 판자 위를 맨발로 걷게 하거나, 한겨울에 알몸으로 얼음덩어리를 안게 하는 등 참기 어려운 고문이 끝없이 이어졌다. 그러는 동안 몸 여기저기 뼈가 부러져 나갔다.

고문하다 사람을 죽여도 문제 되지 않던 시절이었다. 1960년대 이후의 고문과 비교되지 않을 만큼 지독했다. 실제 고문으로 죽은 사람도 많았다. 미군 수사관이 직접 고문할 때도 있었다. 미군은 포로 취급에 대한 국제조약*을 위반했다.

정용호는 온몸이 붓고 거의 마비되어 걷지 못했다. 구치소로 옮기고 나서도 쭉 드러누운 채 지내야 했다. 검찰청에 그를 데려갈 수 없는 상태라 검사가 그의 방으로 찾아와서 취조했다.

재판이 시작되자 정용호의 가족은 집 한 채 값이 넘는 돈을 마련해 재판장을 매수했다. 이 정도 돈이라면 유격대원은 무죄 석

◆ 제네바협약(1949년) 중 제3 협약「포로의 대우에 관한 협약」은 전쟁 포로는 차별 없이 인도적으로 대우받아야 하며, 폭행·고문·학대·상해·살인당해서는 안 되며, 인간 존엄성에 대한 침해와 모욕적이고 치욕적인 대우를 금지한다는 내용을 바탕으로 한다.

방이 가능했다. 하지만 그는 남로당 진주 지부 간부에 유격대 소대장까지 했던 터라 12년 형을 받았다. 재판장을 매수하지 않았다면 사형 판결을 내렸을 게 틀림없다.

물자가 절대적으로 부족했던 1950년대의 옥중 생활은 고생이 이만저만 아니었다. 정용호는 젊어서 그럭저럭 견뎠다. 1960년에 4·19 민중 봉기로 이승만 독재 정권이 쓰러진 뒤에 남은 형기 중 반이 감형되었다. 복역을 다 마치고 출소해서는 진주에 있는 집에서 조용히 살았다.

그런데 6~7년쯤 지나 경찰이 정용호를 납치했다. 진주에서 일어난 살인 사건을 놓고 그를 추궁했다. 수사는 경찰과 중앙정보부가 합동으로 했다. 단순한 살인 사건이라면 보통은 경찰이 단독으로 수사하는데, 중앙정보부가 개입한 것으로 보아 분명 정치적 음모가 있었다.

정용호는 열흘간 한숨도 못 잔 상태에서 온갖 고문을 당했다. 소금을 뿌린 밥을 먹이면서 물은 한 모금도 주지 않아 목이 말라 죽을 지경이었다. 쇠고리와 쇠공이 연결된 족쇄를 두 발에 채워 걷게 하는 고문은, 무거운 쇠공이 발 뒤쪽에서 부딪칠 때마다 몹시 아프고 참기 어려웠다.

살인 사건과 아무 관계가 없는 그에게서 살인했다는 구체적인 정황이 나올 리 없었다. 하지만 고문이 끝없이 이어지자 그는 경찰과 중앙정보부가 날조해 작성한 서류에 서명했다. 재판에서는 무기형이 선고되었다.

정용호는 살인죄로 징역형을 받았지만 공안 요시찰 대상이라 공안 사범과 함께 수용되었다. 그는 이전에 출소하면서 사상을 전향하지 않았다. 이번에 무기형이 확정되고 나서 다시 전향을 강요당했다. 살인 사건이 아니라 정치적인 이유로 갇혔음을 짐작케 했다.

정용호는 비전향수 사동인 1사 하 독방에 수용되고 나서 뇌혈관이 터져 반신불수가 되었다. 그러자 교도소 측은 그를 도울 양심수 두 명을 같은 방에 수용했다. 3제곱미터 남짓한 공간에 세 명이 생활하자면 비좁아 불편했지만, 두 사람은 정용호를 진심으로 돌봤다. 한 사람은 영치금으로 구매물을 넉넉히 사서 그에게 충분한 영양을 공급했다. 영양실조로 생긴 고혈압 탓에 뇌출혈이 일어났으니 충분한 영양 공급이 필요했다. 다른 한 사람은 마사지를 잘해 정용호의 굳어진 근육을 풀었다.

발병하고서 정용호는 전혀 걸을 수 없었는데 날마다 연습하자 조금씩 걷게 되었다. 그에게는 운동 시간이 제한되지 않았다. 끈질기게 신체 기능 회복 훈련을 하자 마비된 오른쪽 반신이 차츰 나아졌다. 내가 그를 알게 된 1989년에는 몸의 기능이 대부분 회복되었다.

정용호가 있던 2사 하 6방에 정신장애인이 한 명 있었다. 젊은 시절에 한국 첩보 기관에서 훈련받고 북한에 파견되었던 사람이다. 여러 해 지나 다시 남쪽으로 돌아왔을 때, 한국 첩보 기관은 그를 이중간첩으로 의심해 잡아들였다.

몇 해 뒤 출소한 그는 정신에 문제가 생겼다. 이상한 행동을 했고, 언제나 북쪽이나 남쪽의 정치에 관해 혼자 떠들어 댔다. 가만 들어 보면 〈국가보안법〉에 어긋나는 내용이 부분적으로 있었다. 그의 아들은 아버지가 부담스러워 집에서 내쫓을 양으로 그 말을 녹음해 경찰에 아버지를 고발했다. 그가 하는 말은 앞뒤 관계가 전혀 안 맞아 누가 들어도 이상했다. 그럼에도 무조건 기소되었고, 내가 그를 보았을 때는 2년가량 형을 받아 복역 중이었다.

그는 혼자 이상한 말을 자주 했다. '빨갱이'는 나쁜 놈이고 죽여야 한다며 빨갱이 욕을 실컷 했다. 그러다 갑자기 자신이 빨갱이라고 했다. 누군가 북한을 나쁜 사회라고 하면, 몇 가지 예를 들어 북한은 좋은 사회라고 반박했다. 다른 사람이 북한은 좋은 사회라고 두둔하면, 다시 구체적인 예를 들어가며 북한은 나쁜 사회라고 반박했다. 그에게는 반박성 히스테리 증상이 있었다.

가끔 무슨 편지를 쓰는데, 내용이 조화롭지 않고 조현병 증상이 뚜렷했다. 편지에는 〈국가보안법〉에 위반되는 내용도 들어 있었다. 다른 사람이라면 기소됐겠지만, 본무 담당은 그에게 "당신은 편지에 무엇을 써도 괜찮다"고 했다. '당신은 정신장애인이므로 무엇을 써도 법적인 문제가 되지 않는다'는 의미였다.

그는 기분이 나쁘면 교도관이든 재소자든 가리지 않고 욕했다. 아무리 이유를 따져 물어도 소용없고 피곤한 일이라, 사정을 아는 사람들은 그가 무례한 짓을 해도 내버려 두었다. 어느 날엔가는 임시로 교대 온 교도관에게 침을 뱉어 관구실로 끌려가 수갑과 포승에 묶였다. 그러자 어떤 주임이, 머리가 이상한 사람이니 그 이상은 하지 말라고 했다. 교도관도 그가 정신장애인이라는 사실을 알고는 수갑과 포승을 풀고 그대로 돌려보냈다.

사교댄스를 배우러 온 사람들

환자 방 양심수 김동주◆는 고혈압 증상이 있었지만, 두부 공장에 출역했다. 구속되기 전에는 부산에서 사교댄스를 가르쳤다. 가끔 일본에 사는 친척 집을 방문할 때면, 친척과 함께 일본 댄스홀에 놀러 가 사람들과 어울려 춤을 추기도 했다. 능숙한 솜씨에 사람들이 감탄했다.

어느 날, 김동주는 부산에서 안기부 요원에게 납치되었다. 안기부 부산 지부 수사실에 들어서자마자 얻어맞았다. 그러고 얼마 뒤, 선글라스를 낀 남자 세 명이 나타났다.

"우리가 누군지 아는가?"

세 남자가 선글라스를 벗었다. 모두 자주 본 얼굴이었는데, 사교댄스를 배우러 온 사람들이었다. 여태 자신을 감시하려고 춤을 배우러 왔음을 비로소 깨달았다.

본격적인 고문은 이제부터였다. 김동주는 뭐가 뭔지도 모르는 채 육체적·정신적 고통에 끝없이 괴로워했다. 아무리 고문해도 수사관들이 바라는 말은 나오지 않았다. 수사관들은 각본을 만들어 그에게 베껴 쓰게 했다. '일본에서 조총련 사람과 만나 그의

◆ 1983년 7월 13일 국가안전기획부가 '세 개 간첩망 여섯 명 검거, 이 중 세 명은 구속 송치하고 한 명은 불구속 송치, 두 명은 훈계방면'을 발표했다. 구속 송치된 김동주는 북한 공작원에게 포섭돼 국내 고정간첩으로 암약하며 부산 내 군부대의 위치와 경비 상황 등을 탐지했다고 발표했다(『경향신문』 1983년 7월 13일자).

지시에 따라 한국에서 간첩 활동을 했다'는 내용이었다. '안기부는 간첩을 찾아내는 기관이 아니라 간첩을 만드는 기관'이라는 말이 정말로 맞다.

수사가 일단락되고서야 수사관들은 김동주의 다친 몸을 치료했다. 몸이 어느 정도 회복되자 그들은 김동주더러 춤을 가르쳐 달라고 했다. 김동주는 자신이 처절하게 고문당한 수사실에서, 자신을 가혹하게 고문한 수사관들에게 춤을 가르쳤다.

그가 잡히고 생활이 곤란해진 아내는, 아이와 둘이서 겨우 잘 만한 작은 방을 얻어 힘들게 지냈다. 불평 한마디 없이 남편을 돌봤으며, 그가 출소할 때까지 견디면서 기다렸다.

김동주는 〈국가보안법〉 위반으로 10년 징역형을 선고받았는데 8년쯤 복역했을 무렵 가석방되었다. 그는 가족을 부양하려고 공사 현장으로 일을 나갔다. 안전관리가 철저하지 않아 건설 현장에서는 사고가 빈번했다. 높은 곳에서 한창 일하던 그는 떨어져 죽었다. 그렇게 다시는 춤을 추지 못했다.

어느 피디 이야기

2사 상 12방은 교육생 방이다. 재소자들이 검정고시로 중학교나 고등학교 졸업 자격을 얻으려고 공부하는 방이다. 거기에 황○○이 있었다. 1989년 〈국가보안법〉 위반으로 3년 형을 받았다. 나와 동갑으로 서울대학교 언어학과를 졸업했다. 그 방에서 영어, 수학 등을 가르쳤다. 교사 역할로 처우를 잘 받았지만, 일반 수와 함께 생활하기가 부담되어 2사 하, 좁은 독방으로 옮겼다.

황○○은 학교를 졸업하고 증권회사에서 일하다 KBS(한국방송공사) 피디 모집 시험에 응모해 합격했다. 그는 피디가 되고서도 증권투자를 했다. 돈을 빌려서까지 주식거래를 하다 크게 손해를 봤다. 막대한 빚에 시달리다가 북한으로 도피하기로 마음먹고, 홍콩을 경유해 북한으로 갈 루트를 알아봤다.

그의 아내는 북한에 가자는 제안을 거절했다. 아내를 설득하려고 동남아시아 각국을 함께 돌다가 일단 헝가리로 가서, 아내는 헝가리에 머물고 그 혼자 북한에 가기로 합의했다. 그러나 부부는 인도네시아 자카르타공항에서 헝가리행 비행기를 기다리다 안기부 요원에게 잡혀 서울로 연행되었다. 그가 너무 자주 동남아시아 각국을 다니는 게 미심쩍어 안기부에서 내내 이들을 감시했다. 재판에서 황○○은 3년 형을 받았고, 아내는 집행유예로 석방되었다.

그는 자신의 형이 안기부 영남 지부 국장이라고 했다. 어느 날, 이장형이 관구실에서 보안과 소속 양심수 담당인 이 계장과 상담을 하는데, 마침 황○○이 들어왔다. 이 계장은 그에게 다짜고짜 이런 말을 했다.

"안기부에 있는 네 형 한 번 만나게 해줘."

이 계장은 황○○의 형이 안기부 요원이라는 사실을 양심수에게 흘려 그와 다른 양심수 사이를 이간시키려고 노렸다. 이장형은 그 사실을 아무에게도 말하지 않았지만, 황○○은 이장형이 다른 사람에게 이야기할 거라고 지레짐작해 우리에게 자기 형이 안기부 영남 지부 국장이라고 밝혔던 것이다.

황○○의 형은 가끔 와서 교무과 전담반에서 특별 면회를 했다. 형이 면회하러 오면 교도소 간부들이 긴장했다. 소장도 그 형에게는 감시 대상이라 고개를 숙였다. 이 면회 때 권○○ 계장이 꼭 입회했다. 권 계장은 황○○을 담당하는 교회사가 아니었는데 주제넘게 참견해 자기가 면회를 준비해서 입회했다. 원래 담당 교회사는 김○○이라는 50대 여성이었다. 김 교회사는 점잖고 마음이 넓어 자기 업무를 조금 침해받아도 별말 하지 않았다. 권 계장은 황○○에게 형한테 전할 일이 있으면 언제라도 자신에게 이야기하라고 했다. 권 계장은 자신의 출세를 도모할 요량으로 어떻게든 자주 접촉하려고 했다.

소장은 황○○의 형을 싫어했다. 소장이 수뢰죄로 갇힌 경북 도지사에게 빈번히 특별 면회를 시켜 주고 학생들이 단식투쟁을 해도 탄압하지 않았다고 그 형에게 책임을 추궁받고 궁지에 몰린 적이 있었다. 그래서인지 소장은 2사 하를 순시할 때, 나에게는 여러 번 인사하며 말을 건넸지만, 황○○에게는 한 번만 인사했을 뿐이다.

황○○은 내 방에서 아침을 함께 먹었다. 밥은 혼자 먹기보다 둘이 먹으면 더 맛있다. 재미있는 이야기도 들으니 즐거웠다. 그는 2.5제곱미터 넓이의 좁은 독방에 있기가 불편해 더 넓은 방으로 옮겨 달라고 이 계장에게 요구했다. 이 계장은 8사에 있는 3제곱미터 남짓한 독방으로 옮기면 어떻겠냐고 제안했다. 황○○은 계장의 제안이 괜찮은지 나에게 상담하러 왔다. 나는 8사 독방에서 지냈기에 그 방을 잘 알아 조언했다.

"8사 독방은 2사 독방보다는 좋지만, 8사 자체가 비좁고 불편한 사동이라 안 가는 게 좋겠네."

이 계장은 병사 하에 있는 5.6제곱미터 넓이의 독방을 다시 제안했다. 내가 그건 좋다고 하자, 병사 하로 옮겼다.

출역하지 않는 미지정 공안 사범은 병사 하 독방, 2사 하 독방과 중방, 3사 하 독방에 있었다. 미지정 공안 사범은 교무과 교실에서 VTR로 일주일에 한 번, 함께 영화를 보았다. 주로 한국과 미국, 홍콩 영화를 보았다. 이때, 전담반에서 인스턴트커피, 크림, 설탕, 물 끓이는 포트, 컵, 숟가락을 가져와 커피를 마셨다. 교도소에서 커피를 마실 기회는 이때뿐이었다. 두 시간가량 영화를 보는 동안 우리는 커피를 두세 잔씩 마셨다. 특히 황○○은 커피를 무척 좋아했다. 설탕이나 크림을 넣지 않고 마셨다. 피디로 일할 때, 하루에 예닐곱 잔은 마셨다고 한다. 그는 교무과에서만 마시는 것으로는 부족해 커피 가루를 남몰래 가져가 자기 방에서도 마셨다. 전담반 직원은 커피 가루가 쑥 줄어든 것을 보고 누군가 남몰래 가져간 걸 눈치챘지만, 아무 말도 하지 않았다. 그 교실에서 영화를 보는 것보다는 커피를 마시면서 동료들과 이야기하는 게 더 재미있었다. 과자도 가지고 가서 모두 함께 먹었다.

공부하는 깡패

2사 하에는 징벌방이 여섯 개 있었다. 1.7제곱미터 넓이에 화장실에는 문이 달려 있지 않았다. 방에 재래식 화장실이 있는 셈이었다. 그래서 안 쓸 때는 꼭 변기 뚜껑을 덮어 놔야 했다.

신호성이라는 깡패는 징벌을 받아서가 아니라 독방이 부족해 어쩔 수 없이 징벌방에서 지냈다. 그는 먼젓번에는 교육생 방에서 지냈다. 고등학교를 중퇴해 검정고시로 고등학교 졸업 자격을 취득하려고 그 방에서 열심히 공부했다. 교육생 중에서 실력이 제일이었다. 공부를 시작하고 1년 후에 검정고시를 보았는데, 그는 교육생 방에서 좀 더 공부하려고 일부러 불합격되게 시험을 쳤다고 했다.

신호성의 실력을 잘 알던 교무과 교육생 담당은 상황을 눈치채고는 "다음에도 일부러 떨어지면 그 방에서 내쫓겠다"며 주의를 주었다. 다음 해 검정고시에서 신호성은 고등학교 졸업 자격을 얻었다. 시험에 합격하면 교육생 방에서 나와 출역해야 했다. 그는 일단 출역했지만, 더 공부하고 싶어서 출역을 그만두고 미지정의 2사 하로 왔다.

신호성은 영어를 열심히 공부했다. 내게 영어 회화를 가르쳐 달라고 했다. 우리는 운동하는 시간을 이용해 공부했다. 먼저 내가 그에게 영어로 여러 이야기를 했다. 그러고 나서 5분이나 10분씩 그가 내게 영어로 무엇인가를 이야기하게 했다. 처음에는 서투르게 몇 마디밖에 못 했지만 조금씩 모양새가 좋아졌다. 사전을 찾아서 미리 영어 회화를 준비하면 이야기하는 데 도움이 된다. 준비하지 않고 바로 영어로 말하면 자주 막히거나 내용이 어색했다. 나는 회화 수업 전에 충분히 준비하라고 여러 번 강조했다.

어느 날 신호성이 물었다.

"실제 영어 회화는 준비 없이 하는 경우가 많지 않나요?"

나는 그에게 자세히 설명했다.

"어학은 예습이 중요해. 자네도 해봤으니 잘 알 거야. 계속 준비해서 연습해 두면 영어 회화 능력이 빠르고 효율적으로 숙달되지. 일정 기간은 잘 준비해 영어 회화를 공부하다가, 실력이 향상되면 그때는 준비 없이 바로 영어 회화를 해도 좋아."

그는 내 이야기에 귀 기울였다. 영어책을 되도록 많이 읽으라고 했다. 영어 문장을 많이 읽어야만 익숙해져서 기초를 다질 수 있기에 그리 지도했다.

신호성은 자신의 어린 시절 이야기, 학교 이야기, 연애 이야기, 교도소에 들어오게 된 이야기를 날마다 조금씩 영어로 말했다. 그는 고등학교를 중퇴하고 깡패 세계에 들어섰다. 경찰서 출입이 잦았는데, 자주 끌려간 경찰서에 있던 여자 경찰관에게 반했다. 인연이 닿아 사귀게 되었고 결혼도 했다.

신호성은 세븐 포커를 전문적으로 하는 도박 깡패였는데 실력이 상당했다. 하지만 도박으로 난투가 벌어져 몇 차례 구속되었다. 아내는 그가 깡패 노릇을 하는 게 싫었다. 그도 이번에 출소하면 새로운 인생을 살리라 결심했다. 그래서 더 열심히 공부했고 노력했다. 신호성은 머리가 좋아 영어 실력이 비교적 빠르게 늘었다. 8개월쯤 배우니 그는 자신이 이야기하고 싶은 내용을 반 넘게 영어로 표현했다.

평범한 사람의 작은 소망

최양준을 처음 만난 건 1983년 어느 수요일, 광주교도소에서 매주 열리는 불교 집회에서였다. 화요일에는 천주교, 수요일에는 불교, 목요일에는 기독교 집회가 열렸는데 당시 나는 종교를 가리지 않고 집회에 나가 사람들을 만났다. 그는 목공장에 출역해 일하느라 종교 집회 말고는 만날 기회가 거의 없었다. 우리는 그 뒤로도 불교 집회에서 자주 만났고, 광주교도소에서 대구교도소로도 함께 이감되어 오래 알고 지냈다.

최양준은 얌전한 사람이었다. 1970년대에 돈을 벌려고 일본에 가서 일했다. 여행비자라 체류 기한이 정해져 있었는데, 비자가 만료되고도 계속 일본에 머물렀다. 즉, 불법체류였다.

1970년대에는 일본에 일거리가 많아 열심히만 일하면 돈을 모을 만했다. 그는 건설 현장에서 목수로 일했다. 번 돈은 자기 생활비만 조금 남기고 나머지를 아내에게 보냈다. 아들이 셋이나 있으니 최대한 돈을 많이 보냈다. 가족과 장래를 위해 아주 열심히 일했다.

그의 직장에는 일본 사람도 있었고 한국 사람도 있었다. 그중에 조총련에 가입한 사람이 있었는데, 직장 동료라 잘 지냈을 뿐 그가 조총련과 관계가 있다는 사실은 전혀 몰랐으며, 정치적 이야기도 별로 나눈 적이 없었다.

그럼에도 1982년 김해공항에서 잡혀 부산 보안대로 끌려가서는 그 조총련 사람의 지시에 따라 활동한 간첩이 되었다. 그가 잘못한 게 있다면 단지 일본에서 불법체류를 한 일이나 다른 사람의 여권을 빌려 쓴 것뿐이건만, 보안대 수사관은 간첩 사건을 꾸미려고 최양준을 무자비하게 고문하고 폭행했다.

아무것도 모르고, 아무것도 안 한 그는 수사관의 질문에 제대로 대답할 수 없었다. 제대로 된 답이 안 나온다며 계속 얻어맞았다. 구타, 물고문, 전기 고문뿐만 아니라 손톱과 살 사이를 바늘로 찌르는 고문을 끊임없이 받았다. 이불 꿰매는 큰 바늘 끝으로 손톱 아래 살을 찌르는 고문은 아주 참기 어렵다. 그때 생각만 하면 여전히 소름 끼친다고 그는 늘 말했다.

지독한 고문을 참을 수 없던 그는, 여기서 이러다 죽을 바에는 아내와 자식 얼굴이라도 한 번 보고 죽자 싶었다. 수사관의 감시가 소홀한 틈을 타 2층 화장실 창문에서 뛰어내렸다. 그 높이에서 몸을 날려 뛰어내리는 것도, 그 작은 창문을 통과하는 것도 불가능에 가까웠다. 오로지 아내와 자식들 얼굴 한번 보겠다는 일념 때문이었다.

막상 떨어져 내린 바닥에는 곳곳에 작살이 박혀 있어서 그대로 발이 찔리고 말았다. 그 아픔은 말로 표현할 수 없었다. 그래도 필사적으로 도망가려고 그곳을 빠져나왔다.

한참을 가다 몸을 숨길 곳을 찾아 어느 집에 들어갔는데 아무도 없었다. 부엌에 작은 거울이 있었다. 몇 날 며칠 고문에 처참해진 얼굴을 처음으로 마주했다. 상처 나고 멍들고 퉁퉁 부은 피투성이 얼굴은 도저히 알아볼 수 없는 몰골이었다. 이 얼굴을 가족에게 보여 줄 수 없었다. 게다가 보안대에서 갈아입힌 군복 차림이었으니 얼마 못 가 다시 잡힐 게 뻔했다.

최양준은 도망하기를 포기하고 부산 보안대 밀실인 '삼일공사'로 되돌아갔다. 처음 보안대에 끌려갈 때 그는 이름을 보고 무슨 회사인가 했다. 사정을 모르는 사람들에게는 일반 회사처럼 보였겠지만, 고문과 조작이 횡행하는 지옥이었다.

부산 보안대에서 1차 조사가 끝난 뒤 그는 서울 보안사 서빙고 분실로 끌려갔다. 보안사 요원들이 그를 어느 방으로 데려가더니 벽에서 단 1초도 등을 떼지 못하게 붙여 세우고는 그대로 여럿이 번갈아 때렸다. 내장이 터져 나가는 듯했다. 결국 조총련 지시로 간첩 활동을 했다는 혐의로 그에게 선고된 징역 15년 형이 확정되었다.

당시 나이 마흔셋. 누군가의 남편이자, 세 아이의 아버지로 열심히 일해 가계를 꾸리려던 소망을 보안사는 철저히 부수어 놓았다.◆

'인간 도살자'의 여러 얼굴

1970년대에 양심수를 전향시키려고 교무과에 양심수 담당 전담반을 설치했다. 여기 소속된 교회사(주임·계장급)와 그 부하들이 고문을 도맡았다. 교회사 가운데서도 박○○ 담당관은 '인간 도살자'로 불릴 만큼 악명이 높았다. 아무리 고문해도 전향하지 않는 양심수에게 "계속 거부하면 박 담당관한테 맡길 거야"라고 공갈할 정도였다. 고문 끝에 신체장애인이 된 양심수도 두 명이나 있었다.

◆ 2011년 3월 26일 최양준은 재심 재판에서 28년 만에 무죄 선고를 받았다. 이 재판을 준비하면서 그 전에 같은 일터에서 일한 조총련계 사람을 찾으려고 여러 차례 일본을 방문했다. 가까스로 찾았는데, 그 사람은 '자기는 조총련에 소속되어 있었지만, 최양준에게 그에 관한 말을 한 적이 없고 최양준과 조총련은 아무 관계도 없다'는 내용의 진술서를 써주었다. 그 진술서를 재심 재판부에 제출하고 무죄판결을 받았다.

박 담당관에게는 몇 가지 얼굴이 있었다. 날카로운 눈초리를 한 험악한 얼굴은 그가 악랄한 사람임을 느끼게 했다. 울적한 얼굴도 있었다. 맥주를 많이 마신 탓에 살찌고 당뇨병도 있었지만, 울적한 얼굴은 병보다는 죄책감 때문이었다. 머릿속에 늘 고문하던 장면이 떠오르지 않았겠는가. 그래서 뻔뻔스럽고 태연한 얼굴 뒷면의 속마음은 언제 보복당할지 몰라 불안했던 것은 아니었을까. 돌이킬 수 없는 범죄를 저지른 사람은 불안과 고뇌로 가득 찬 인생을 보낼 수밖에 없다.

박 담당관이 가끔은 완전히 다른 모습을 보이기도 했다. 원래는 성격이 밝고 말하는 걸 즐겼다. 적극적이고 추진력도 있었다. 교회 등에서 얻은 기부금으로 두 달에 한 번씩 공안 사범들에게 양념 통닭을 비롯해 맛있는 음식을 대접했다.

교회사의 부하로는 말단 교도관이나 악질 일반수가 있었다. 교도관에서는 진○○ 교도관이, 일반수에서는 깡패 김성기와 김두조가 그 역할을 맡았다. 우리가 대구교도소로 옮겼을 때, 진 교도관은 부장으로 승진해 양심수를 교무과로 데려가는 일을 했다. 하수인이었던 김성기는 처음에는 양심수를 고문했지만, 양심수를 자꾸 접하면서 그들의 인간성을 이해하고는 고문에 참여하지 않고, 오히려 양심수를 남몰래 도왔다. 하지만 그의 짝인 김두조는 끝까지 가담했다. 양심수를 세면장으로 데려가 수조에 얼굴을 담그고는 꽉 눌러 물을 먹이거나 몽둥이로 온몸을 난타했다.

1980년대에 들어서는 예전처럼 체계적인 고문은 못 했다. 물론 양심수가 교도소 측을 상대로 투쟁하면 고문하기도 했지만,

보안과에서 일시적으로 하는 고문이었고, 그 강도도 1970년대와는 비교되지 않았다. 우리가 대구교도소에 갔을 때는 박 담당관이나 진 부장도 악질적인 고문은 하지 않았다. 영화를 시청하는 날은, 진 부장이 우리를 각 사동에서 교무과로 데려다주었다. 1970년대에는 양심수를 고문한 교도관으로 유명했지만, 이때는 그런 고문을 할 수 없는 상황이라 진 부장도 비교적 점잖았다.

영화를 보는 교실 옆에는 서예 교실이 있었다. 재소자들이 붓글씨를 쓰거나 그림을 그리는 곳이었다. 한번은 서예 교실에 아는 양심수가 있어서 영화가 시작되기 전에 찾아가 이야기를 나눴다. 그러자 진 부장이 내게 주의를 줬다. 교도소에서는 같은 방 사람 말고는 다른 재소자와 이야기할 수 없는 게 원칙이다. 그러니 진 부장이 내게 주의를 준 건 타당하다. 그런데 내가 다른 일로 2층 교무과 직원실에 갔을 때도 그는 집요하게 같은 얘기를 반복했다. 한도를 넘은 행동을 참기 어려웠다.

"당신, 전에 양심수를 고문했지? 나는 통방해 규칙을 어겼지만, 너는 비인도적이고 악랄한 고문을 했잖나. 내 규칙 위반을 따지려면, 네가 저지른 범죄도 따져야 해."

순간 직원실에 침묵이 흘렀다. 다른 사람 앞에서 옛 악행이 공공연하게 폭로되자, 진 부장은 창백해진 채 아무 말 못 했다.

악랄한 고문을 저지른 것은 진 부장 인생에서 큰 오점이었다. 그 일로 많은 사람의 미움을 사고 위축된 마음으로 한평생을 살아야 한다. 나 같은 사람과 부딪혀 옛 악행이 사람들 앞에서 폭로되기도 할 테고, 이런 일이 또 일어나지는 않을까 늘 걱정해야 한다. 진 부장의 어두운 표정에는 그런 고뇌와 갈등이 드러났다.

교도관의 처지

대구교도소에서도 나는 날마다 운동했다. 밤 10시에 잠들어 아침 5시면 눈을 떴고 방을 정리한 뒤 30분 동안 태권도를 연습했다. 밤에는 요가 운동을 했다. 운동장에 나가는 시간은 오전에 잡힐 때도 있고 오후일 때도 있었다. 운동 시간이 한 시간 반이라 충분히 달렸다. 하루에 30~40분은 달렸다. 달리기 말고도 유구◆를 하거나 사람들과 이야기를 했다. 가끔 남몰래 병사에 찾아가, 그곳 양심수와 이야기하거나 책을 교환하기도 했다.

대구교도소 교도관 중에는 점잖고 마음에 여유가 있는 사람이 많았다. 우리가 대구교도소로 막 이감했을 때는 융통성 없이 굴던 악질 교도관도 있었지만, 그에 항의해 단식투쟁을 한 다음부터는 함부로 우리를 건드리는 일은 없었다.

교도관들 중에서도 특히 운동 담당들이 잘해 주었다. 우리가 규칙을 조금 위반해도 너그럽게 봐주었다. 이는 그들의 처지에서 비롯하는 바도 컸다. 운동 담당은 3교대제로 근무하고, 한 해에도 몇 차례씩 담당을 바꾸어 우리는 여러 운동 담당을 만났다.

그나마 3교대제 근무로 바뀐 것도 우리가 대구교도소로 온 지 몇 달 뒤부터였다. 24시간 맞교대제일 때는 이틀에 한 번꼴

◆ '땅탁구'라고도 불렀다. 땅 위에서 하기에 탁구공 대신 부드러운 테니스공을 썼다. 광주교도소에서도 사람들이 많이 했는데, 라켓이나 네트는 교도소에 있는 목공장이나 양재 공장에서 얻었다. 교도소에서 주최하는 운동회에서 정식 경기 종목 중 하나이기도 했다.

로 야근했다. 야근조는 오전 9시까지 출근해 다음 날 오전 9시까지 근무하는데, 인원이 부족하거나 바쁠 때는 한두 시간 더 연장해 일했다. 즉, 이틀 동안 24시간 이상 교도소에 묶여 있어야 했다.

교도소에서는 밤 근무를 '전야'와 '후야'로 나눴다. 전야 근무자는 오후 8시부터 오전 1시까지 일하고, 오전 1시부터 아침 7시까지 잠을 잤다. 반대로 후야 근무자는 전야 근무자가 일하는 시간에 잠자고, 잠자는 시간에 일했다. 근무자들은 전야와 후야를 번갈아 했다. 전야 근무면 먼저 일하고 오전 1시부터 자니 잘 만하지만, 후야 근무면 초저녁인 오후 8시에 미리 자두어야 하는데 이 시간에는 바로 잠들기가 어려웠다. 정해진 수면 시간 다섯 시간 가운데 실제 자는 시간은 서너 시간 정도라 늘 잠이 부족했다. 그러다 보니 교도관들은 새벽 시간에 기회만 되면 앉아서 졸았다. 근무 중에 자다 간부에게 발각되면 혼나지만, 몸이 피곤하니 어쩔 수 없었다.

3교대제가 되자, 사흘에 한 번 야근하고 한 번은 낮 근무를 했다. 첫째 날에는 여덟아홉 시간, 둘째 날에는 스물네 시간을 근무하고, 셋째 날에는 쉬었다. 3교대제는 2교대제보다는 조금 편했지만, 여전히 24시간 근무가 있어 힘들었다.

경상북도와 대구 지역은 그간 대통령을 여럿 배출한 지역이지만, 말단 교도관들의 생활수준은 낮았다. "근무 조건도 열악한데 야근까지 해도 말단 공무원 봉급으로는 내 생활을 겨우 유지하는 정도"라고 자조하기도 했다. 자연스레 관료와 상관에게도 반감이 컸다.

교도관들은 말단 공무원 봉급으로 생활하기가 빠듯했다. 그 래도 어떻게든 좀 더 나은 생활 기반을 만들려고 애썼다. 1991년 한국에서 대유행한 분양 아파트 청약도 그 방법 중 하나였다. 신 청 접수 때마다 사람들이 구름처럼 몰려들었다. 당첨자는 제비 뽑기로 가렸다. 아파트는 사는 동시에 가격이 뛰었다.

2사 하 사동 공안수 운동 담당도 아파트 구매에 나섰다. 신청 하려면 근무 시간 중에 다녀와야 했다. 1991년 5월 사면으로 양 심수가 많이 석방되어 2사 하에는 공안수가 다섯 명뿐이었다. 평 소에는 다섯을 반으로 나눠 한 시간 반씩 운동하게 했다. 운동 담 당이 아파트 분양 신청 사무소에 가려면 운동 시간을 바꾸고 줄 여야 해서, 우리에게 양해를 구했다. 그는 좋은 사람이라 우리는 흔쾌히 받아들였다. 교도관이 운동 시간을 바꿔 자기 시간을 만 들고, 남몰래 근무지를 이탈해 자기 볼일을 보는 건 규칙 위반이 라 발각되면 처벌받는다.

그 운동 담당은 제비뽑기에서 떨어졌다. 다른 곳에 한 번 더 도전하겠다며 어느 날 아침 11시 반쯤 나를 찾아와 사정을 설명 하고 도움을 요청했다. 그날 오후 1시부터 2시 반까지 나와 다 른 한 사람이 운동할 예정이었는데, 시간을 바꿔 오전 11시 반 부터 30분간만 하기로 했다.

운동 담당이 2사 하 본무 담당에게 내 방문을 열어 달라고 요 청하자, 본무 담당은 "이제 곧 점심을 먹는데, 무슨 운동이냐"며 화를 내고 안 열어 주었다. 운동 담당이 빨리 열라고 크게 외치 니, 열쇠를 그 자리에 던지고는 불쾌한 얼굴로 가버렸다. 그날 오후, 운동 담당은 남몰래 대구 시내에 나가 아파트 구매 신청서를 제출했다. 이번에도 그는 추첨에 실패했다. 그 뒤로도 두 번 더 신청했지만 결과는 같았다. 운동 시간에 그가 울분을 토했다.

"아파트 제비뽑기는 순 사기야. 당첨자 번호를 보면 한쪽에 치우쳐 뭔가 이상해. 연고가 있는 사람이나 뇌물을 준 사람을 먼저 당첨시키는 게 틀림없어."

그는 시간 여유가 있으면 운동 시간을 늘려 주었다. 우리에게 친절했고 잘해 주려 했다. 곤란한 사람을 보면 도와주려는 정의감도 있었다. 일반수 한 명이 담요가 부족해 추위에 떨자 봉사원에게 2사 하 창고에서 남은 담요를 가져오라고 지시했다. 봉사원이 담요를 가져가려고 하자 본무 담당이 가로막고 나섰다.

"이 사동의 관리자는 나다. 내 허가도 받지 않고 무슨 짓을 하는 거냐? 담요를 원래 위치에 되돌려 놔!"

본무 담당은 담요를 못 가져가게 하는 것으로도 모자라 봉사원을 때리기까지 했다. 본무 담당은 그 운동 담당을 못마땅해했다. 나는 운동 시간에 운동 담당에게 이 이야기를 전해 들었다.

"그 봉사원에게는 미안한 짓을 했네. 나 때문에 본무 담당 녀석에게 맞았으니까. 저 녀석은 정말로 나쁜 놈이야."

이 본무 담당은 같은 교도관이라도 절대 봐주는 법이 없었다. 이런 일도 있었다. 일반수 운동 담당이 있는데 이 사람은 게으름을 피우긴 했지만 인품은 좋았다. 연약한 일반수에게도 오만한 태도를 보이지 않았다. 딱 한 번, 예외적으로 화낸 일이 있었다. 2사 후문에서 운동장으로 나오자마자 갑자기 모두에게 들릴 정도로 크게 외쳤다.

"2사 본무 담당 개새끼!"

정황은 이랬다. 독방에 있는 일반수는 모두 10명인데, 둘로 나눠 각각 한 시간씩 운동을 시켰다. 그날 오후에는 영화를 상영해 운동할 사람이 네댓 명밖에 없었다. 일반수 운동 담당 생각에 인원이 얼마 되지 않으니 한 번에 운동시켜 두 시간 운동 근무 시간을 한 시간으로 줄여 보면 어떨까 싶었다. 본무 담당과 의논하러 갔더니 본무 담당은 원칙대로 그 네댓 명을 둘로 나눠 운동시키라고 했다. 차갑고 신경질적인 말투에 운동 담당은 완전히 화가 나버렸다. 대부분의 교도관은 이 정도 요구는 받아들였는데, 2사 본무 담당은 융통성이 전혀 없었다.

어느 날 운동하던 나에게 운동 담당이 다가와 말했다.

"내가 소장이 되면 고급 자가용을 타고 돌아다니는 놈은 죄다 모가지야. 공무원 봉급이 얼마 되지도 않는데 도대체 어디서 돈이 생겨 고급 차를 사고 유지하겠어? 그런 놈은 나쁜 짓을 하는 게 틀림없어."

본무 담당이 소장보다 더 좋은 고급 차를 타고 통근한다는 소문이 교도소 안에 파다했다.

"본무 담당 부인이 옷가게로 돈벌이를 크게 해서 샀겠지, 아무렴 나쁜 짓을 해서 샀을라고?"

내가 떠보듯 말했더니 운동 담당이 바로 반박했다.

"옷가게로 돈을 잘 벌면 공무원을 그만두지, 안 그래? 혼자보다 둘이 하면 더 잘 벌지 않겠어? 여하튼 내가 소장이 되면 저런 놈은 바로 모가지야."

두 사람은 서로 눈엣가시였다.

이 운동 담당이 어느 날 툭 꺼내 놓은 속엣말을 듣자니, 교도관이 해야 할 일과 하는 일 사이에서 고민하는 모습이 엿보였다.

"지금은 우리 직업을 간수 대신 교도관이라고 부르지만 실제로는 여전히 간수야. 교도관이라면 재소자를 교정·교화하는 게 주 임무인데, 현실은 그럴 만한 체계가 되어 있지 않아. 그저 재소자를 철저하게 감시하는 게 주 임무지."

그들은 교도관이라는 직업에 열등감이 있어서 되도록 자신을 드러내려 하지 않았다.

지지하는 사람들

교도소에서는 종교 집회 말고도 각 종교 단체마다 교리반 모임을 운영했다. 종교 집회에는 몇백 명씩 모였지만, 교리반은 10명 안팎으로 적은 인원이 모였다. 기독교 단체는 교리반에 소속한 재소자와 자매결연을 해 재소자에게 여러 가지 도움을 주었다. 기독교 단체가 다양한 만큼 교도소에 들어오는 기독교 교리반도 종류가 여럿이었다.

서문부 목사가 주최하는 기독교 교리반은 기독교 신자인 공안사범을 대상으로 했다. 기독교 신자는 아니었으나 나도 1년가량 교리반에 다녔다. 서 목사는 기독교 신자가 아니어도 받아 주었다. 그는 마음이 넓고 아량이 있었다. 나환자 치료센터 '애락원' 담당 목사로 일하면서 받는 봉급은 거의 다 재소자를 위해 썼고, 간호사인 아내가 받는 봉급으로 가정생활을 꾸렸다.

이 교리반은 일주일에 한 번, 교무과 상담실이나 교실에서 모였다. 먼저 모두 함께 찬송가를 부르고, 그다음에 목사가 설교하고 기도했다. 마지막으로 서 목사가 올 때마다 가져오는 맛있는 음식을 함께 먹었다. 양념 통닭, 과일, 떡, 커피, 고급 빵을 배불리 먹으면서 목사가 하는 이야기를 듣거나 기독교 단체 사람들과 이야기했다. 남은 음식은 사동으로 가져가 동료들에게 나눠 주었다.

서 목사는 한 달이나 두 달에 한 번씩 교리반 소속자에게 영치금을 송금했다. 서 목사 말고도 기독교·천주교·불교계 인권 단체와 민가협 등에서 전체 양심수에게 영치금과 책, 옷 등을 보내 주었다. 제1 야당인 평민당과 김대중 평민당 당수도 여러 차례 영치금을 보내 주었다. 한 번 송금하는 액수는 대개 1만~3만 원이었다. 민가협이나 종교 단체에서는 가끔 격려 편지도 보냈다. 연말연시에는 크리스마스카드와 연하장을 많이 받았다.

석방된 사람들과 남겨진 사람들

1990년 5월, 재일 교포 양심수 여덟 명*이 석방되었다. 전국에 갇힌 재일 교포 양심수가 모두 15명이었으니, 반이 풀려난 셈이다. 노태우 대통령 방일에 앞선 조치로, 이번 석방은 재일 교포 양심수만 해당했다. 대구교도소에서는 최철교와 김길욱** 두 명이 나갔다. 저녁에 석방되었는데, 두세 시간 전에서야 석방 소식을 알았다. 두 사람은 당황한 채 출소 준비를 했다.

재일 교포 양심수가 반이나 나간 건 고무적이었지만, 남은 사람은 허무해진다. 갇힌 사람에게는 감옥에서 한시라도 빨리 나가고 싶은 소망이 있다. 그러나 강제된 옥중 생활은 자기 생각대로 되지 않는다. 누구나 마찬가지다. 하지만 이것이 내 인생임을 받아들이고 힘차게 나아가야 한다고 정신을 차렸다. 누구든 인생에 우여곡절이 있기 마련이며 고난스러운 시기가 있다고 스스로 추슬렀다.

다음 해인 1991년 5월 25일에도 양심수가 대거 석방됐다. 형기 중 반 이상을 복역한 공안 사범은 모두 해당했다. 이민호와 김동주, 최양준도 포함되었다. 재일 교포 양심수는 형기 중 반 이상 복역한 사람이 없어서 이때 석방에서는 제외됐다.

2사 하 중방에 있던 공안 사범은 10명 가운데 다섯 명이 석방됐다. 함께 지내던 동료가 반이 나가니 분위기가 확 달라졌다. 활기가 사라지고 침울함이 감돌았다. 사람들은 외로워졌다. 이때는

◆ 1990년 5월 21일 오후 7시 재일 교포 장기수가 특별 가석방되었다. 대구교도소 최철교(간첩 혐의, 사형 선고, 징역 20년으로 감형, 16년 복역), 김길욱(〈국가보안법〉 위반, 징역 9년, 4년 7개월 복역), 전주교도소 서성수(〈국가보안법〉 위반, 징역 12년, 6년 7개월 복역), 진두현(간첩 혐의, 사형 선고, 징역 20년으로 감형, 15년 복역), 안동교도소 백옥광(간첩 혐의, 사형 선고, 징역 20년으로 감형, 14년 6개월 복역), 김순일(〈국가보안법〉 위반, 징역 7년, 3년 7개월 복역), 고찬호(〈국가보안법〉 위반, 징역 4년 6개월, 3년 5개월 복역), 대전교도소 이동기(〈국가보안법〉 위반, 징역 4년 6개월, 3년 5개월 복역). 이 중 고찬호와 이동기는 5월 16일에 먼저 석방되었고, 나머지 여섯 명은 21일에 석방되었다(『한겨레』 1990년 5월 22일자).

◆◆ 1985년 6월 28일 국가안전기획부가 '일인 위장 간첩단 세 명 검거', '(김길욱은) 1980년 8월 14일 부인과 함께 성묘객을 가장해 제주공항에 침투한 이래 지금까지 17차례에 걸쳐 국내를 왕복하며 주요 시설의 경비 상황 등을 보고하다 1985년 4월 23일 검거'를 발표했다(『경향신문』 1985년 6월 28일자).

나도 망연했다. 시간이 지나면서 허탈감에서 빠져나와 점차 힘을 되찾았다.

감옥에 남겨진 사람들에게도 석방될 때가 온다. 석방된 뒤에 생계를 유지하려면 생활 기반을 만들어야 한다. 그러려면 제대로 된 지식이나 기술이 필요하다. 영어나 중국어 지식은 생계를 영위하는 좋은 수단이며, 장래에 여러 면에서 도움이 된다. 미래를 생각하면 낙담할 때가 아니었다. 감옥 안에서도 할 일이 많았다. 더 좋은 인생을 위해 매진하자고 다짐했다.

5 장
대전교도소에서

19	92	년	7	월	10	일	~
19	96	년	8	월	14	일	

채소 재배를 배우기에 딱 좋은 기회였다.
무엇보다 채소를 기르는 일이 즐거웠다.
3월이 되어 추위가 조금 누그러질 무렵 밭을 갈았다.

한여름의 이감

1992년 7월 10일, 기상나팔 소리가 울리기도 전에 교도관이 나를 찾아왔다. 이감 준비를 하라고 했다. 뜻밖의 소식에 깜짝 놀랐다. 서둘러 짐을 정리했다. 22방 최선웅과 13방 나종인,◈ 그리고 나. 우리 세 명은 교도소 전용 버스를 타고 대전교도소로 갔다.

도착해서 짐을 검사받으러 대기실로 갔다. 전주교도소와 광주 교도소에서 공안수 세 명씩이 먼저 와있었다. 영치할 물건과 방으로 가져갈 물건을 분류했다. 영치할 물건은 서류에 기재하고 영치 담당에게 건넸다. 방으로 가져가는 짐은 검사실에서 하나하나 정밀하게 검사했다. 검사받은 짐은 계단에 놔두고, 아홉 명이 짐 검사를 모두 마칠 때까지 대기실에서 기다렸다.

내 짐 가운데, 귤 상자 안에는 시계·볼펜·못·소형 칼·바늘·실이 있었다. 다 불허 물품이라 발각되면 압수당한다. 그래서 검사

◈ 1985년 11월 1일 국군 보안사령부가 '간첩 다섯 개 망 16명 검거'를 발표했다. 이때 나종인은 삼화엔지니어링 사장이었는데 국내에서 암약한 고정간첩이라며 〈국가보안법〉 위반 등으로 기소되었다. 징역 15년이 선고되었고 13년간 수형 생활을 했다. 2017년 5월 재심 무죄가 확정되었다.

가 끝난 짐을 계단에 갖다 둘 때, 혼잡한 틈을 타서 아직 검사받지 않은 귤 상자를 미리 빼내 계단에 옮겨 두었다. 일상생활에 쓸모 있는데 다시 마련하기도 어려운 물품이라 몰래 가져갈 필요가 있었다. 다행히 들키지 않았다.

우리는 6사 상(3층)에 수용되었다. 대전교도소는 동양 최대의 감옥으로, 광주교도소나 대구교도소보다 다섯 배 이상 규모가 컸다. 사동과 사방 수도 다른 교도소보다 많았고, 사동마다 운동장도 넓었다. 전혀 사용하지 않는 사동도 여러 개였다.

6사는 독방만 있는 3층 사동인데, 한 층에 독방이 50개 정도 있었다. 방 크기는 3.3제곱미터였고, 안에 수세식 화장실과 수도가 있었다. 복도 반대쪽에 큰 창이 있어 밖이 잘 보였다. 광주교도소나 대구교도소는 창에 투명 비닐을 쳤는데, 대전교도소는 투명한 플라스틱을 박은 창이었다.

보통 6월 중순이나 하순부터 장마철에 들어갔는데, 이해에는 예년보다 늦었다. 우리가 이감 온 7월 10일 무렵은, 오랫동안 대전에 비가 내리지 않아 물이 한참 부족하던 때였다. 더욱이 3층은 다른 층보다 높아선지 물 공급 상황이 더 나빴다. 아침 6시부터 열두 시간 단수했다가 저녁 6시부터 물이 나왔는데, 6사 상에서는 그마저도 물이 조금밖에 나오지 않아 자정이 지나야 겨우 물통 하나를 채웠다. 이감하고 일주일 뒤에 장마가 시작돼 비로소 부족한 물 문제가 해소되었다.

대전교도소는 운동 시간이 30분뿐이었고, 교도관들도 융통성이 없었다. 대구·광주·전주교도소에서 온 우리 아홉 명은 처우를 개선하려고 단식투쟁을 했다. 단식투쟁 중에 찾아온 이○○

교무과장에게 우리는 여러 가지 요구 사항을 전했다.

"사전을 포함해 책을 10권밖에 못 받았다. 서적 담당이 며칠 뒤 10권 더 보낸다고 했는데 열흘이 지나도록 책을 받지 못했다. 시급히 해결해 달라."

교무과장은 즉시 바로잡겠다고 약속했다. 영화 시청은 일주일에 한 번 교무과에서 보는 걸로 정했다.

다음 날, 우리는 교무과로 안내받아 갔다. 전에 있던 교도소에서 허가한 책은 검열하지 않고 그대로 주었다. 받은 책은 종이에 제목을 써서 서적 담당에게 제출했다.

며칠 뒤, 교무과 직원이 서적 열독 허가증을 가져왔다. 작은 종이로 된 허가증에는 책 제목, 열독자 이름, 허가 날짜, 검열 담당자와 교무과장의 도장이 찍혀 있었다. 우리는 각자 자기 책에 허가증을 붙였다.

이 교무과장이 특별히 조치해 책을 신속히 받았다. 서울대학교 철학과를 졸업했는데, 광주교도소에서 2년 동안 교무과장을 맡아 나오는 구면이었다. 주임 이상 되는 간부는 2년에 한 번꼴로 근무지를 옮겼다. 그는 유머가 있었고 사람들에게 부드럽게 대했다.

이 교무과장은 1970년대에 교회사를 했다. 이 시기 교회사는 고문 담당관이나 다름없었다. 하지만 그는 전주교도소에서는 양심수를 고문하지 않았다. 양심이 있었기에 그런 악랄한 행위는 하고 싶지 않았을 것이다.

그러나 광주교도소에 와서는 양심수를 고문했다. 중앙정보부가 고문을 하라고 교회사에게 압력을 넣어서다. 차마 고문을 할 수 없었던 교회사는 사표를 제출하고 그만두었다. 교회사를 그만두고 싶지 않았던 이 교무과장은 마지못해 고문했다.

사람의 행동은 환경에 좌우된다. 나쁜 짓이라도 모두가 하면 거리낌 없이 하게 된다. 그러나 나쁜 짓도 적극적으로 하는 사람이 있는가 하면 어쩔 수 없이 하는 사람도 있다. 내가 광주교도소에 가서 초기에 만난 강○○ 교무과장은 목사 출신 교회사였는데 악랄하게 고문하기로 유명했다. 강 교무과장과 1970년대 대구교도소의 박 담당관이나 진 부장이 적극적인 악인이었다면, 이 교무과장은 소극적인 악인이었다.

단식은 5일간 했는데 아주 힘들었다. 최고 기온이 37~38도까지 오르는 더운 날씨가 이어진 데다, 우리 사동이 건물 맨 위층이라 한낮의 열기가 고스란히 전해져 마치 사우나 욕탕에 있는 듯했다. 단식이 끝나고도 몸에 쌓인 피로가 심했다. 보통 단식한 일수만큼 보식을 하면 몸이 거의 정상으로 돌아왔는데, 이때는 회복하기까지 한 달이나 걸렸다. 여하튼 보안과장과 교섭한 결과, 20사 상에 공안수 사동을 만들어 우리 아홉 명이 그곳으로 가기로 했다. 운동 시간은 한 시간 반으로 늘어났다.

방 꾸미기

9월 1일, 우리는 20사 상으로 방을 옮겼다. 비어 있던 사동이 모두 독방이었고, 방 크기와 내부 구조는 6사와 같았다. 6사는 3층 건물로 남북 양쪽에 방이 있었는데, 20사는 2층 건물로 남쪽에만 방이 있었다. 26개 방 가운데 18방부터 26방까지를 우리가 쓰고, 나머지 방과 20사 하를 출역수가 썼다. 출역수는 아침 7시부터 저녁 5시까지 사동에 없었으므로, 우리 아홉 명이 20사동을 쓰는 셈이었다. 우리끼리 있으니 문은 거의 열려 있었고, 활동 시간에도 교도관들이 편의를 봐주었다.

나는 24방을 썼다. 방에 먼지가 꽤 쌓였지만, 다른 사람이 지낸 흔적은 없었다. 깨끗이 청소하니 새 방이 되었다. 니스를 칠한 방바닥이 빛났다.

저녁 6시부터 물이 나오는데 내 방은 아주 조금밖에 나오지 않았다. 담당에게 말하니 한 시간 뒤에야 야근 담당이 열쇠를 가져와 방문을 열어 주었다. 세면장에서 물통에 물을 담아다 방으로 날랐다.

이튿날 아침, 본무 담당에게 상황을 이야기했더니, 영선부에서 사람을 불러와 수리했다. 영선부 사람이 공기압축기로 수도꼭지에 강력한 압력을 가했다. 그날 저녁 6시에 수도꼭지를 틀었더니 물에 모래와 작은 돌이 섞여 나왔다. 처음에는 물이 잘 나오더니 채 5분도 지나지 않아 찔끔거렸다. 이날도 필요한 물을 세면장에서 떠와야 했다.

다음 날 아침 6시, 왜 물이 안 나오는지 직접 살펴보려고 수도꼭지를 수도관에서 뗐다. 그러자 갑자기 물이 터져 나오는데 물줄기가 천장까지 솟구쳤다. 놀라서 물통을 수도관 위에 덮어씌워 물이 방 안으로 흩어지는 것을 막았다. 왼손으로는 물통을 잡고 오른손으로는 수도꼭지를 막으려고 했지만, 수압이 세서 물길을 막을 수 없었다. 10분 넘게 매달려서야 수도꼭지를 원래대로 연결했다.

수도꼭지 둘레를 살펴봤더니, 수도관을 겨우 통과할 만한 작은 돌이 두 개 떨어져 있었다. 수도꼭지를 떼어 낼 때 물이 급격히 튀어나오면서 이 작은 돌도 수도관에서 튀어나와 바닥으로 떨어진 듯했다. 이날부터 수돗물이 시원하게 나왔다.

대전 지역은 대구보다 추웠다. 그래서인지는 몰라도 창이 두 겹이었다. 독방 창틀 크기는 세로가 150센티미터, 가로가 80센티미터이며 상하 2단 구조였다. 그래서 창이 모두 여덟 개 있었다. 상단과 하단의 창 크기가 같아 서로 바꿔 끼울 수 있었다. 창이 한 겹이든 두 겹이든 별 차이가 없어서, 나는 하단 창을 한 겹씩 빼서 다른 용도로 썼다. 한 개는 큰 물통 위에 수평으로 두고 그 위에 채소나 과일을 담은 세면기를 두 개 얹었다. 다른 창 한 개는 네 귀퉁이에 못을 박아서는 천장에 달아맨 끈과 연결해 그네 모양 선반으로 만들어 그 위에 담요를 얹었다. 가끔 재소자가 끈으로 자살하는 사건이 일어나 교도소에서는 끈이 금지되었다. 그래서 복도 쪽 창에서 안 보이는 곳에 끈을 매달았다. 우리 방은 거의 검방을 하지 않았지만, 검방을 해도 교도관들이 창에 매둔 끈을 가져가는 일은 없었다. 다만 법무부에서 감사하러 오면 끈을 풀어 감춰 두었다.

끈은 내의로 만들었다. 3~4센티미터 폭으로 내의를 길게 잘라 두 개씩 같은 방향으로 꼰 뒤, 꼰 줄을 다시 두 개씩 맞춰서 반대 방향으로 한 번 더 꼬아 두 끝을 묶으면 끈이 완성된다. 이렇게 만든 끈은 아주 튼튼해 무게가 상당해도 견뎠다.

방문보다 조금 위에 이 끈으로 달아맨 선반을 만들고, 그 반대쪽 창 옆에 오리목과 골판지로 선반을 만들었다. 오리목은 두

께가 가는 나무라 작은 칼을 써서 그런대로 자를 수 있었다. 가로세로 2센티미터에 길이 50센티미터인 오리목 두 개와 길이 70센티미터인 오리목 한 개로 삼각형 골격을 만들었다. 골격 위에 대는 판으로는, 납작한 나무판자를 얻기가 어려워 골판지로 대신했다. 나무판자를 구한다 해도 톱이 없으니 필요한 치수로 잘라서 쓰기는 어렵다. 오리목 위에 골판지를 다섯 장 겹쳐 놓아 골판지 가운데 부분이 패이지 않도록 했다. 골판지가 겹친 절단면이 보기 흉해 오리목과 골판지 전체에 흰 종이를 붙였다. 종이를 붙이는 풀은 보리밥을 개서 만들었다. 오리목과 골판지로 만든 선반이지만, 제법 튼튼해 책을 얹었다. 옆에 있는 벽에는 튼튼한 옷걸이를 설치해 옷을 걸었다.

3.3제곱미터 남짓한 비좁은 독방이라 소지품을 최대한 선반 위에 두거나 벽에 걸어 공간을 만들었다. 좁아도 익숙해지면 그다지 불편하지 않았다.

운동장 만들기

20사동 운동장은 그동안 거의 쓰지 않아 바닥이 울퉁불퉁하고 풀투성이였다. 전주교도소에서 이감 온 김태룡◆과 함께 운동장에 달리기 코스를 만들었다. 그는 '삼척 고정간첩단 조작 사건'으로 구속되었다. 작업하는 데 필요한 삽은 관구 주임에게 빌렸다. 우리는 한 바퀴가 200미터가량 되는 타원형 코스를 만들었다. 제대로 만드는 데 한 달 넘게 걸렸다.

우리에게 주어진 운동 시간은 하루 두 시간이었다. 이감 초 단식투쟁을 할 때는 보안과장을 만나 운동 시간을 한 시간 반으로 정했지만, 본무 담당과 합의할 때 거세게 밀어붙여 두 시간으로 결정했다. 20사에서는 본무 담당이 운동 담당도 겸해 운동 시간을 30분 늘려도 근무 시간에 영향을 받지 않아 가능했다.

나는 운동 시간에 30~40분쯤 달리고, 나머지 시간에는 달리기 코스를 만들기 위해 땅을 골랐다. 정지整地 작업 마지막 단계에서는 빌려 온 롤러로 흙을 다졌다. 힘든 작업이었지만, 상쾌하게 달릴 장소를 만들겠다는 목적이 뚜렷해 열심히 했다. 작업 자체가 좋은 운동이 되기도 했다.

우리가 운동하는 데 쓸 수 있는 땅은 꽤 넓었다. 달리기 코스 말고도 테니스장과 유구장을 만드는 사람도 있었다. 그렇게 각자 운동장을 만들어 자기가 하고 싶은 운동을 했다.

◈ 1979년 8월 9일 치안본부가 '남파된 북괴 간첩에 포섭되어 지하당을 조직, 적화 통일의 결정적 시기를 조성하기 위해 농어민 등 근로대중과 학생 등을 선동하고 민심을 교란시키며 지하에서 암약해 온 고정간첩 등 24명을 일망타진, 이들 중 진항식 등 아홉 명을 간첩 및 〈국가보안법〉 등 위반 혐의로 구속 송치하고 나머지 15명을 불구속 송치'했다고 발표했다. 친척 간인 두 집안사람들이 대거 구속돼 두 집안 아버지들에게 사형이 선고 및 집행되었다. 김태룡은 아버지의 죽음을 옥중에서 들었다. 불법 구금돼 갖은 고문을 당할 때, 열려 있던 옆방 문 사이로 어머니와 누나, 다른 식구들이 고문당하는 소리와 신음을 들었다. 한번은 수사관이 짬뽕을 시켜 주면서 국물은 먹지 말고 남겨 두라고 해 남겼더니 물 대신 짬뽕 국물을 코에 들이부었다고 한다. 김태룡은 무기징역형에서 20년 형으로 감형되어 19년 2개월을 복역하고 석방되었다. 2016년 12월 23일 재심 항소심에서 무죄가 선고되었다. 참혹한 고문과 오랜 수형 생활은 그에게 여러 병을 남겼다. 2018년 10월 16일 세상을 떠났다.

운동 시간마다 나는 10킬로미터를 달렸다. 한 번에 10킬로미터를 다 달리기도 하고, 두세 차례 나눠 달리기도 했다. 총 50분쯤 걸렸다. 나는 감옥에 갇힌 이래, 단식할 때가 아니면 거의 빼놓지 않고 운동 시간마다 달렸다. 중학교 1년 동안 육상부에서 활동해 달리는 방법을 제법 안다. 달리기 전에 손발과 허리를 돌려 몸을 풀어야지, 갑자기 달리면 근육이 아프다. 처음에는 천천히 달리고, 어느 정도 몸이 풀리면 달리는 속도를 점차 올린다. 달리기를 마칠 때도 잠시 천천히 달리다 멈춰야 한다. 이것이 중장거리를 달리는 방식이다. 김태룡이 자주 함께 달렸다. 40대 후반이었던 그는 나보다 나이가 열 살쯤 더 많고 체계적으로 운동한 경험이 없는데도 나를 잘 따라왔다. 어떨 때는 나보다 더 빨리 달렸다. 내가 달리면 함께 달리려는 사람이 여럿 있었지만, 며칠 가지 않았다. 오랫동안 계속한 사람은 김태룡뿐이었다. 2년 동안 함께 달렸다.

그러다 언제부턴가 그는 달리기를 그만두었다. 나른한 느낌이 있고 몸에 이상이 생겨 의무과에 가서 검사해 보니 간염 보균 진단이 나왔다. 발병했다면 고생했겠지만 보균 상태였을 뿐이니 괜찮았다. 그래도 몸에 부담이 되는 일은 할 수 없게 되었다.

이때 나는 30대 후반이라, 운동을 하더라도 80퍼센트 정도만 힘을 쓰고 조금씩 여유를 남겼다. 10대나 20대라면 어느 정도 무리해도 몸이 견디지만, 30대 이상은 무리하면 몸에 이상이 생기기 쉽다. 체력 수준에 맞춰 운동량과 방식을 조절해야 건강이 유지된다.

채소 기르기

김태룡은 운동장에 달리기 코스 정지 작업을 하며 밭도 만들었다. 대전교도소에는 고구마밭으로 썼다가 더는 경작하지 않는 꽤 넓은 땅이 있었다. 출역수들이 농사짓는 '경운'耕耘은 교도소 바깥에 따로 있는 논밭에서 이루어졌다. 교도소에는 금지 규정도 많았지만 "다만 교정·교화상 필요할 경우 이에 한하지 않는다"라는 조항도 있어, 묵는 땅을 우리가 밭으로 일궜다.

김태룡은 농촌에서 태어나 집안 농사를 도우며 자라 농사일에 훤했다. 그는 66제곱미터쯤 되는 밭을 만들어 배추씨와 무씨를 뿌렸다. 8월 하순에 씨를 뿌려야 생장이 순조로운데, 이미 9월 하순이라 잘 자라지 못했다. 대전에서는 10월 하순이면 하루 중 최저기온이 영하로 내려갈 때도 있었다. 수확량은 적었지만, 그는 모두에게 배추와 무를 조금씩 나눠 주었다.

그다음 해인 1993년에는 나도 김태룡과 함께 채소를 길렀다. 채소 재배를 배우기에 딱 좋은 기회였다. 무엇보다 채소를 기르는 일이 즐거웠다. 3월이 되어 추위가 조금 누그러질 무렵, 우리 둘은 밭을 갈았다. 나는 농사일을 해본 적이 전혀 없어 딱딱한 흙을 파내는 일도 힘들었지만, 자꾸 하다 보니 익숙해졌다.

김익현◈도 채소 기르기에 동참했다. 그는 우리보다 먼저 대

◈ 1990년 12월 4일 국가안전기획부가 '조총련 간부에 포섭된 세 명 구속'을 발표했다. 김익현은 간첩 혐의로 구속되었다.

전교도소로 이감 온 공안수다. 일본을 여러 차례 오갔는데, 조총련 사람과 관계를 맺었다는 '죄'로 7년 형을 받았다. 우리가 6사에서 20사로 옮길 때 그도 20사로 옮겼다. 이유는 모르겠지만 그는 소년수 사동에 있었다.

여러 사람이 공동으로 농사일을 하게 되자, 김태룡은 밭 면적을 넓혀 나갔다. 땅이 넓어 밭은 얼마든지 키울 수 있었다. 하지만 정해진 운동 시간은 오후 1시부터 3시까지였다. 그 시간에 운동도 하고 농사일도 해야 해 밭 규모를 키우는 데도 한계가 있었다. 그러나 그는 끝없이 밭을 넓혔다. 이에 반발해 김익현이 잠시 농사일을 그만두었다. 나중에 다시 함께했지만, 전처럼 나서지는 않았다.

밭일에서 김태룡이 요구하는 사항이 점점 늘어났다. 그것을 모두 하자면 힘들었지만, 나는 배우는 사람이라 참고 작업했다. 그는 자기 방식대로 밭을 운영하려 했다. 그러다 보면 반드시 갈등이 생긴다.

우리는 밭을 나눠 각자 나름껏 채소를 기르기로 했다. 나는 100제곱미터쯤 되는 밭을 거의 혼자 경작했다. 재일 교포 이헌치가 가끔 도왔지만, 그는 교도소에서 여는 회화 전시회에 그림을 출품하려고 날마다 교무과에서 그림을 그리느라 일하는 시간은 짧았다.◆

김태룡의 가족이 채소 씨앗을 소포로 보내 왔다. 내게는 내 누나와 이헌치의 누나가 씨앗을 보냈다. 교도관에게 얻기도 해서 배추·무·양배추·상추·쑥갓·옥수수·청경채·순무·감자·토마토·수박·오이·시금치·들깨·케일·파·양파·당근 씨앗이 생겼다.

전담반이나 보안과 소속 공안수 담당 주임에게 부탁해 화학
비료도 얻었는데, 양이 적어 유기비료를 주로 썼다. 교도소 안에
있는 두부 공장에는 비지가 많았다. 우리는 그 비지를 받아다 비
료로 썼다. 비지는 우수한 비료다. 비지를 대량으로 뿌리면 연작
할 수 없는 작물도 충분히 연작할 수 있었다.

비지를 비료로 쓸 때는 흙과 잘 섞어야 비지가 제대로 썩어
좋은 비료가 된다. 그러지 않으면 싹이 제대로 자라지 못하고 시
든다. 장마철이나 장마 전에 비지를 뿌리면 충분히 썩지 않은 비
지에서 곰팡이가 나 작물에 피해를 주므로, 장마철에는 비지를
쓰지 말아야 한다.

농약을 안 쓰니 손으로 일일이 해충을 잡아야 했다. 이 작업
이 힘들었다. 특히 양배추에 붙은 벌레를 잡을 때 몹시 고생했
다. 양배추에 붙은 진디는 삽시간에 퍼진다. 아무리 잡아도 간단
없이 확 늘어난다. 어느 교도관이 내 양배추밭을 보고는 "우유를
양배추에 뿌리면 진디가 죽는다"고 가르쳐 주었다. 그 말을 듣고
바로 시험해 보았지만 효과가 좋지는 않았다. 진디보다 더 무서
운 건 나비 유충인 배추벌레였다. 양배추 안에 들어온 배추벌레
를 방치하면 그 양배추는 엉망이 된다. 농약을 치지 않고 양배추
를 기르기가 너무 힘들어 30포기만 길렀다.

◈ 이헌치는 재소자 전시회 외에 민가협 산하 장기수가족협의회가 주최한 '이
   시대 옥중 동인 서화전'(1991년 2월 21일~3월 2일, 서울 종로구 안국동 백상
   기념관)과 '장기 투옥 정치범 서화전'(1993년 1월 15~20일, 일본 도쿄 오미술
   관)에도 참여해 옥중에서 작품을 내놓았다.

상추에는 벌레가 붙지 않아 기르기가 쉬웠다. 상추는 어느 정도 크면 맨 아래 잎부터 차례로 따서 먹었다. 두 달 동안 계속 수확할 수 있는 데다 맛도 좋아서 기르기 좋은 채소다. 상추에는 적색과 청색, 두 종류가 있는데 적색보다 청색이 더위와 추위에 강하고 잎도 두꺼워 수확량이 많았다. 그래서 나는 적상추보다 청상추를 좋아했다.

배추에는 세 종류가 있다. 결구배추, 반결구배추, 비결구배추다. 보통 배추라고 하면 결구배추를 말하는데 제일 맛있다. 반결구배추나 비결구배추도 맛이 독특해 조금씩 재배했다. 무도 종류가 다양하다. 홀쭉한 무보다 굵고 짧은 무가 추위에 강하고 맛도 좋았다. 수확량은 홀쭉한 무가 두 배 이상 많았다. 그래서 두 종류 무를 반씩 심었다. 배추와 무는 단위 면적당 다른 채소보다 수확량이 많았고, 다양한 방법으로 요리할 수 있다.

나는 채소를 꽤 많이 수확했다. 혼자서는 반도 못 먹어 이헌치나 다른 사람들에게 나눠 주었다. 11월 하순이 되면 땅을 파서 무나 당근을 묻어 놓고, 필요할 때마다 꺼내 먹었다. 한겨울 추위에 얼지 않게 하려면 지면보다 30센티미터 깊이 묻어야 한다. 배추나 양배추는 신문지에 싼 다음 골판지 속에 넣어 사동 안에 있는 창고에 보관했다. 창고 안도 추운 겨울에는 영하로 떨어져 신문지로 잘 싸지 않으면 얼었다. 적절히 보관하면 겨우내 채소를 먹을 수 있었다.

1994년 3월 중순에는 작은 비닐하우스를 만들었다. 거기에 토마토·배추·상추·양배추 씨앗을 뿌려 모종을 키웠다. 대전에서는 4월 초순에도 아침에는 추웠다. 4월 중순에 비닐하우스를 거두고, 어느 정도 자란 모종을 다른 밭에 옮겨 심었다.

토마토는 생명력이 강해 키우기 쉬웠다. 줄기를 하나만 둬야 큰 열매를 수확한다. 그래서 주요 줄기에서 옆으로 뻗어 나가는 가지는 모두 떼어 냈다. 줄기와 잎 사이에서 가지가 끝없이 나와 떼어 내기 바빴다. 토마토는 키가 50센티미터를 넘으면 지주를 세워 줄기를 끈으로 묶어 줘야 한다. 그러지 않으면 토마토가 넘어져 버린다. 우리는 본무 담당이나 공안수 담당 주임에게 부탁해 지주를 얻었다. 우리가 기른 토마토는 거의 병들지 않았고 해충 피해도 없었다.

이렇게 잘 자라는 토마토이지만 주의할 점이 있다. 일단 열매를 맺은 토마토는 옮겨 심으면 안 된다. 동료 양심수가, 키우던 토마토 열매를 도둑맞고는 화가 나, 토마토를 자기 방에서 잘 보이는 위치로 옮겨 심었다. 나를 비롯해 여러 사람이, 열매를 맺을 만큼 자란 토마토는 옮겨 심으면 안 된다고 충고했지만 듣지 않았다. 결국 얼마 안 가 토마토가 시들었다. 토마토 한 그루 안에도 자연과 생명의 섭리가 있다.

김태룡은 딸기 모종을 20주株 얻어서 밭에 심었다. 딸기는 줄기가 50센티미터가량 뻗어 가면서 새끼딸기(포기)를 만든다. 딸기 모종 한 주에서 새끼딸기가 50포기 이상 생겨났다. 나는 가을에 그에게 새끼딸기를 100포기 얻어서 내 밭에 옮겨 심었다. 딸기는 생명력이 강해 옮겨 심어도 거의 죽지 않았다. 겨울이 되면 딸기는 꽁꽁 얼어 지상에 나와 있는 줄기나 잎은 모두 시든다. 하지만 땅속에서는 여전히 생명이 숨 쉰다. 다음 해 봄이 되면 새싹이 나와서 자란다. 5월에 꽃이 피기 시작해 6월부터는 열매를 수확했다. 열매가 잘 자라는 시기에는 하루에 2킬로그램도 수확했다.

수박이나 참외는 기르기가 어려웠다. 나는 안 했지만, 김태룡은 33제곱미터 땅에 수박과 참외를 길렀다. 그러나 충분히 자라지 않아 열매가 작고 맛이 없었다.

농사일이 바쁠 때는 오전 중에도 밭에 나가 일했다. 특히 여름에는 오전 중에 물을 듬뿍 줘야만 작물이 시들지 않고 잘 자랐다. 20사 건물 바깥에 수도꼭지가 있어서 깊이가 1미터 되는 큰 통에 물을 받아 손수레로 운반해 가며 물뿌리개로 채소에 물을 주었다. 게으름뱅이는 더운 여름에 물을 충분히 주지 않아 작물이 시들었고, 잡초가 나도 방치해 수확량이 적었다.

우리가 재배한 채소는 무농약에, 유기비료가 중심이어서 맛이 좋았다. 배추·양배추·당근·오이·상추·쑥갓을 따다가 고춧가루·간장·설탕·참기름을 섞어 만든 양념에 찍어 먹어도 맛있었다. 양배추와 당근은 마요네즈를 찍어 먹기도 했다. 무와 배추로 김치를 담고, 양파·파·순무·부추는 양념에 버무려 몇 시간 놔뒀다가 먹었다.

겨울에는 복도에 있는 연탄난로 위에 냄비를 올려 찌개를 만들거나 프라이팬에 채소 볶음을 해먹었다. 김치나 찌개를 만들려면 고춧가루·된장·마늘이 필요했다. 양념류는 구매부에서 팔지 않아 유재선*을 통해 구했다. 전주교도소에서 이감 온 유재선은 두부 제조 공장에 출역했다. 두부 공장은 취사장 옆에 있어서 취사장에 있는 양념 재료를 구하기 쉬웠다. 나는 그에게 채소나 채소 씨앗을 주고, 그 대가로 고춧가루·된장·마늘·마요네즈를 받았다. 유재선은 갓 만든 두부를 가끔 우리에게 보내 주었다. 교무과에서 영화를 함께 볼 때 만나서 주고받았다.

채소나 과일뿐만 아니라 예쁜 꽃도 키웠다. 해바라기·나팔꽃·코스모스·백일홍·봉선화를 심고 표주박도 길러 수확했다. 원예장에 있던 국화·칸나·팬지도 얻어 심었다. 20사에서는 잔디, 밭, 꽃밭이 조화를 이뤄 경치가 볼만했다. 싱그러운 모습을 보며 운동장을 달리면 기분도 상쾌했다.

밀항하는 사람들

1995년 여름, 옆 사동에 중국인이 많이 들어왔다. 국적은 중국이었으나, 만주 지역에 사는 재중 동포다. 중국에서 태어나 자랐지만 거의 다 한국말을 했다. 대부분 조선족 학교에서 한국말을 배웠고, 집에서도 써서 한국말을 할 줄 알았다. 같은 민족이라도 재일 교포와는 다른 점이었다.

일본에서 태어난 한국인 중에는 한국어를 못 하는 사람이 많았다. 조선학교에 다닌 사람이라면 한국어를 하지만 일본 학교에 다닌 사람이 훨씬 더 많으니, 재일 교포 2세나 3세는 거의 모국어를 모르는 실정이다. 일본 정부의 차별 정책과 동화 정책이 초래한 현상이다. 여기에 적절히 대처하지 못한 재일 교포 사회

◈ 1983년 12월 19일 국가안전기획부가 '간첩 세 개 망 12명 검거'를 발표했다. '일본 우회 침투 간첩'이라고 발표된 유재선은 〈국가보안법〉 위반 혐의로 무기징역형을 선고받고 15년을 복역한 뒤 1998년 8·15 특사로 풀려났다.

에도 물론 책임이 있다.

그들의 이야기를 들어 보니, 덩샤오핑이 개방 정책을 추진한 이래 중국에서는 실업자가 늘고 물가가 상승해 임금격차가 커졌다. 그런 상황에서 한국과 중국이 국교를 맺어 양쪽의 인적·물적 교류가 활발해지자 지위가 높거나 인맥이 있는 재중 동포는 한국을 오갔지만, 대부분은 여권이 나오지 않았다. 그래서 밀항해 한국에 왔다.

당시 한국과 중국은 물가 수준이 크게 달라 한국에서 몇 년간 일하면 중국에서 집을 사거나 사업 자금으로 쓸 돈을 모았다. 어떻게든 한국에서 일하려는 이유였다. 밀항 비용은 비쌌지만, 한국에서 어느 정도 일하면 그 비용을 만회했다. 대체로 밀항하기 전에 비용의 일부나 반액을 먼저 주고, 무사히 밀항을 끝내고 나서 중국에 있는 가족에게 연락해 나머지 비용을 냈다.

한 사람이 자기 살던 곳을 떠나 멀리 오기까지는 저마다 사정이 있기 마련이다.

"1992년 무렵부터 중국의 치안이 상당히 나빠졌다. 개방 정책으로 자본주의의 나쁜 풍조가 들어와 질서가 문란해졌다. 빈부 차가 커지고 배금주의가 만연해 도둑이나 강도를 해서라도 돈을 얻으려는 사람이 늘어났다.

현재 중국에서는 돈이 없으면 변변히 살기가 힘들다. 공무원이나 국영기업 종업원 봉급으로는 살기가 어려워졌다. 그래서 돈을 벌려고 법을 어기면서까지 한국에 밀항해 왔다.

우리는 원래 출입국관리사무소에 수용되어야 하지만, 수용소가 사람들로 가득 차서 임시로 대전교도소에 수용되었다. 중국

측이 송환을 위한 여권을 만들면 우리는 중국에 강제 송환된다.

중국에 돌아가면 법률 위반으로 감옥에 간다. 벌금을 내면 감옥살이를 면하고 집으로 돌아간다. 중국에서는 돈만 있으면 감옥에 가지 않아도 된다. 도박하다 경찰에 잡혀도 경찰을 매수하면 체포되지 않는다. 감옥에 가도, 담당자에게 돈을 주면 쉽게 감옥에서 빠져나온다. 이게 바로 배금주의 사회. 개혁·개방으로 살림이 나아진 사람은 일부고, 대부분은 살기 어려워졌다. 그래서 우리 조선족을 포함해 많은 중국인이 위험을 무릅쓰고 밀항한다."

자신들을 잡아들이는 한국 정부에 불만을 갖는 사람도 있었다.

"나는 전에 밀항해 러시아에서 불법으로 체류했다. 중국에서 러시아로 국경을 넘을 때 국경 경비대원에게 돈을 주면 쉽게 넘을 수 있다. 러시아 경찰이 나에게 여기서 나쁜 짓 하지 말고 돈 벌어서 중국으로 돌아가라고 했다. 러시아인은 대륙 기질이라 너그럽다. 불법체류 정도는 구태여 잡지 않는다. 그에 비하면 한국은 너무 엄하게 단속한다. 이것이 동족에 대한 태도인가."

수용 기간이 길어지자 불만이 쌓여 가끔 떠들기도 했다.

"동포한테 이런 지독한 취급을 해도 되는가?"

"외국인에게 비인도적으로 대응해도 되느냐?"

이렇게 교도관에게 항의하고 따졌다. 그들은 중국인이기도 하고 재중 동포이기도 했다. 그러니까 한국인에게 그들은 외국인이면서 동시에 동족이었다.

그들은 대전교도소에 임시 수용된 상태라, 교도소의 규칙을 그대로 적용할 수 없었다. 그들이 집단으로 떠들면 요구 사항을 어느 정도 받아들여야 한다. 그들은 교도관들의 푸대접에 항의해, 운동 시간을 연장하라고 요구하며 일제히 떠들기도 했다. 운동 시간이 30분에서 한 시간으로 늘었고, 교도관들의 태도가 부드러워졌다. '우는 아기에게 젖 준다'는 속담이 있다. 떠들고 문제를 일으켜야만 요구가 관철된다는 뜻이다. 감옥은 그 말이 적용되는 세계다.

〈출입국관리법〉 위반으로 구속된 재중 동포는 빠르면 1~2개월, 늦어도 4개월 이내에 중국으로 송환되었다. 그 사동에는 60명까지 수용되었는데, 차례로 중국에 돌아갔다. 중국에 돌아가도 다시 밀항해 한국이나 다른 외국에 갈 거라고 했다.

병사에서 있던 일

20사 운동장 옆으로 병사 운동장이 있었다. 낮은 담이 경계선 역할을 했다. 담 위에 설치된 철조망 사이로 두 사동 사람들이 서로 얼굴도 보고 이야기도 나눴다.

병사에서 본무 담당을 맡은 원○○ 부장은 보통 키에 살이 쪘다. 인품은 좋았지만, 행동이 어딘가 이상했다. 다들 그가 정신적으로 문제가 있지 않나 생각했다. 이야기할 때면 목소리가 어찌나 큰지 50미터 이상 떨어져 있어도 잘 들릴 정도였다.

내 옆방 나종인이 원 부장에게 가끔 채소를 주었다. 주로 케일이었다. 케일이 덜 자랐을 때는 양배추와 생김새가 똑같아 구별하기가 어렵다. 양배추는 결구하지만 케일은 그러지 않아서 어느 정도 크면 달라 보인다. 케일은 상추처럼 아래쪽 잎부터 뜯어

266

먹는다. 맛이 씁쓸해 나는 별로 먹지 않았는데, 케일을 위약으로 먹는 사람도 있었다. 원 부장도 위염을 치료하려고 케일을 먹었다. 그는 답례로 나종인에게 구매부에서 파는 음식을 가끔 가져다줬다.

병사 운동장 앞을 달리는데 원 부장이 내게 말을 걸었다.

"나종인 씨 좀 불러 주세요."

사회 참관에 나가고 없다고 하자, 이번에는 김태룡을 불러 달라고 부탁했다. 그도 사회 참관에 나가고 없었다. 김태룡도 원 부장에게 가끔 케일을 주었다.

"케일이 필요합니까?"

"예."

나는 잠시 기다리라고 하고 밭에서 케일잎을 따다 주었다.

"감사합니다. 이 은혜를 어떻게 갚아야 할지 모르겠습니다."

케일잎을 조금 준 정도로 감사 표현을 이렇게 과하게 하니 의외였다. 그의 사고방식이 보통 사람과 상당히 다르게 느껴졌다.

언젠가 원 부장은 20사에 있는 양심수에게 주려고 마른국수를 사두었다. 건조한 국수라 오랫동안 보관할 수 있었다. 그런데 원 부장 실력으로는 국수를 교도소 안까지 가져올 수 없었다. 교도관이면 누구나 출근할 때마다 정문에서 소지품 검사를 받아야 한다. 규정 밖 물품은 통과하지 못했다.

원 부장은 관할구역 주임인 백○○ 주임에게 부탁했다. 백 주임이라면 국수를 정문에서 통과시킬 실력이 있었다. 그러나 백 주임은 거절했다. 국수를 반입하는 건 비공식으로 해야 하는 일인데 원 부장은 앞뒤 분별없이 여기저기 다 말하고 다니는 사람이라, 잘못하면 백 주임이 곤란해질 수 있어서였다. 백 주임의 판단이 맞았다. 원 부장은 사동 구석구석까지 울릴 정도로 크게 말했다.

"20사 상에 있는 여러분을 위해 국수를 사두었지만, 내 능력으로는 정문에서 통과시킬 수 없으니, 여러분이 백 주임에게 말해 들여오게 해주세요."

원 부장이 이야기하는 자리에서 30미터 떨어진 방에 있는 내게도 그가 말하는 소리가 크게 들렸다. 그는 멈추지 않고 계속해서 여러 말을 했다. 그러는 동안 백 주임이 와서는 원 부장을 꾸짖었다.

"제발 엉뚱한 짓 좀 하지 마. 너 때문에 골치 아파 죽겠어."

백 주임은 인품이 좋았다. 남의 부탁을 잘 들어주었으며 상대에게 안 좋은 소리를 하는 일이 거의 없었다. 전에 나는 백 주임에게 토마토밭에 세울 지주를 달라고 부탁한 적이 있는데 그는 흔쾌히 받아들여 목공장에서 지주를 많이 가져다줬다.

백 주임이 원 부장에게 한 소리 한 것은 원 부장의 엉뚱한 행동에 놀란 것이 한두 번이 아니어서다. 백 주임은 우리가 국수를 못 먹게 돼 마음에 걸렸는지 자기 돈으로 마른국수를 사주었다. 우리는 그에게 고마워하며 난로 위에서 국수를 끓여 맛있게 먹었다.

백 주임은 웬만하면 우리 편의를 봐주려고 애썼다. 약 문제도 그랬다. 교도소에서는 몸이 좋지 않은 사람에게 약을 주지만 필요할 때 바로 받지는 못한다. 대전교도소에서는 아침에 투약 신청을 하면 저녁에 약을 내주었다. 시간이 상당히 걸리는 셈이다.

백 주임은 20사와 병사 등 관할구역을 담당하는 주임이어서 수시로 20사와 병사를 오갔다. 우리는 필요한 약이 있으면 백 주임에게 부탁했다. 백 주임은 병사에서 오랫동안 근무했고, 자신도 지병으로 당뇨병과 협심증이 있어서 약에 대한 지식이 풍부했다. 그래서 우리가 부탁하면 직접 약을 지어 곧바로 가져다 주었다. 의사보다 백 주임이 우리에게 더 도움이 되었는데, 의사 자격이 없는 그가 약을 지으면 규칙 위반이니 교도소 측이 문제를 삼았다. 백 주임이 약을 지을 수 없게 돼 다소 불편해졌다.

편지에 담긴 격려

연말이 되면 국제 앰네스티에서 크리스마스카드나 편지를 보내 주었다. 하지만 교도소는 인권 단체에서 온 서신은 모두 불허했다. 그런데 어느 서신 담당이 내게 국제 앰네스티에서 온 편지를 몇 통 보여 주었다. 나는 그 자리에서 편지를 보고 바로 돌려주었다.

모두 영어로 쓴 편지였다. 어떤 편지는 서너 장 가득 쓰였다. 나는 짧은 시간에 내용을 파악해 곧바로 서신 담당에게 편지를 돌려주었다. 영어를 열심히 공부해 둔 게 이때 도움이 됐다. 내가 영어 편지를 빨리 읽자 서신 담당이 놀랐다. 궁금했는지 내용을 자꾸 물었다. 그러면 요약해서 이야기해 주었다.

어느 때는 서신 담당이 앰네스티 회원이 보낸 편지인 줄 모르고 그대로 내주기도 했다. 대체로 앰네스티 회원이 보낸 편지는 다른 편지와는 달리 표시가 있어서 보면 안다. 교도소 측에 압력을 가하는 의미로 겉봉에 '엠네스티' 이름을 썼기 때문이다. 서신 담당이 대강 보았는지, 원래라면 손에 쥐지 못할 편지를 어쩌다 한 번씩 받았다.

앰네스티 회원이 보내 준 편지에는, 우리가 하루빨리 석방될 수 있기를, 그리고 석방될 때까지 건강하게 지내기를 바란다는 응원이 담겨 있었다. 그런 편지는 우리에게 커다란 희망을 주었으며, 끝까지 노력해 나갈 힘을 주었다.

석방

1996년 8월 10일, 여느 때처럼 교무과에서 영화를 관람하는 날이었다. 가는 길에 교무과 도서실에 들러 그곳에 출역하는 이헌치를 만났다. 그가 할 말이 있다며 아무도 없는 방으로 나를 데려갔다. 커피를 한잔 타주는데, 뭔가 중요한 이야기를 할 분위기였다.

교무과 담당한테 들었다며, 그와 내가 이번 8·15 광복절 특별사면으로 가석방될 게 거의 확실하다고 했다. 그런데 우리는 그전에도 석방된다는 이야기를 들었다가 불발된 적이 여러 번이라 교도관이 한 말을 곧이곧대로 믿을 수만은 없었다. 근거가 확실하다고 교도관이 강조했다지만, 매번 실망이 너무 커서 믿지 않으려고 했다. 그러나 이전과 달리 이번에는 법무부와 대전교도소가 석방 관련 서류를 교환하는 모습을 그 교도관이 봤다고 했다. 그래도 나와 이헌치는 믿지 않기로 했다. 석방된다는 말을 들으면 기쁘지만, 막상 사실이 아니면 낙담이 컸다. 그럼에도 그런 말을 들으면 기대하는 게 인간 심리다. 한편으로는 믿지 않으려 했고, 다른 한편으로는 기대했다.

8월 13일, 방에서 점심을 먹는데 스피커에서 라디오 뉴스가 흘러나왔다.

"이번 8월 15일에 이헌치 씨와 다른 한 명의 재일 교포가 석방됩니다."

이때 이헌치의 이름은 분명히 나왔는데 내 이름은 나오지 않았다. '다른 한 명의 재일 교포'에 해당하는 사람은 나나 손유형이었다. 재일 교포 양심수 중, 남은 형기가 제일 짧은 사람이 손유형이었고, 두 번째로 이헌치, 세 번째가 나였다. 손유형은 고령자에 병약자라 석방 대상이 되기 쉬웠다.◆ 내 마음은 불안하고도 미묘했다.

오후 3시에 운동을 마치고 사동으로 돌아가니 교도관이 나를 찾아왔다.

"당신이 모레 석방되는 게 확실해 보안과장이 전방하도록 지시했습니다. 두 시간 뒤에 방을 옮기니, 그때까지 준비해 주세요. 출소할 때 가져갈 짐은 방 앞 복도에 놔주세요. 그 짐은 나중에

◆ 손유형은 1981년 체포 당시부터 위암과 후두암을 앓아 항암제를 장기간 투약받으며 병사에 수용되었다. 1990년 11월 27일 일본 구원회 회원 두 명이 당시 전주교도소에 있던 61세 손유형을 접견해 속옷과 영양제, 항암제, 가족사진을 전해 주고 일본인 2456명이 서명한 「석방 요망서」를 김수환 추기경과 법무부에 전달하려고 방한했다(『한겨레』 1990년 12월 2일자). 손유형은 1998년 가석방되었고, 2014년 6월 24일 심근경색으로 숨졌다. 2022년 1월 28일, 대법원은 고 손유형의 재심을 무죄 확정했다.

영치계 봉사원이 가져갈 겁니다."

이번에는 정말 감옥에서 나갈 수 있다는 실감이 들었다. 막 운동을 하고 와 온몸이 땀투성이였다. 세면장에 가서 재빠르게 씻고 서둘러 출소 준비를 했다. 가져가지 않을 건 그대로 방 안에 두고, 가져갈 짐은 보따리에 싸서 방 앞 복도에 놓아두었다.

6사 3층에 있는 남쪽 방으로 옮겼다. 6사 2층 남쪽 방에는 이헌치의 방과 유재선의 방이 있었다. 두 사람은 저녁에야 출역장에서 돌아왔다. 저녁 6시 반부터 8시까지는 방송 때문에 시끄러워 2층에 있는 그들과 통방하기가 어려웠다. 8시가 조금 지날 무렵 뒤로 난 창을 통해 두 사람과 이야기를 나눴다. 이헌치는 낮에 방송을 못 들어 자신이 석방되는 줄 몰랐다. 나는 낮에 들은 내용을 그대로 전했다.

8월 14일, 교무과장과 기무사 사람이 나와 이헌치를 교무과장실로 불렀다. 우리 두 사람이 8월 15일에 석방된다고 정식으로 통지해 주었다.

오후에는 출소할 때 가져갈 짐을 미리 검사받으러 검사실로 갔다. 그런데 대구교도소에서 이감 올 때 영치한 짐은 있었는데, 전날 복도에 놔둔 짐이 없었다. 제대로 연락되지 않은 것으로 확인되었고, 우여곡절 끝에 짐을 찾았다.

8월 15일, 6사 상 3층 방에서 혼자 아침을 먹었다. 오전 9시 점검 시간이 되어도 출소를 안내하는 교도관이 오지 않았다. 보통 가석방이나 형 집행정지로 출소하게 되면 늦어도 오전 8시까지는 교도관이 와서 안내했다. 9시가 되어도 출소 안내 담당이 오지 않아 혹시 가석방이 취소된 게 아닐까 걱정했다. 예전에 어떤 사람도 하루 전에 가석방된다고 정식으로 통고받았다가 갑자기 취소된 일이 있어 그런 걱정이 들었다.

오전 9시 30분. 교도관이 왔다. 문이 열렸다.

에필로그
집으로

석방되었을 때 기쁨은 컸지만, 장래를 생각하면 걱정도 들었다.
고등학교나 대학교에 다닐 때 아르바이트를 해봤을 뿐이다.
그동안 크게 변화한 일본 사회에 적응해
새롭게 경제 기반을 만드는 일은 꽤 어려웠다.
하지만 긴 감옥살이를 무사히 끝낸 나는,
그 정도의 일은 충분히 해나갈 자신이 있었다.

일상을 다시 꾸리며

15년 만에 석방되었다. 형수님과 민가협 사람들이 대전교도소 앞으로 마중 나와 있었다. 이날이 하루빨리 찾아오기를 기대했지만 뜻 같지 않았다. '감옥에 들어가기는 쉽지만, 나가는 것은 어렵다'는 말을 뼈저리게 느꼈다.

한국에서 구속된 재일 교포 양심수가 얼마나 되는지는 정확히 모르지만, 100명은 넘을 것이다. 투옥되지는 않았더라도, 수사 중에 고문받다 죽거나 석방을 조건으로 수사기관의 앞잡이가 된 재일 교포도 있다. 그들의 이야기는 신문에 발표되지 않아 인원수는 잘 모른다. 수사기관의 앞잡이가 된 사람들은 투옥당해 겪는 육체적 고통은 없었겠지만, 양심의 가책이 상당히 컸다. 지금도 그 고통에 시달릴 테고, 평생 계속될 것이다.

김대중 정부가 들어서고 1년 뒤, 재일 교포 양심수는 모두 석방되었다. 그러나 그때도 국내 양심수 수백 명이 여전히 갇혀 있었고, 그 뒤로도 사람들은 〈국가보안법〉에 걸려 잡혀 갔다. 안기부와 기무사 같은 기관, 그리고 〈국가보안법〉이 존재하는 한 양심수는 없어지지 않는다.

석방되고 나서 여권을 만들고 일본 대사관에서 비자를 얻기까지 5개월이나 걸렸다. 1997년 1월 23일에야 가족이 있는 일본으로 돌아갔다. 김포공항을 출발해 일본 간사이공항에 도착했을 때 가족, 먼저 석방된 이철, 그리고 다른 지인들과 구원회 사람들이 나를 기다렸다. 보도진이 사진을 찍고 내게 여러 가지를 물었다. 가족과 친구들이 있는 곳으로 돌아오기까지 참 오랜 시간이 걸렸다.

한국에서 공부하다가 방학 때면 집으로 돌아와 부모님과 우리말로 대화했는데, 이제 두 분은 세상에 안 계신다. 아버지는 내가 구속되기 전에, 어머니는 내가 감옥에 있던 1992년에 돌아가셨다. 임종 소식을 담은 편지는 어머니가 저세상으로 가신 지 열흘 뒤에야 내게 도착했다.

석방되었을 때 기쁨은 컸지만, 장래를 생각하면 걱정도 들었다. 학생 시절에 투옥되어 직장 생활을 한 번도 경험하지 못했다. 고등학교나 대학교에 다닐 때 아르바이트를 해봤을 뿐이다. 15년이라는 공백기가 있었기에 그동안 크게 변화한 일본 사회에 적응해 새롭게 경제 기반을 만드는 일은 꽤 어려웠다. 하지만 긴 감옥살이를 무사히 끝낸 나는, 그 정도의 일은 충분히 해나갈 자신이 있었다.

일본으로 돌아오고 나서 석 달 뒤에 처음으로 취직했다. 익숙하지 않은 직장 생활을 하려니 복잡한 문제가 생겨 고민이 많았다. 분위기에 적응하지 못해 9개월 만에 그만두고 다른 곳으로 옮겼다. 두 번째 회사는 처음에 다닌 회사보다 더 터무니없는 곳이었다. 그러나 새로 옮길 만한 적당한 직장이 없어서 어쩔 수 없이 계속 근무했다.

그 뒤 여러 직장을 찾은 끝에, 1년 지나 고베에 있는 직장으로 옮겼다. 구두창 목형을 만드는 회사였고, 기술직이었다. 아주 세밀한 일까지 챙기는 작업이라 꼼꼼한 내 성격에 맞았다. 그 회사에서 어느 정도 기술을 익히자 혼자서 목형을 만들 자신이 생겼다. 나중에는 다른 회사로 옮겨가 구두창 목형 모델을 직접 만들었다.

재심과 무죄

2010년 7월, 재일 교포 이종수◆가 재심 재판에서 무죄를 선고받았다. 고려대학교에 다니다 보안사에 잡힌 양심수였다. 이때부터 한국에서 억울하게 감옥살이한 재일 교포들 사이에 재심을 청구하려는 분위기가 돌았다.

나도 재심을 신청하려고 2011년 여름에 민변(민주사회를 위한 변호사모임) 조영선 변호사를 선임했다. 2012년 8월 서울고등법원에 재심을 청구하고, 3년 뒤인 2015년 6월 재심을 개시하라는 판결이 선고되었다. 검사는 즉시항고를 했다.

2016년 3월, 대법원에서 검사가 신청한 즉시항고가 기각돼 재심 재판이 개시되었다. 12월에 고법에서 열린 제1회 변론에서, 나는 보안사가 인권을 침해하는 행위를 했던 사실을 증언하고, 앞으로 인권침해가 없는 사회를 만들어야 한다고 주장했다.

◆ 1982년 11월 6일 국군 보안사령부에 연행되어 37일간 불법 구금을 당했다. 징역 10년이 선고되었고 1988년 형 집행정지로 석방되었다. 2010년 7월 15일 재심에서 무죄가 선고되었다.

2017년 1월 제2회 변론에 대학교 시절 같은 과 학생이 증인으로 나서 주었다. 그는 당시 나를 "간첩이라고 느낀 적이 없었으며, 학생으로서 이상한 점도 없었다"고 증언했다. 최종진술에서 나는 수사기관과 권력자의 터무니없는 날조 행위를 규탄했다. 그런 가혹한 세상으로 되돌아가서는 안 되며, 기본권이 보장된 세상이 되어야 한다고 주장했다.

재판장이 검사에게 구형을 요청하자, 검사는 "피고에게는 공소 사실 112개가 있지만, 당시와 지금의 상황이 전혀 달라 어떻게 평가해야 할지 모르므로 판사님에게 판단을 맡기겠다"며 구형하지 않았다.

2월로 예정된 선고 공판은 검사 측 요구로 갑자기 취소되었다. 검사 측이 요청해 3월에 제3회 변론이 열렸지만, 검사 측이 제출할 자료가 있다고 해서 다시 한 달 뒤인 4월에 제4회 변론이 열렸다. 검사 측이 제출하려던 '국방부과거사진상규명위원회'의 녹취록을 찾지 못했다고 해 재판장은 선고 공판을 6월로 다시 잡았다.

언제 감옥에서 나갈지 모른 채 기다린 시간이 15년이었는데, 재심을 청구하고 다시 5년을 기다려야 했다. 늘 기다려야 했지만, 나는 이 기다림에 지지 않는다.

재판부가 마지막 선고 날로 확정한 6월 15일, 비로소 무죄가 선고되었다. 재판장은 "인권침해를 막아야 할 법관이 그것을 그냥 방치한 것은 잘못했다"며 오래전 그 재판을 담당한 판사들을 비판했다.

옥중에서 생활하는 동안 많은 사람이 도와주었다. 특히 재일 한국인 정치범 구원회 사람들에게 깊이 감사한다. 많은 사람의 지원과 성원 덕분에 희망을 잃지 않고 고된 옥중 생활을 마쳤다. 재심하는 동안에도 여러 사람에게 도움을 받았다.

나를 격려해 준 사람들의 기대에 맞춰 힘차게 살아가고 싶다. 15년간의 옥중 생활이 헛되지 않게, 그 경험을 좋은 추진력으로 삼아 앞으로의 삶을 펼쳐 갈 생각이다.

후기

나는 기다림에 지지 않는다

김태홍 구술

박수정 정리

1976년 9월 4일, 『경향신문』에 「내년부터 국비장학금 지급 재일 교포 자녀 모국 수학」이라는 제목으로 기사가 실렸다. 그날 문교부가 확정 발표한 '재일 교포 자녀 학생들의 모국 수학에 관한 개선 방안' 소식이었다. 민단에서 추천하고 주일 대사가 결정해 국비 장학생 50명을 선발하겠다는 내용이다. 그때까지 재일 교포 자녀는 자비로 수학하거나 각종 학교 재단에서 주는 장학금을 받고 모국에서 공부했지, 국비 장학생은 없었다고 한다.

그해 가을, 일본 고베에 사는 고등학교 3학년 학생 김태홍은 민단 사무실에 들렀다가 이 소식을 들었다. 고등학생이 되고부터 부쩍 바다 건너 모국을 알려는 마음이 커졌던 소년이다. 일본에서 태어나 자라면서 소년은 순간순간 민족 차별이라는 벽을 맞닥뜨렸다. 한 교실에서 공부하는 친구가 소년을 "조센진!"이라고 불렀을 때, 그 말에서 말로 표현 못 할 멸시를 느꼈다. 대학을 졸업해도 형들에게는 일자리가 막힌 현실, 한국인들이 일본 사회에서 겪는 배제와 소외, 금지를 흔하게 목격하며 자랐다.

소년은 소박한 희망마저 잘라 내는 현실과 차별에 저항하고 싶었다. 그러자면 먼저 '나'를 알아야 했다. 오래전 부모가 떠나온 조국과 민족을 만나고 싶었다. 우리말과 문화, 역사를 배우고 싶었다. 소년은 학교 담임선생에게 권유받아 조선문화연구회와 학생회에서 처음으로 모국어를 배웠다. 일주일에 한 번, 두 시간

공부로는 양에 안 찼다. 형 친구에게 도움을 받아 모국어를 독학했다. 모국에 가서 더 배우고 여기에 없는 희망을 가슴에 품고 돌아오고 싶었다. 그런 소년에게 장학생 선발은 참 반가운 소식이었다.

해가 바뀌기 전 겨울, 소년은 장학생 선발 시험을 쳤다. 50명 선발에 50명 학생이 응시했고, 그중 25명이 뽑혔다. 이듬해 봄, 소년은 5년간 국비 장학생 조건으로, 태어나 딱 한 번 다녀온 조국 대한민국으로 떠났다.

한국에 온 지 5년이 될 무렵, 연세대학교 상경대학 경제학과 4학년 마지막 학기를 막 시작한 1981년 9월 9일 수요일, 한 번도 생각지 못한 일이 청년 김태홍에게 벌어졌다. 그날 오후 수업에 가려고 하숙집을 나서는데 낯선 남자들이 대문 앞을 막아섰다. 구름 걷히고 차차 햇빛이 날 거라고 신문에서 일기를 예보했다. 그 낮, 다른 사람은 다 자기 일상을 살던 그 시각, 청년은 납치되었다. 대문 안쪽 하숙집 사람도, 5분 거리 학교 강의실에서 막 수업을 시작했을 교수와 동료 학생도, 저 멀리 일본에 있는 가족도, 아무도 청년이 납치된 사실을 몰랐다. 청년 자신도 납치인 줄 몰랐다. 친구 일로 잠시 물어볼 게 있다는 말에 '잠깐이면 되겠지' 하고 따라나선 길이었다. 한 달여 뒤 10월 13일부터 모든 신문이 청년을 간첩으로 대서특필하기까지 청년은 현실에서 증발했다. 그날 낮 3시를 채우던 공기가, 하숙집 대문과 담벼락이, 차가 있는 곳까지 걸어 나왔던 골목길이 청년을 목격했을까. 죄 없이 15년을 교도소에 갇힐 스물다섯 살 청년 김태홍의 운명을 예감했을까.

납치와 고문, 불법 구금, 사형 구형에 무기형 선고와 확정, 무기형에서 20년 형으로 감형, 그리고 15년 만에 가석방. 보안사 갈월동 분실과 서빙고 분실, 서울구치소, 광주교도소, 대구교도소, 대전교도소. 저 시간과 저 공간을 거쳐 오는 동안, 스물다섯 청년은 어느덧 마흔 중년이 되었다. 스물의 몇 해와 서른의 전부를 꼬박 갇혔다가 세상으로 다시 돌아왔다. 폭력과 공포와 억울에도 지지 않고 살아 돌아왔다.

　　1997년 1월 23일 일본으로 돌아가 다시 하나하나 삶을 다져 온, 김태홍 선생의 20여 년 시간 이야기를 여기, 글로 옮긴다.

1. 일본에 돌아가 꾸린 생활

일본에 도착해 2~3일 뒤, 외국인등록증을 만들러 고베시 주오구청에 갔습니다. 재류 기간 1년을 허가하는 외국인등록증을 받았습니다. 1년 등록증은 해마다 갱신해야 합니다. 영주권을 받으면 5년마다 했는데, 지금은 기간이 늘어 7년에 한 번 갱신합니다. 외국인등록증을 받고서는 바로 국민건강보험에도 가입해 일주일쯤 뒤에 건강보험증을 마련했습니다.

고베시청에서 일하는 '이헌치 구원회' 회원이 이헌치와 나에게 앞으로를 생각해 연금에 가입하라고 권유하더군요. 자기 일을 하루 빼고 우리와 함께 주오구청에 가주었습니다. 그가 아는 연금과장이 잘해 주었습니다. 우리에게 공기간으로 13년을 설정했는데, 특별한 이유로 연금에 가입하지 못했을 때, 일정 기간을 공기간으로 설정하면 가입한 걸로 간주합니다. 일본은 그때 25년 이상 납입해야 노후에 연금이 나왔습니다. 공기간이 설정돼 나는 그때부터 12년 이상만 부으면 연금을 받게 되었습니다.

한 달 뒤에는 고베시 출입국관리사무소에 가서 영주권을 신청해, 석 달 뒤 5월에 영주권이 나왔습니다. 이때 받은 영주권은 일반 영주권으로, 원래 있던 특별 영주권과는 좀 다릅니다. 특별 영주권은 해방 전부터 일본에 사는 재일 한국인과 그 자손에게 주었고, 일반 영주권은 한국인 이외의 외국인이나 해방 이후 일본으로 건너온 한국인에게 주었습니다. 특별 영주권이 일반 영주권보다 일본에 사는 데 더 유리합니다. 1980년대 일본 출입국관리법에는 재일 한국인이 2년 이상 계속 일본을 떠나서 돌아오지 않으면 일본 거주권을 잃게 되었습니다. 그래서 나는 구속된 지 7년이 지났을 때 일본 거주권과 특별 영주권을 잃었습니다.

메이메이공업 _1997년 4~12월

1997년 2월, 효고현 니시와키시에 있는 메이메이공업에 면접을 보러 갔습니다. 살아가려면 취직해서 일해야 하니까요. 넷째 형 친구가 소개했습니다.

사장이 경력을 묻기에, 한국에서 대학교 4학년을 다니다 부당하게 구속돼 15년간 감옥살이했다고 말했습니다. 사장이 "우리 회사에 언제든 들어와도 된다"고 해요. 내가 감옥살이를 숨기지 않고 솔직하게 말해 호감이 갔나 봅니다.

그래서 당장은 말고 먼저 운전면허증을 따고 오겠다고 했습니다. 니시와키시는 교통이 불편한 지역입니다. 자가용 없이는 회사 다니기가 어려워, 입사 전에 운전면허증을 따야 했죠.

자동차 운전교습소를 찾아갔습니다. 고베에서 기차로 여섯 시간 거리였습니다. 교육생 전원 합숙·집중 교육으로, 다른 일반 교습소보다 운전을 빨리 가르치는 곳입니다. 교습생 중에는 20대가 가장 많았고, 나처럼 마흔 살 가까운 사람은 거의 없었습니다.

나는 필기시험에서는 최우수 성적을 받았지만 실기가 약했습니다. 아무래도 나이 먹고 운전 기술을 배우려니 습득하는 데 시간이 걸리더군요. 빠른 사람은 3주 만에 과정을 마쳤습니다. 졸업하면, 각 지역 자동차 운전면허 시험장에서 필기시험을 치르는데, 합격 기준인 90점을 넘기면 운전면허증을 받습니다.

나는 가장 빨리 졸업한 사람보다 일주일 더 기간을 연장해 배우고 겨우 졸업했습니다. 단계마다 실기 시험을 보는데, 각 단계에 합격해야 그다음 단계로 넘어갑니다. 한 단계 시험에서 떨어지면 붙을 때까지 몇 번이라도 재시험을 쳐야 합니다. 요금도 추가로 내고요. 교습소를 졸업하고 며칠 지나 아카시 운전면허시험센터에 가서 필기시험을 보고 바로 합격했습니다.

운전면허를 따고서 4월에 메이메이공업에 들어갔습니다. 통근하기 수월하게 고베에서 니시와키로 이사했습니다. 니시와키 중심지에 있는 아파트를 얻었는데, 처음에는 차가 없어서 회사 동료 차를 함께 타고 다녔습니다.

그동안 일한 경험은 고등학생 때 아르바이트한 게 전부입니다. 음식점이나 사무실을 청소하거나 이삿짐센터 일이었죠. 그러니 본업으로 일하기는 이때가 처음입니다.

메이메이공업은 기계나 도구를 만드는 회사입니다. 먼저 공장에서 철을 가공하는 작업을 배웠습니다. 일한 지 한 달 반쯤 지날 무렵, 무역부장이 이탈리아에서 온 영문 편지를 일어로 번역해 달래요. 번역해 주었더니 일주일 뒤에는 일어로 쓴 답장을 영어로 번역해 달랍니다. 2~3일 뒤에 영문 편지를 무역부장에게 주었습니다.

이런 일이 있고 나서 보름 뒤, 공장에서 일하던 내가 사무실 무역부로 발령되어 수입 업무를 담당했습니다. 스페인·독일·이탈리아·캐나다·미국 등 여러 나라 회사에서 기계나 도구를 사들이는 일이었습니다. 주로 팩스로 물건값이나 지불 방법을 협상했습니다.

메이메이공업은 자동차 차체車體 수정 설비를 생산해 팔았습니다. 경기 변동에 따라 판매량이 영향을 받아 한 가지 품목만으로 회사를 운영하기에는 위험성이 있었죠. 그래서 자동차 도장 설비인 스프레이 부스를 스페인에 있는 회사에서 수입하기로 해서, 그 교섭을 내가 맡았습니다.

스페인 쪽 무역부장과 여러 차례 팩스로 영문 편지를 주고받았습니다. 도중에 그 무역부장이 스프레이 부스 설계도와 설명서를 영어 책자 한 권으로 만들어 우편으로 보냈는데, 영어 실력이 대단했습니다. 책 전체를 일어로 번역해 사장과 기술자에게 보여주었습니다. 나는 스프레이 부스 전문 지식이 없어서 설계도와 설명서를 봐도 비평은 못 합니다. 사장과 기술자가 내용을 확인하고 의문을 제시하면, 그 내용을 번역해 스페인 회사와 의논해 나갔습니다.

회사에서는 차체 수정 실습 학교도 운영했습니다. 일본 여러 지역과 한국에서 기술을 배우러 사람들이 왔습니다. 그래서 수업 교재를 우리말로 번역하기도 했지요.

회사 전무가 사장 아들로 20대 후반이었는데, 자기 마음에 안 드는 일이 있으면 바로 성냈습니다. 자기 아버지한테도 그랬습니다. 성적인 농담도 해대서 직원들을 못살게 굴었습니다. 전무는 자기가 차기 사장이라고 장담하면서 사원에게 건방지게 대했죠.

나한테도 난폭하고 건방지게 굴었습니다. 결국 못 견디고 회사를 그만두었습니다. 이때는 직장 생활이 처음이라 충동적으로 판단했습니다. 어떤 회사에 가도 못된 사람이 있기 마련인데, 그런 일을 요령 있게 처리하지 못하면 나만 손해를 본다는 걸 나중에야 알았습니다.

산업폐기물 회사 _1998년 1~8월

메이메이공업을 그만두고 효고현 다카사고시에 있는 산업폐기물 관련 회사에 취직했습니다. 재외국민교육원 시절에 같은 하숙방에서 지낸 사람이 소개한 곳입니다.

사장은 조총련계 학교인 조선고등학교를 나왔는데, 우리말을 들을 줄은 알지만 말은 그다지 잘하지 못했습니다. 거기서는 산업폐기물을 처리하는 일과 영업을 맡았습니다.

사장은 몇 가지 사업을 동시에 꾸렸습니다. 고베시 중심부 산노미야에 효고현 중소기업협동조합이라는 사업체를 만들고는 이사장을 맡았습니다. 나도 그 사무실에서 일했습니다. 워드프로세서로 조합 규약을 정리·작성하고 인쇄해 조합원이 될 만한 회사에다 규약과 안내문을 우편으로 보내는 일이었습니다.

어느 날 사장이 오사카에 같이 가자고 해요. 어떤 건설 회사를 찾아가서는 공갈 협박을 하더군요. 상대방 약점을 잡아 물고 늘어지는 게 사장의 수법이었습니다.

조합 사무실로 돌아가는데 사장이 나한테 차표 없이 그냥 전차를 타래요. 거부하고 차표를 사서 역 안으로 들어갔습니다. 사장은 내가 서슴없이 불법행위를 하는지 시험해 본 겁니다. 그 뒤로는 사업하는 데 중요한 내용을 나한테 감췄습니다. 나는 계속 단순 사무 정리나 워드·엑셀로 문서 만드는 일을 했습니다.

석 달쯤 지나자 사장이 다쓰노에 산업폐기물 임시 보관소를 만들었다며 일해 보겠냐고 제안했습니다. 사무실 2층에 있는 숙박 시설에서 생활하면 된다면서요. 다쓰노는 시골이라 불편하지 않을까 싶어 사무실 근처에 목욕탕이나 우체국, 은행이 있느냐고 물었더니, 사장이 있다고 하더군요. 그래서 제안을 받아들였는데, 순전히 거짓말이었습니다.

내가 맡은 일은 폐기물 무게 측정이었습니다. 폐기물을 실은 차가 오면 먼저 무게를 잽니다. 기사가 폐기물을 보관소에 버려 빈 차가 되면 다시 무게를 잽니다. 두 무게를 빼면 폐기물 무게죠. 측량기 사용법만 익숙해지면 아주 간단한 작업이었습니다. 일하는 시간보다 안 하는 시간이 훨씬 많았습니다. 출근해 커피 한잔 마시면서 신문이나 잡지를 보기도 하고, 낮잠을 자도 되었습니다. 차가 들어오면 운전기사에게 커피를 대접하고 잡담도 나눴고요.

여러 회사에서 산업폐기물을 싣고 와 버리고 가면, 나중에 하청 운송 회사 트럭이 와서 이 폐기물을 전국 각지 폐기물 처분장으로 싣고 갑니다. 그러기 전까지는 하청 운송 회사 직원이 불도저로 폐기물을 쌓아 올리는데, 나중에는 산이 될 정도입니다.

폐기물 중에는 석면이 많았습니다. 하청 직원이 불도저로 폐기물을 쌓아 올릴 때마다 석면이 흩날렸습니다. 석면은 폐공기증과 폐암의 원인이 되는 대표적인 발암물질입니다. 하청 직원이 두어 달 이 작업을 계속했는데, 어느 날 미열이 나고 기침을 하더니 보름 넘게 이어졌습니다. 증상으로 봐서 폐에 문제가 생긴 게 거의 틀림없었습니다.

당시 일본에서는 석면이 몸에 나쁘다는 것을 아는 사람이 어느 정도 있었어요. 2005년쯤 '구보타'라는 작업 차량 제조 회사의 전·현직 사원과 공장 주변 주민이 폐공기증에 걸려 죽은 일이 드러나면서 일본 사회에 큰 충격을 주었고, 그 심각성도 널리 알려졌습니다.

나는 다쓰노 산업폐기물 임시 보관소에서 일하면서 석면이 얼마나 위험한지 알고는 6개월 남짓 일하고 그만두었습니다.

후지목형제작소 _1998년 8월~2001년 봄

그다음으로 찾아간 회사는 고베시 나가타에서 구두창 모델을 만드는 후지목형제작소입니다. 나가타는 구두 제조업으로 유명한 곳이었고, 한인들이 그 일을 많이 했습니다.

회사가 소유한 임대 맨션*이 있어서 돈을 내고 그곳에서 지내며 출퇴근했습니다. 맨션에서 회사까지는 자전거로 2~3분 거리였습니다.

회사라고는 해도 사장 하나에 종업원 둘뿐이었습니다. 직원한 명은 입사한 지 20년 된 장인 기술자였습니다. 끌, 대패, 조각도를 써서 나무나 인공 목재로 구두창 원형을 만들었는데 매우어려운 기술입니다. 꼼꼼한 성격과 예술적 감성이 없으면 그 기

◆ 일본에서는 싼 임대주택을 아파트라고 하며 그보다 좀 비싸고 고급스러운 임대주택을 맨션이라고 한다. 아파트는 고층 건물이 없지만, 맨션은 고층 건물도 있다. 또 아파트는 목조 건물이고, 맨션은 목조 혹은 철근 건물이다.

술을 익히지 못한다고 흔히 말합니다. 소질이 있었는지 나는 비교적 빨리 기술을 익혔습니다. 최소 3년은 걸린다는데 2년이 되자 기술에 자신이 생겼습니다.

사장이 내게, 자기는 기술을 가르치지 않으니까 장인이 일하는 것을 잘 보고 기술을 훔쳐야 한다고 했습니다. 하지만 훔치지 않아도 장인이 잘 알려 주었습니다. 내가 질문을 하나 하면, 장인은 서너 가지를 알려 주었습니다. 그러면서 장인이 말하기를, 원래는 수습공에게 기술을 가르치지 않는데 내가 열심히 일하니까 가르쳐 준다고 하더군요.

사장과 장인은 동갑이었는데 사이가 나빴습니다. 사장은 상대방에게 무리한 일을 요구했고, 내게 자주 장인을 욕했습니다. 게다가 작업장에 있는 인터폰 안에 감시 카메라를 설치해서는 우리를 감시했습니다. 장인은 가끔 인터폰 카메라 위에 물건을 얹어 사장이 못 보게 했습니다. 감시 카메라로 직원을 감시하면 부작용이 더 크기 마련입니다. 인심을 잃지요.

가끔 회사로 사장이 아는 사람이 찾아왔습니다. 구두 쪽 사업을 한다는데, 몇 번이나 사장을 속인 사기꾼입니다. 그런데도 사장은 관계를 끊지 못했습니다.

그 무렵 구두창 모델 제조업계가 전반적으로 일이 줄어들어 어려운 처지였습니다. 중국에 주문을 빼앗겨서입니다. 후지목형 제작소 사장도 초조해했는데, 사기꾼이 사장에게 제안하더군요.

"앞으로 구두창 모델 제조업이 어려워질 테니 새로운 사업을 시작해야 한다. 스펀지창 제조업이 앞으로 유망한 사업이다. 내가 도와줄 테니 한번 해보자."

사장은 그 말에 솔깃해서는 사기꾼에게 스펀지창 제조 설비를 사들였습니다. 구두창 모델 제조는 일감이 얼마 없어서 장인과 사장 둘만으로도 충분해, 내가 그에게 배워 스펀지창을 만들기로 했습니다. 스펀지창은 만들기 쉬웠습니다. 금형에다 스펀지 재료를 넣어 열을 가하고 냉각기로 냉각해 꺼내면 제품이 되었습니다.

그 일도 일감이 적어 하루에 서너 시간 일하면 끝이었습니다. 그래서 심심하면 기계를 청소하거나 정리했는데, 가만 보니 기계가 상당히 낡은 데다 나사도 곳곳이 빠져 있었습니다. 그래서 사기꾼에게 기계가 너무 낡아 고장 날 가능성이 있다고 했더니 "고장은 안 나니 걱정 말고, 할 일 없으면 낮잠이나 자라"며 버럭 화를 냅니다. 사장을 속인 일이 들통날까 싶어 그런 거죠. 그는 사장에게 설비 값을 다 받아 놓고는 나중에 설비 금형을 빼돌리기까지 했습니다.

봉급도 제대로 안 주면서 사기꾼한테나 돈을 갖다주는 사장을 보니 장래성이 없어 보여 그만두었습니다.

구두 재료 판매회사 _2개월

이번에는 구두 재료를 파는 회사에 취직했습니다. 종업원이 예닐곱 명 정도인 작은 회사였습니다. 구두 재료를 사들여 그대로 구두 제조 회사에 팔거나 가공해 팔았습니다.

사장은 나보다 열 살쯤 아래 서른 초반 젊은이였습니다. 회장인 아버지에게 사업을 이어받았습니다. 아버지는 인격자였는데 아들은 성미가 매우 급했고, 부모한테도 욕을 했습니다. 별것 아닌 일로도 상대를 야단치고 윽박지르는 사람이었습니다. 여름에는 사무실에 냉방을 하잖습니까. 하루는 내가 배달을 다녀왔는데, 사장이 냉방 중에는 재빨리 문을 닫아야 한다며 난리를 쳤습니다. 그다지 문을 늦게 닫은 것도 아닌데 말입니다.

사장은 아침 일찍부터 나와 부지런히 일은 했지만, 예의가 없었습니다. 자기를 무조건 따르는 사람만 밑에 두는 성격이라 웬만한 사람은 금방 회사를 그만두었습니다. 오죽하면 거래처 사람들도 이 회사에 오래 있는 사람에게 "딴 데 못 가니 그 회사에 남아 있는 것"이라며 빈정거렸습니다.

사장이 아무리 일을 잘해도 그런 이상한 사람을 상대해 가며 일할 여유는 없어서 두 달 만에 회사를 그만두었습니다.

후쿠시계상사 _2001년 봄~2003년 10월

후지목형제작소에서 일할 때, 거래처인 후쿠시계상사에서 목형을 주문해 많이 만들었습니다. 그래서 후쿠시계상사도 목형 모델 기술자가 필요하지 않을까 짐작했습니다. 구두 재료 판매회사를 그만두기 전에 후쿠시계상사에 두 번 찾아갔는데, 그때마다 사장이 자리에 없어 못 만났습니다. 포기했는데 후지목형제작소 사장을 통해 면접하자는 연락이 왔습니다.

사장이, 내가 목형 모델을 만들 줄 알고 한국어도 잘하고 컴퓨터도 어느 정도 하니까 같이 일하자고 했습니다. 후쿠시계상사도 구두 재료 판매회사인데, 구두창이나 힐을 기획해 거래처에 주문해 만들어서 구두 제조 회사에 팔았습니다. 나는 주로 구두 창이나 힐 원형 모델을 만들었습니다.

그리고 한국에서 우레탄창을 수입하는 교섭 업무도 맡았습니다. 부산에 있는 '제웅'이라는 우레탄창 제조 회사에는 일본어를 잘하는 통역이 있었는데, 그 사람은 우레탄창 제조나 원형 모델 지식은 없었습니다. 그래서 그동안 사장과 부장이 제웅과 교섭할 때 기술 문제를 논의하려면 어려움을 겪었습니다. 내가 들어가고 나서는 기술 문제가 생겨도 제웅 쪽 기술자와 바로 우리말로 교섭해 일이 수월했습니다.

입사하고 1년 반쯤 지나 2002년 가을, 거래처인 도아세이코 사장과 함께 부산에 찾아갔습니다. 제웅에서 만든 우레탄창을 후쿠시게상사가 사들여 도아세이코에 팔았는데, 이때는 도아세이코에서 급하게 새로운 우레탄창이 필요하다고 해서, 제웅 기술진과 직접 교섭하러 갔죠. 석방되고 처음으로, 거의 6년 만에 한국에 갔습니다. 이틀 다녀왔는데, 처음에는 혹시라도 정보기관에서 미행하지 않을까 걱정했지만, 그런 기미는 없었습니다. 그래서 별로 긴장하지 않고 회사 일에만 신경 썼습니다. 이때는 일본에서 생활 기반을 만드느라 바빠 한국의 정치나 사회 상황에 신경 쓸 여유는 없었습니다.

후쿠시게상사에는 도구와 기계 시설이 충분하지 않아 구두창 원형이나 힐 원형을 만드는 데 시간이 걸렸습니다. 그래서 장비를 하나하나 마련했습니다. 설비를 웬만큼 갖추자 만드는 속도도 꽤 빨라졌습니다.

이곳은 본디 제조 회사가 아니라 다른 회사에서 만든 물품을 사들여 구두 제조 회사에 파는 상사인데 사장이 제조 업무를 위주로 하는 나를 고용한 것은, 목형 원형을 전문 회사에 주문하면 비용이 많이 드니까 그 경비를 절약하려는 속셈이었습니다.

이곳에서 영업일을 오랫동안 해온 직원이 있었는데, 컴퓨터 실력이 대단했습니다. 이 직원이 사장에게 구두창이나 힐 원형 목형과 금형을 컴퓨터와 엔시NC(수치제어) 기계로 만들 수 있다고 하자, 사장이 자기가 응원할 테니 목형·금형 제조 회사를 만들어 보라고 했습니다.

그래서 그 직원이 온리원이라는 회사를 만들었습니다. 내가 입사하기 전이었죠. 그가 사장을 하고 후쿠시게상사 사장이 회장으로 취임했습니다. 온리원 사장은 회장의 신용을 최대한 활용해 여러 사람에게 투자금을 얻어 컴퓨터와 기계를 사고 회사 운영 자금으로 삼았습니다.

구두창 목형 모델은 금형을 만들려고 제작합니다. 목형 모델의 반대 모양이 금형입니다. 그리고 그 금형으로 제품을 만듭니다. 그러니까 컴퓨터로 바로 금형을 만든다면 목형을 따로 만들 필요가 없습니다. 온리원 사장은 『고베신문』 기사에서 "앞으로 온리원이 구두창과 힐의 금형 제조를 독점할 것"이라며 컴퓨터로 직접 금형을 만든다고 장담했습니다.

온리원 사장은 금형 제작을 시도했지만, 제대로 만들지 못했습니다. 이상하게 만들어진 금형을 아사노 금형 제작 회사에 부탁해서 수정했습니다. 온리원 사장은 컴퓨터로 직접 금형을 만들기가 어렵다는 걸 알고는 목형을 먼저 만들자며 컴퓨터로 목형을 만들기 시작했습니다. 그러나 목형도 제대로 만들지 못했습니다.

후쿠시계상사에서 일하는 내가 온리원이 만든 목형 모델을 수정하는 일을 맡았습니다. 온리원이 만든 목형은 그대로는 상품으로 유통하기 어려워, 내가 수정해야만 상품으로 내놓을 수 있었습니다. 온리원에는 컴퓨터 기술자는 있었지만, 구두창이나 힐 구조를 자세히 아는 사람은 없었습니다.

나는 그동안 힐 목형 제작을 위한 삼차원 그림 작성법을 배웠고 힐 구조를 잘 알아 컴퓨터상에서 힐 그림을 그릴 줄 압니다. 아무리 컴퓨터를 잘해도, 구두창이나 힐 구조를 제대로 모르면 목형이나 금형을 제대로 만들 수 없습니다.

온리원에서 만든 목형은 내가, 금형은 아사노 금형 제작 회사가 수정했습니다. 하지만 상품을 제대로 못 만들면 회사를 계속 운영하기가 어렵습니다. 결국 온리원은 만든 지 4년이 채 안 되어 도산했습니다. 회사 자금이 어떻게 되었는지는 아무도 모릅니다.

결국 후쿠시계상사 사장을 비롯해 투자자 모두 피해를 보았습니다. 적자 운영을 했던 후쿠시계상사도 구두 업계에 닥친 불황을 극복하지 못하고 2003년 10월 말 문을 닫았습니다.

마키노상사 _2003년 11월~2004년 7월

후쿠시계상사 가까이에 마키노상사 고베 지점이 있었습니다. 마키노상사는 구두창과 힐을 제조해 파는 회사입니다. 예전 후지목형제작소에서 일할 때 마키노상사에서 주문한 구두창 목형도 여러 번 만들어 보았고, 후지목형제작소 기술 장인에게 마키노상사에는 구두창 목형을 만드는 기술자가 한 사람뿐이라는 이야기도 들어, 여기도 목형 제작 기술자가 필요하겠다고 판단했습니다.

후쿠시게상사를 닫을 거라는 말을 사장에게 듣고 며칠 있다 마키노상사 고베 지점을 찾아갔습니다. 영업과장에게 구두창 목형 모델을 만드는 사람이 필요한지 물었더니 "아, 필요합니다. 사장과 의논해 연락드리겠습니다"라고 해, 내 이름과 휴대전화 번호를 알려 주었습니다.

며칠 뒤 마키노상사 사장에게 전화를 받고 면접을 보러 갔습니다. 사장이 내게 전에 받던 봉급을 묻기에 23만 엔이라고 하자 "우리 회사는 그런 싼 봉급으로 고용하지 않겠다"고 합니다. 그러면서 일요일이 아닌 다음 공휴일에 오사카 본사로 와달라고 했습니다.

이 이야기를 후쿠시게상사 사장에게 했더니 마키노상사 사장을 만나 나를 잘 부탁한다고 말해 주었습니다. 후쿠시게상사 사장은, 회사를 문 닫는 원인은 자기 자신에게 있다며 직원들의 이직 문제도 상당히 신경을 써주었습니다.

고베 지점에서 면담한 지 보름쯤 지나 오사카 본사에 찾아갔습니다. 사장이 국제부장을 불러서는 둘이서 한국말로 이야기해 보라고 했습니다. 국제부장은 부산에서 온 사람이었습니다. 나에게 이전에 어떤 일을 했는지 우리말로 물어, 외국과 무역을 한 일이나 산업폐기물 회사에서 일한 것, 구두창 목형 모델 제작 일 등을 우리말로 설명했습니다. 국제부장은 사장에게 내가 한국에 출장 가도 교섭하는 데 지장이 없겠다고 보고했습니다. 이야기를 다 끝내고 사장은 내게 회사 여기저기를 안내해 줬습니다.

국제부장은 회사를 그만두고 부산으로 돌아가 내가 그가 살던 맨션으로 이사했습니다. 맨션은 민간 주택인데, 회사가 한 달 10만 엔에 임대했습니다. 방 세 개와 부엌이 딸린 응접실, 목욕탕이 있었으니 혼자 생활하기에는 넉넉했습니다. 기숙사 비용으로 회사에 1만 5000엔만 내면 되니까 좋은 조건으로 주거지를 얻었죠. 맨션에서 회사까지는 자전거로 5분 남짓 거리라 점심도 집에 가서 먹었습니다.

마키노상사에서도 나는 주로 구두창과 힐 목형 모델을 만들었습니다. 원래 그 회사에서 일해 온 목형 제조 기술자와 일을 분담했습니다.

처음 석 달은 수습 기간이라고 해서 임시 사원으로 고용되었습니다. 석 달이 지날 무렵 사장이 고용 조건을 제시해 봉급 등을 정하게 됩니다. 정식 사원이 될 사람이 많았지만, 임시 사원으로 남는 사람도 있었습니다. 회사에서 정사원으로 인정하지 않은 사람도 있었고, 회사에서 정사원이 되라고 해도 연봉제가 싫어 임시 사원으로 남는 사람도 있었습니다. 잔업을 많이 하는 사람은 정사원보다 임시 사원으로 일하는 게 봉급이 더 많습니다. 실제로 회사에서 사장 다음으로 봉급이 많은 사람은 임시 사원으로 일하는 도장 기술자였습니다.

나는 연봉제를 받는 정사원이 되어 한 달 봉급이 26만 엔으로 정해졌습니다. 연봉제는 봉급을 1년 단위로 정했는데, 사장 설명에 따르면 1년 동안 지불하는 금액을 미리 정해 놓고 그걸 열두 달로 나눠서 달마다 준다고 합니다. 일하는 시간과 관계없이 봉급을 준다는 건데, 쉽게 말하자면 잔업수당을 안 준다는 것입니다. 이것이 나중에 불씨가 됩니다.

마키노상사에서는 오전 8시부터 오후 5시까지가 기본 근무 시간으로, 정오부터 한 시간은 점심과 휴식 시간입니다. 그런데 사장은 오전 7시 40분부터 준비운동이나 조회를 하니까 그때까지 나오랍니다. 노동기준법을 위반하는 행위죠. 조회에서 하는 이야기는 대개 쓸데없는 내용이라 사원들이 싫어했습니다.

먼저 인사를 하는데 "안녕하십니까"를 조회에 참석한 인원수만큼 거듭해야 했습니다. 그다음에는 발성 연습이라며 아무 뜻도 없는 소리를 내게 했습니다. 그리고 사람을 지명해 전날 있던 일을 말하게 했으며, 10개 조항으로 구성된 행동 지침을 제창시켰습니다.

이상한 규칙도 있었습니다. 다른 부서에 갈 때면 "들어갑니다"라고 해야 한다는 겁니다. 그러면 그 부서 사원들은 "들어오세요"라고 대답해야 하고요. 일을 다 보고 나갈 때는 "실례합니다" 하고, 부서 사람들은 "가세요" 하고요. 거의 모든 사원이 이런 성가신 일을 강요하는 사장에게 반감이 있었습니다.

마키노상사를 만든 사람은 사장의 아버지인 회장인데, 경상남도 출신으로 청년 시절에 일본으로 밀항했습니다. 회장네는 모두 일본에 귀화했습니다. 재일 교포의 3분의 1가량이 그랬습니다.

사장은 회장 말도 듣지 않고 마음대로 회사를 운영했습니다. 회사에 입사한 지 갓 1~2주 된 사원을 과장이나 계장으로 지명하고, 일주일 된 사람을 제조과장으로 임명했습니다. 제조과상은 제조부에 속해 있는, 힐과 구두창 제조부, 힐 도장부, 목형제조부 전체를 책임집니다. 힐과 구두창 제조부 책임자가 공장장인데, 입사 일주일 된 사람이 공장장보다 윗사람이 되는 우스꽝스러운 일이 벌어졌습니다.

나는 목형제조부 소속 평사원인데, 제조과장이 된 신입 직원은 구두창과 힐 제조 지식이나 경험이 별로 없었으며, 목형 제작을 전혀 몰랐습니다. 제조과장은 도대체 무엇을 어떻게 진행해 나가면 좋을지 난감해했습니다.

어느 날 사무실에 신입 사무원이 대여섯 명 들어왔습니다. 보름 뒤 그중 한 명이 계장에 임명되었습니다. 사무실에서 잡다한 일을 맡아 했는데, 알고 보니 그 계장은 겨우 생활할 만한 금액을 봉급으로 받았고, 제조과장도 직위는 과장이지만 평사원인 나보다 봉급이 적었습니다. 이 회사에서는 직위와 봉급이 아무 관계가 없었습니다. 사장이 신입에게 직위를 부여하는 것은 그 사람을 최대한 써먹으려는 속셈이었을 뿐입니다.

어느 날 영업부장이 스택힐을 제조해 달라고 했습니다. 스택힐은 플라스틱힐 측면에 스택 모양의 인조가죽을 풀로 붙여 불룩 나온 부분을 깎아 평평하게 만든 다음, 특수한 액체를 발라 잘 닦아 윤이 나게 합니다. 나는 예전에 스택힐 목형 모델을 만들어 보았지만, 영업부장에게는 안다고 말하지 않았습니다. 영업부장은 스택힐을 만드는 요령을 가르쳐 준다며 고베 지점 근처 어느 회사로 나를 안내했습니다. 그곳 기술자가 내게 스택힐 제조 방법을 가르쳤습니다. 여기서 스택힐을 제대로 만들면 일거리가 더 많아지고 잔업 시간도 늘 거라고 예상해 일부러 서투르게 만들었습니다. 영업부장이 내가 만든 스택힐을 보더니 단념하고는 딴 사람에게 스택힐을 만들게 했습니다. 회사가 나처럼 연봉제로 계약한 사람에게는 잔업수당을 안 주니, 되도록 잔업을 적게 하려 했습니다.

이 영업부장은 나한테 어떻게든 일을 시키려고만 했지, 내가 자기 일을 신경 써서 도와줘도 고마운 줄을 모르더군요. 한국과 무역하면서 가끔 핸드캐리hand carry라는 방법으로 상품이나 샘플을 가져옵니다. 핸드캐리는 물건을 급히 입수해야 할 때 쓰는 방법으로, 공항에 가서 그날 비행기를 탈 여객에게 적당한 돈을 주고 물건을 도착지 공항에서 기다리는 이에게 건네주도록 부탁합니다. 영업부장이 그 받을 물건을 놓쳐, 내가 몇 군데 연락해 찾아 주었는데, 고맙다는 소리 한마디를 안 해요. 목형 기술자가 그 일을 알고는 "마키노는 그런 회사다. 남이 잘해 줘도 전혀 고맙게 느끼지 않는 것이 사풍이다"라고 말하더군요.

목형 기술자 말대로입니다. 가끔 사장이 당일 아침에 새로운 힐 목형을 오후 2시까지 만들어 달라고 부탁하면 점심도 굶고 서둘러 일하기도 하고, 복잡한 구두창 목형을 만들 때는 하루 이상 시간을 꼬박 들여 만들기도 합니다. 하지만 사장은 직원이 고생하고 애쓰는 것을 당연하게만 받아들입니다.

나는 마키노상사에서 목형 기술자에게 캐드CAD(컴퓨터 이용 설계), 캠CAM(컴퓨터 이용 제조 방식), 엔시를 배웠습니다. 캐드는 후쿠시게상사에서도 좀 배웠지만, 캠과 엔시는 처음이었습니다. 먼저 캐드로 힐 모양을 삼차원 입체로 그려 나가며 제도를 그리고,

캠으로 깎는 도구를 선정하고 방법을 선택하며, 그 프로그램을 엔시로 보내 엔시 기계를 써서 실제 힐 모양으로 인공 목재를 깎습니다.

엔시 기계를 조작하는 방법은 딱 한 번 배웠지만, 담당 기술자가 쉬는 날에도 힐 목형을 만들어야 해서 내가 엔시 기계를 조작했습니다. 자신이 없었지만, 설명을 적은 공책을 봐가며 한 시간 넘게 해나갔습니다. 자칫 도구가 망가지면 30만 엔 벌금을 내야 했는데, 무사히 힐 목형을 만들었습니다.

힐 목형을 엔시로 만들어도 깎는 칼의 기능에 제한이 있어서 목형 일부분을 제대로 못 깎을 때는 도구를 써서 손으로 깎았습니다. 구두창이나 힐 목형은 기술자가 아닌 사람에게는 절대 손대지 못하게 했습니다. 그만큼 목형 제조 기술은 어려웠습니다.

2004년 1월 어느 일요일 오전, 회사 금고에 들어 있던 현금 약 4000만 엔과 보석을 도둑맞았습니다. 이튿날 경찰관이 여럿 와서 조사했습니다. 회사에는 감시 카메라가 10대 정도 설치돼 있었는데 녹화를 하지 않아 소용없었습니다.

금고가 있는 회사 3층에는 회장과 부인, 큰딸이 살았습니다. 회장 부부가 병원에 간 뒤, 도둑 세 명이 들어왔습니다. 휴일이라 직원은 없었습니다. 도둑들은 권총으로 큰딸을 위협하면서 돈을 내놓으라고 했습니다. 큰딸은 서투른 일본말이 중국인 특유의 말투임을 알아챘습니다. 회사에 중국인이 10명가량 일해 그 말투를 알았습니다. 중국인 도둑 조직은 절도에 성공하면 좋은 정보를 제공한 사람에게 일정한 금액을 준다던데, 여기서 일하다 그만둔 중국인 누군가가 도둑단에 정보를 주었을 거라고 사원들이 말했습니다. 도둑단은 끝내 잡지 못했습니다.

이보다 4년 전에는 국세청 직원들이 회사 금고와 서류를 조사한 일이 있었습니다. 금고 안에 있던 현금 2억 엔을 모두 압수당했습니다. 세무조사 결과, 마키노상사는 2억 1000만 엔을 벌금으로 물었습니다. 금고 안에 2억 엔을 보관할 만큼 돈을 벌었으면, 사원에게 잔업수당을 제대로 정산하고 보너스를 넉넉히 주어도 되겠건만, 사장이 독차지하려고 하니 모든 사원에게 빈축을 샀습니다.

어느 날, 목형 기술자와 함께 잔업을 했습니다. 재고관리 담당자가 다코야키(문어 살을 속에 넣어 구운 밀가루 음식)와 캔 맥주를 사와서는 우리에게 건네며 "이 회사에서는 술을 마시면서 일하는 게 보통이다. 도둑놈과 세무서에 돈을 바치려면 열심히 일하시오"하고 갔습니다. 싼 봉급으로 사원을 혹사해 번 돈을 도둑이나 세무서에 빼앗긴 일을 비아냥거린 거죠.

시간이 갈수록 회사의 이러저러한 처사가 못마땅했는데, 사장과 부딪히는 일이 생겼습니다. 큰형 친구가 오사카 어느 노동조합 조합원이었습니다. 2004년 3월에 그 조합원이 나에게, 한국 기아자동차 노조 활동을 다룬 KBS 방송 프로그램을 통역해 달라고 부탁했습니다. 그래서 노조 사무실에 가서 노조원들에게 통역해 주었습니다. 헤어지면서 그 조합원과 명함을 교환했는데, 내 명함에는 집 주소 말고도 회사 이름과 주소가 있었습니다. 며칠 뒤 그 조합원이 출입국관리법 개악안에 반대하는 집회 안내문을 회사로 보냈습니다.

노조 이름으로 온 우편물을 보고는 사장이 나를 불렀습니다.

다짜고짜 그 노조와 어떤 관계냐고 물었습니다. 나는 "그곳 노조 원도 아니고 한국에서 방영된 어느 자동차 노조 프로그램을 통역해 주었을 뿐"이라고 했습니다. 사장은 의심을 다소 거두고 "그러면 괜찮지만, 이 회사에서는 노조 활동을 하는 사람을 절대로 받아들일 수 없다"며 우편물을 돌려주었습니다.

2004년 7월 초순 조회 시간에 사장이 7월 중순에 하루 일이 끝난 오후 6시부터 회사 전체 회의를 한다고 알렸습니다. 나는 그 무렵 한통련(재일한국민주통일연합)◆ 이쿠노 지부에서 재일 교포를 대상으로 일주일에 한 번씩 우리말을 가르쳤습니다. 그 강의 시간과 회사 회의 시간이 겹쳐 회의에 참석할 수 없다고 사장에게 이야기했습니다. 그러자 사장은 직업을 두 개 가져서는 안 된다고 했습니다. 나는 한국어를 가르치는 일은 직업이 아니라 자원봉사라고 했습니다.

이튿날 사장이 나를 해고했습니다. 사장은 앞서 노조에서 온 우편물로 노조 활동을 하는 건 아닌지 의심하더니, 이번에는 자기가 중요하게 여기는 회의에 불참한다고 하자 이를 빌미로 삼

◆ 1973년 재일 동포들이 한국의 민주화와 통일을 목표로 만든 한민통(재일한국민주회복통일촉진국민회의)이 전신으로 1989년 출범했다. 1977년 '재일 동포 유학생 간첩단 사건' 당시 간첩죄 선고를 받은 김정사의 배후로 한민통이 지목되며 〈국가보안법〉상 '반국가 단체'로 지정됐다. 김대중 전 대통령은 한민통 의장 경력을 이유로 반국가 단체 수괴죄를 적용받아 1980년 사형을 선고받았다. 김정사는 2013년 5월 대법원 재심을 통해 무죄를 선고받았으나, 한통련은 여전히 반국가 단체이다(『한겨레』 2019년 4월 23일자 참고).

았습니다. 해고 통지를 받고 회사를 나가자마자 1킬로미터쯤 떨어져 있는 히카리기켄공업이라는 회사를 찾아갔습니다. 고베에도 영업소가 있는 회사라 후지목형제작소에서 일할 때 이곳 사장과 여러 번 만나 안면이 있었습니다. 마키노상사에 온 이후에도 사장과 여러 번 만났습니다. 나는 그에게 마키노상사에서 해고당한 연유를 설명했습니다. 그러자 사장은 자기 회사에서 일해 달라고 했습니다. 해고당한 날에 다음 직장을 찾았습니다.

그리고 마키노상사가 속한 지구 노동기준감독소를 찾아갔습니다. 그곳 직원에게 내가 부당해고를 당했고 못 받은 임금이 있다고 설명했습니다. 며칠 뒤, 이 직원이 마키노상사에 찾아가 회사 담당자에게 이 문제를 해결하라고 촉구했지만, 결과가 시원치 않았습니다. 직원이 내게 회사 담당자에게 직접 전화해 교섭해 보라고 해서 연락했지만 진전이 없었습니다. 그러자 노동기준감독소 직원은 재판으로 해결하는 게 빠르다며 재판 수속과 요령을 안내한 작은 책자를 건넸습니다.

실은 나도 재판을 준비했습니다. 당시 청구 금액 140만 엔까지는 간이재판소에서 소송했고, 간이재판은 두 번으로 재판이 끝나 결판이 빨리 납니다. 해고되고 2~3일 후에 오사카 지방재판소 상담계를 찾아가 간이재판 절차와 제출할 서류 작성법을 알아보고, 소송에 필요한 서류도 받아 두었습니다.

마키노상사에서는 직원들이 날마다 출퇴근하면서 타임카드를 눌렀습니다. 나는 월말에 퇴근하면서 타임카드를 누른 뒤에 기회가 되면 타임카드를 옷 속에 감춰 가까운 편의점에 가서 복사했습니다. 복사하고서 회사에 들어가 타임카드를 원위치에 두었습니다. 이 복사물이 있으면 얼마나 잔업을 했는지가 증명됩니다. 타임카드를 반 넘게는 복사했고, 못 한 것은 추측해서 잔업 시간을 계산했습니다.

12월 하순에 재판소에 소송했습니다. 사장은 연봉에 잔업수당을 포함했다지만, 처음 봉급을 정할 때도 뚜렷한 기준이 없었던 데다가, 실제 내가 잔업을 한 데 비하면 터무니없는 임금이었습니다. 그래서 내 나름대로 기준을 만들어 사장이 주지 않은 임금으로 약 68만 엔을 잡고, 여기에 부당해고 위자료 70만 엔을 더해 약 138만 엔을 청구했습니다. 임금은 당연히 받겠지만, 위자료는 받기 힘들 거라 생각했습니다. 하지만 안 돼도 본전이니 시험 삼아 해봤습니다. 설령 돈은 받지 못한다 해도 사장의 잘못된 행태를 드러내고 싶었습니다.

2005년 2월 21일 오후 1시 반에 간이재판이 열렸습니다. 먼저 재판관이 사장에게 잔업수당을 물었습니다. 사장은 "우리 회사는 연봉제라, 잔업수당은 미리 정한 월급 금액에 포함되었습니다"라고 대답했습니다. 연봉제를 시행한다면 노동기준감독소에서 필요한 절차를 밟았느냐고 재판관이 묻자 사장은 "안 했습니다. 미지급한 임금을 지급하겠습니다"라고 했습니다.

이 단계에서 사장은 바로 잘못을 인정했습니다. 이어서 사장이 화해 교섭할 생각이 있다고 해, 재판관이 이에 응할지를 묻기에 그러겠다고 했습니다.

민간인인 화해위원이 나와 사장을 따로따로 별실로 불러 각자 주장을 들었습니다. 그러고 나서 화해위원이 우리 둘을 한자리에 불러 마무리 화해 작업을 했습니다. 사장은 위자료를 지불

할 수는 없지만, 미지급 임금으로 50만 엔을 지불하겠다며, 변호사를 사는 데 50만 엔 드는데 그럴 바에야 50만 엔 주고 화해하는 게 낫다고 말했습니다. 나는 사장이 제시하는 화해 금액이 20만 엔이나 30만 엔 정도라고 예상했는데 생각보다 금액을 많이 제시해 받아들였습니다. 일주일 지나 사장이 내 은행 계좌에 50만 엔을 입금해 그 재판은 해결되었습니다.

히카리기켄공업 _2004년 7월~2005년 1월

히카리기켄공업에서는 2004년 7월 중순부터 이듬해 1월 20일까지 일했습니다. 우레탄창 제조 회사로 일이 꽤 힘들었습니다. 빠른 속도로 움직이는 기계에 맞춰 일하기는 여간한 체력으로도 쉽지 않았습니다. 할 일이 너무 많아 잠시도 여유가 없었습니다. 셋이 할 일을 둘이서 하니 작업 강도가 높았는데, 그나마 체력이 좋아 그럭저럭해 나갔습니다. 우레탄창 제조 부서에서는 직원이 자주 나가고 바뀌었습니다. 체력이 없는 사람은 일주일도 안 돼 그만두었습니다.

우레탄창 원료는 일정 이상 온도를 유지해야 하기에, 제조 작업장을 전반적으로 냉방하지는 못합니다. 일하는 사람이 있는 곳만 부분적으로 냉방하는 장치가 다였습니다. 그래서 여름에는 공장 전체가 더워 죽을 지경이었습니다. 사장은 제주도에서 밀항해 우레탄창 제조업에 종사하다가 기반을 닦아 자기 회사를 차린 노력가였습니다. 당연히 사장은 이 제조 과정이 얼마나 힘든지 잘 압니다. 그러면서도 종업원에게 과중한 작업량을 요구했습니다.

회사에서 우레탄창을 만드는 곳은 2층과 3층에 있었습니다. 2층 우레탄창 제조 책임자는 성격이 고약했습니다. 우레탄창 제조는 시간 안에 맡은 일을 끝내기가 어려웠습니다. 체력에 한계가 있어서 아무리 빨리한다 해도 일정한 속도 이상은 내기가 힘듭니다. 나는 작업 강도를 조금 낮추려고 가끔 휴식 시간에도 일을 조금씩 했습니다. 2층 책임자가 그걸 보고 "휴식 시간에는 쉬어야 한다"며 일을 못 하게 했습니다. 나를 생각해 쉬게 하려는 게 아니었습니다. 그의 목적은 오로지 노동강도를 최대한 올려 남을 괴롭히는 데 있었습니다.

사장과 공장장을 찾아가, 너무 힘들어 2층에서는 일을 못 하겠다고 이야기했습니다. 내가 체력이 좋아 이 일을 맡긴 공장장도 2층 책임자가 성격이 고약한 줄 알았기에 얼마 뒤 3층 부서로 옮겨 주었습니다. 3층도 하는 일은 같고 체력 소모도 극심했지만, 책임자가 배려해 주어 2층에서 일할 때보다 마음 부담은 줄었습니다.

회사에서는 우레탄창 제조 작업을 못 하는 사람은 1층 에바론창 제조 작업이나 4층 우레탄창 도장 작업을 시켰습니다. 나는 주로 우레탄창 제조 작업장에서 일했는데, 에바론창 제조 작업과 우레탄창 도장 작업도 해보았습니다.

도장 작업은 한 달쯤 했습니다. 도장해 말린 창이 금속 기구에 걸린 상태로 회전하면서 이동해 오면, 그 창을 금속 기구에서 떼어 벨트컨베이어 위로 올려놓는 일이었습니다. 벨트컨베이어 저쪽에도 사람이 한 명 있어서 내가 보낸 창을 상자 안에 넣는 작

업을 했습니다. 도장은 컴퓨터 자동 제어로 진행되어 체력 소모는
덜했습니다.

도장 작업은 간단하고 쉬웠지만, 역겨운 시너 냄새를 참느라
애를 먹었습니다. 도장 작업이 끝나면 가끔 우레탄창을 고정하
는 금속 기구를 1층 시너 탱크 안으로 집어넣어야 하는데, 시너
탱크는 지독한 냄새로 가득했습니다. 오래 일하면 시너에 중독
될 게 분명했습니다. 나이를 먹고도 계속할 만한 일이 아니라 회
사를 그만두기로 했습니다.

가네타니제화 _2005년 2월~2018년 1월

히카리기켄공업을 그만두기 열흘 전에 고베에 있는 가네타니
제화에 면접을 보러 갔습니다. 면접은 공장장이 맡았는데, 10년
전에 일본에 온 중국 사람이었습니다. 공장장은 내 경력을 듣고
는 언제부터 일하겠느냐고 물었습니다. 2월 1일부터 일하기로
하고 취직이 결정되었습니다. 이력서를 준비해 갔는데 공장장이
이력서를 요구하지 않아 내지 않았습니다. 입사한 지 석 달이 지
나면 건강보험이나 기업연금 등 사회보험에 가입하게 해주겠다
고 공장장이 약속했습니다.

이 회사는 근무지가 두 군데입니다. 하나는 나가타에 있는 본
사, 다른 하나는 스마구에 있는 유통센터입니다. 본사에는 제조
부와 제품부, 사무실이 있었고 23명이 일했습니다. 유통센터에
는 인터넷 판매부, 재단부, 창고가 있었고 일고여덟 명이 일했습
니다. 건물 면적은 본사보다 유통센터가 컸지만, 사원수는 유통

센터보다 본사가 훨씬 많았습니다. 생산 거점을 나가타 본사에 둔 건, 가네타니제화에서 하청받아 일하는 업자들이 대부분 나가타에 있어서입니다. 유통센터에서는 새로운 구두를 개발했습니다.

가네타니제화는 남성 구두 제조 회사입니다. 주재료는 쇠가죽입니다. 구두창은 우레탄창, 고무창, 스펀지창을 썼습니다. 내가 속한 제조부에서 하는 일은 이렇습니다. 먼저 구두의 갑피(어퍼) 상부에 발 모양으로 된 골(라스트)을 똑바로 집어넣습니다. 비틀려 있으면 바로잡아야 하는데 그러기 힘들 때도 있습니다. 골은 알루미늄이나 플라스틱으로 만들었습니다. 골을 넣은 갑피를, 풀로 중창이나 본창을 갑피에 붙이는 일을 하는 사람에게 건네줍니다. 이 작업을 하는 사람을 '하리코'張り子라고 부릅니다.

하리코가 중창에 풀을 발라 갑피에 붙여 하청업자에게 가져가면 하청업자가 재봉질을 해 중창을 갑피에 튼튼히 고정합니다. 그것을 가마 속에 넣어 열을 가해 가죽을 부드럽게 하고, 다리미나 열풍기로 가죽에 생긴 구김살을 폅니다. 거기에 하리코가 본창을 붙입니다. 본창이 붙은 구두를 압축기로 눌러 튼튼하게 붙이고 골을 구두에서 뺍니다. 덜 펴진 구김살은 다리미와 열풍기로 다시 폅니다. 가죽에 광을 내는 액체를 분무기로 뿌려 말린 뒤, 면사 솜으로 가죽을 닦아 윤을 냅니다. 그다음 공정은 제품부에서 합니다. 제품부에서는 검품과 포장을 주로 합니다.

하리코가 갑피와 중창을 붙이는 풀은 라텍스를 썼고, 본창을 붙이는 데는 노테이프를 썼습니다. 둘 다 냄새가 지독하고 몸에 해롭습니다. 특히 노테이프는 유기용제인 트리클로로에틸렌이라는 화학 물질이 많이 포함돼 매우 조심해야 하는 풀입니다. 용기에는 다음과 같은 주의 사항이 적혀 있습니다.

"이 풀을 사용할 때는 반드시 환기를 잘해야 합니다. 그렇지 않으면 폐결핵, 알레르기, 신장병, 간장병 등의 병이 생길 수 있으므로 조심해 주십시오."

이를 제대로 알고 있는 하리코나 종업원은 거의 없었습니다. 하리코의 작업장 바로 옆에 창문이 여러 개 있어도 날씨가 덥지 않은 한, 창문을 열고 작업하는 하리코는 거의 없었습니다. 하리코 가까이에 있는 환풍기 세 대를 돌렸지만 충분하지 않았습니다. 그래서 하리코 대부분은 폐결핵, 알레르기, 류머티즘, 협심증, 고혈압 등이 있었습니다.

제조부와 제품부도 하리코 작업장 바로 옆에 있어서 영향을 받았습니다. 화분증 같은 알레르기로 고생한 사람도 있었습니다. 해로운 공기를 많이 들이켜면 병이 생기기 쉬운데, 일하는 사람 대부분이 환기에 그다지 신경을 안 썼습니다.

제조부에서 화분증에 걸린 사람이 셋 있었는데 그 가운데 한 명이 재단부로 옮겼습니다. 재단부에서는 풀을 전혀 안 쓰니, 시간이 지나자 화분증이 나았습니다. 제조부에 계속 있으면서 환기에 별로 신경을 안 쓴 두 사람은 화분증이 더 심해졌습니다.

건강은 스스로 지켜야지 남이 지켜 주지 않습니다. 나는 내가 일하는 곳에서만큼은 최대한 창문을 열어 환기를 잘하려고 했습니다. 이런 유해 작업장은 창문을 얼마나 여닫는지에 따라 환경이 매우 달라집니다.

구두 제조는 이 회사에 와서 처음 해보는 일이었습니다. 그래서 지금까지 별로 쓰지 않던 근육을 부분적으로 많이 쓰느라 근육통이 생겼습니다. 게다가 제조부 일은 힘이 많이 듭니다. 6개월쯤 지나서야 일이 익숙해졌는데 그때까지는 몸 여기저기가 아파 고생했습니다. 특히 팔과 손가락이 심했습니다. 단단한 구두는 구두 속에 든 골을 뺄 때 힘이 꽤 필요합니다. 게다가 뺄 때 마찰이 많이 생겨서, 익숙하지 않은 사람은 손바닥 피부가 벗겨져 고생합니다.

가네타니제화 구두는 대부분 단단한 구두라, 골 넣기와 빼기가 다른 회사보다 더 힘들다고들 했습니다. 가죽 질이 안 좋아서 구김살을 펴는 데도 시간과 인력이 더 들었습니다. 사장은 재료비를 줄이려고 안 좋은 가죽을 사오는데, 그러면 그것을 가공하는 인건비가 더 들어갑니다.

가네타니제화에서 일한 지 석 달쯤 지나 감기에 걸렸습니다. 피로가 쌓인 탓입니다. 이 무렵 일이 바빠 하루에 서너 시간 넘게 잔업을 할 때가 잦았습니다. 아니, 잔업이 없는 날이 없었습니다. 거의 날마다 밤 10~11시에 끝났죠. 많을 때는 잔업만 한 달에 100시간이 넘기도 했습니다. 이때도 감기에 걸려 너무 힘든 날 하루를 빼고는 계속 잔업을 했습니다. 그 전에도 그 뒤에도 그런 적이 없었는데, 이때는 열흘간이나 감기에 시달렸습니다.

사장은 우리 셋째 형과 알았습니다. 두 사람은 같은 조총련계 상공회 회원이었습니다. 내가 한국에서 감옥살이한 것도, 구두창 목형 모델 제작 기술자라는 것도 잘 압니다. 앞으로 개발하는 새로운 구두 제조에 가죽을 잘 깎는 기술자가 필요하다며, 사장이 내게 그 일을 맡아 달라고 했습니다. 목형 모델 제작 기술자

였으니 깎는 기술이라면 자신 있었습니다. 그래서 내가 그 일을
하게 되었습니다.

평소 제조부에서 내가 하는 일은, 구두 갑피와 구두창을 재봉
틀로 꿰매서 붙인 뒤 그라인더 원형 연마반으로 위아래 합친 부
분을 깎아 울퉁불퉁한 부분을 없애고 매끈하게 하는 일입니다.
자칫 갑피 부분 가죽이나 아랫부분 창을 깎기 일쑤라 어려운 작
업이었습니다. 내가 이 작업을 제대로 해내자, 사장은 새로운 구
두를 제조하는 데 내가 쓸모 있겠다고 판단한 겁니다.

이미 입사한 지 석 달이 지났을 때인데 건강보험과 연금 등
보험에 가입되지 않았습니다. 공장장에게 따지니 사장한테서 승
낙이 없었다며 시치미 뗐습니다. 새로운 구두를 제조하는 데 내
가 필요하다고 사장이 판단한 것을 알고서 사장에게 "내가 입사
할 때 공장장이 석 달이 지나면 보험에 가입해 준다고 약속했건
만, 몇 개월이 지나도 해주지 않는데 어떻게 된 겁니까?"하고
물었습니다. 그러자 사장은 깜빡 잊었다며 잠시 뒤 나가타 본사
사무원에게 전화로 지시해 보험에 가입했습니다.

구두 업계에서는 잔업수당을 제대로 안 주는 회사가 많았습
니다. 가네타니제화는 잔업수당을 1분 단위로 매달 합산해 30분
미만 우수리만 빼고 계산했습니다. 잔업 시간 계산은 다른 회사
보다 잘해 주는 셈이었습니다. 그런데 법으로 규정된 잔업수당
25퍼센트 할증은 반영하지 않았습니다. 2015년 초순, 노동기준
감독소가 이를 문제 삼아 각 기업에 시정하라고 지시했지만, 구
두 업계에서 이를 받아들인 기업은 거의 없었습니다.

2015년 3월 어느 날, 사장이 종업원들을 사장실로 부르더니,

4월분부터 잔업수당을 25퍼센트 할증해 지급하겠다고 합니다. 제조 부문 책임자와 사무원은 "사장은 회사가 손해 보는 일을 하는 사람이 아니다. 결코 잔업수당을 올리지 않을 거다"라고 단언했습니다. 10년 넘게 사장을 겪은 사람들이었습니다.

드디어 4월분 봉급이 나왔는데, 금액이 이전 봉급과 별반 차이가 없었습니다. 명세서를 살펴보니 총액은 거의 똑같았고, 명세서 항목만 달라졌습니다. 기본급은 낮추고, 낮춘 금액만큼 가족수당이나 주택수당 등 다른 항목을 새로 만들었습니다. 그래서 봉급 명세서만 보면 마치 잔업수당이 기본급보다 시간당 25퍼센트 이상 인상된 것처럼 돼있는데 완전히 사기입니다. 사장은 노동기준감독소의 압력을 이런 편법으로 넘겼지만, 이런 짓을 하면 종업원의 근무 의욕만 떨어질 뿐입니다.

2018년 1월 말 가네타니제화를 그만두었습니다. 2005년 2월 1일부터 일했으니 만 13년이네요. 요새는 나가타에 구두 일이 쑥 줄었습니다. 중국이나 베트남 쪽에서 값싼 기성 제품 구두가 쏟아져 들어오고 잘 팔리거든요. 그래서 나가타 구두 업계의 80~90퍼센트가량은 무너졌을 겁니다. 가네타니제화도 4~5년 전부터 조금씩 일거리가 줄기 시작해, 내가 그만둘 무렵에는 그렇게 바쁜 일은 없었습니다. 다른 회사는 일거리가 아예 없어 문을 닫아야 했죠.

오랫동안 감옥에서 지내 사회와 공백기가 있는 데다 20~30대에 일을 해보지 않아 아무래도 직장에 적응하기가 좀 어렵지요. 그래도 한번 경험을 쌓으면 될 거라 생각하고 직장을 찾아 나섰습니다. 면접에서 감옥살이했던 일로 딱히 불이익을 받은 적은 없었습니다. 한국 군사정권이 재일 교포를 간첩으로 몰아 인권을 침해한 일은 당시 일본에도 잘 알려졌습니다. 일본 사람들은 그런 건 이해합니다. 내가 간첩이 아니기에 주눅 들 이유도 없었습니다. 교도소에서 영어와 중국어, 그리고 우리말을 공부한 게 직장 생활에 쓸모가 있었습니다.

일하면서는 일 자체가 힘들기도 했지만, 그보다는 직장에서 겪는 사람 관계가 힘들었습니다. 스트레스가 심해 몇 달 만에 일을 그만두기도 했는데, 다른 곳을 가도 마찬가지더군요. 어디에든 힘들게 하는 사람이 있습니다. 게다가 15년 만에 돌아가서 보니, 일본은 전반적으로 환경이 바뀌었습니다. 그전 시대에 비하면 사람들이 좀 차가워졌다고 할까요. 정신 질환도 많아졌다 싶고요. 먹고살기가 더 힘들어진 거죠.

모국 유학 국비 장학생이 되어 한국에 갈 때는 공부 마치고 일본으로 돌아와 민족 차별을 없애거나 노동운동 등을 해보고 싶었지만, 감옥살이하고 돌아오니 어느덧 마흔 살이 되었고, 가장 중요하게 먼저 해야 할 일이 내가 살아갈 기반을 만드는 일이었습니다.

그래도 스무 살 무렵에 먹었던 마음을 버리지는 않았습니다. 내 나름대로 새로운 길을 찾으려고 했습니다. 고베와 오사카에서 일할 때 한통련 효고현 본부와 오사카의 이쿠노 지부에서 재일 교포를 대상으로 우리말을 가르쳤던 일이나, 감옥에서 공부한 의학 공부를 손에서 놓지 않고 이어 나간 것, 옥중 수기를 쓴 것도 내게는 중요한 일이었습니다. 글을 써서 감옥에서 우리가 겪은 부당한 일을 세상에 알리고 싶었습니다.

2. 이 책이 나오기까지

앞서 말했듯이 첫 직장인 메이메이공업을 1997년 12월 말에 그만뒀어요. 이듬해 산업폐기물 회사에 들어가 같은 사장이 운영했던 세 번째 회사, 다쓰노 산업폐기물 임시 보관소에서 일하면서 옥중 수기를 썼습니다. 1998년 봄부터 그만둘 때까지 여섯 달 동안에요.

다쓰노에서는 시간이 많았습니다. 오후 5시가 퇴근 시간인데, 4시부터 할 일이 없었습니다. 같이 일하는 하청업자도 4시면 퇴근해요. 그럼 나는 밖에 나가 한 시간쯤 달리고, 5시에 퇴근합니다. 숙소가 사무실 2층이라 바로 올라가면 되지요.

저녁을 먹고 6시나 7시부터 글을 씁니다. 여섯 달 동안 집중해 날마다 글을 썼습니다. 적어도 하루 서너 시간은 썼습니다. 처음 쓸 때는 생각나는 대로 죽 써나갔습니다. 공책에다 우리말로요. 일본말이 더 익숙했겠지만, 교도소에서는 우리나라 사람들과 우리말로 이야기했고, 기억도 다 우리말로 했으니까요.

옛일을 떠올려 글을 쓰다 보면 좀 괴롭기도 했지만 참아 냈습니다. 힘들더라도 이런 일이 다시는 없게 하려면 그 안에서 보고 듣고 겪은 일을 알려야 한다는 마음이 더 강했으니까요. 다 쓰고 보니 A4 크기 공책 두 권 분량이 나왔습니다.

그런데 공책에 쓴 글은 나 혼자만 알아보는 글이었습니다. 이걸 워드로 옮기면서는 일본말로 썼습니다. 옥중 수기를 다 쓰면 일본에서 출판해 세상에 고발하겠다는 생각이었거든요. 일본말로 워드 작업을 하면서는 공책에 쓸 때 빠진 내용을 채워 넣고,

모호한 부분은 구체적으로 쓰고, 대충 썼던 부분은 더 꼼꼼히 써 나가고, 이렇게 고치면서 완성해 갔습니다.

그 전에 글을 써본 일이 별로 없어서 표현하는 데 어려움을 겪기도 했지만, 여하튼 하는 데까지 해보자고 마음먹고 끝까지 완성했습니다. 직장에 다니면서 글을 정리하는 거라, 다 쓰는 데 2년쯤 걸렸습니다.

그러고 나서 아사히신문 학예부 오토다니 다쓰오 기자에게 연락했습니다. 내 사건에 관심을 두었던 사람이라 잘 압니다. 메일로 원고를 보냈더니, 일기처럼 쭉 쓰지 말고 각 글에 제목을 붙여 다시 정리해야 한다고 조언했습니다. 그래서 글을 나누고 제목을 붙여 가며 다시 정리했습니다.

이제 출판해 보겠다고 일본에 있는 출판사 세 군데에 수기를 보냈습니다. 그런데 모두 '공동 출판'이라면 하겠다고 합니다. 그러면서도 출판계 상황이 좀 어려워 책이 많이 팔릴지는 잘 모르겠다고 해요. 공동 출판 비용으로 저자 측이 200만~300만 엔을 부담해야 한다는데, 우리 돈으로 따지자면 2000만~3000만 원이 되잖습니까. 그럴 만한 여유가 없으니 수기를 당장 내기가 어려웠지요.

그러다 2017년 재심에서 무죄판결을 받았습니다. 지나간 시간이야 되돌릴 수 없겠지만, 거짓을 뒤집어 진실을 밝히고, 오랫동안 해결되지 않은 문제 하나를 이제야 비로소 풀었습니다. 내가 세상에 꼭 하고 싶은 이야기를 20여 년 전에 써둔 걸 조영선 변호사님이 알고는 책으로 내보면 어떻겠냐고 권유했습니다. 그래서 이번에는 다시 일본어로 된 수기를 한글로 옮겨 썼습니다.

기록으로 고발하다

재일 교포들이 우리나라에 와서 그렇게 많이 구속되고 인권을 침해당했는데, 우리가 일본에서 살면서 아무리 어려움을 겪었어도, 한국에서처럼 그렇게 지독한 짓을 당하지는 않았어요. 그 충격이 너무 컸습니다.

나중에라도 책을 써서 고발하겠다고 생각한 건, 서울구치소에 수감되고 몇 달 뒤였습니다. 군사정권이 인권을 침해한 건 분명 범죄 행위입니다. 이를 세상에 밝혀 다시는 이런 일이 생기지 않게 하고 싶었습니다. 군사정권은 자기 사리사욕을 채우려고 국민을 못살게 한 패거리입니다. 자신들이 도둑질하는데 누군가 대들고 비판하면 잡아들여 고통을 준 놈들이지요. 그런데 그걸 너무 지독하게 했습니다. 건달이나 깡패인 거죠.

우리가 겪은 일이 되풀이되지 않으려면 과거에 어떤 부조리한 일이 있었는지, 국가기관이 어떻게 인권을 침해했는지 자세히 알아야 합니다. 수기에는 내가 겪은 일도 기록했지만, 교도소에서 만난 사람들이 겪은 고통도 함께 썼습니다. 거기서 만난 사람은 1950년대부터 1990년대까지, 교도소에 들어온 시기도 달랐고, 조작 과정이나 고문 방법도 달랐습니다. 양심수뿐만 아니라 일반수가 겪은 고통도 컸어요. 내가 그 안에서 만난 일반수는 대부분 우리 사회 가장 맨 아래, 버림받은 사람들이었습니다.

하나라도 더 듣고 싶었습니다. 그래서 어떻게든 말 걸 기회를 만들고, 궁금한 건 물어보았습니다. 감옥 안에는 내가 전혀 몰랐던 사람, 사건, 이야기가 많았습니다. 이런 걸 기록해 세상 사람들에게 전하고 싶었습니다. 나는 바깥세상과 가로막혀 있었지만, 교도소 안에서 세상과 사람을 만나고 배웠습니다.

이름을 기억하다

그 안에서는 종이에 적어 기록하기가 어려워 기억했습니다. 교도소에서 이감하거나 단식하거나 감형되거나 사면되는 일들은 거의 다 특별한 날에 이루어집니다. 예를 들어 사면은 대개 대통령 취임식이나, 삼일절, 광복절 같은 때에 됩니다. 전국에 있는 교도소에서 양심수들이 함께 단식할 때도 이런 날이나 5·18 광주 항쟁 등으로 잡으니 기억하기 쉽습니다. 그리고 보통 이런 때 앞뒤로 이감하면, 무슨 날 며칠 전 어디로 이감했다는 식으로 기억하면 날짜를 안 잊지요. 5월 16일에 이감 간다 그러면, 박정희가 쿠데타를 일으킨 날, 이렇게 연관 짓습니다.

1981년 10월 제 사건이 발표될 때 텔레비전에서 방송을 엄청나게 했습니다. 뭐라고 했냐면, 김태홍이 조선노동당에 입당하고, 요새 일어나는 일련의 학생운동을 뒤에서 조정했다고요. '지금 데모는 간첩의 지시에 따라 일어나니 참가하지 말라'는 뜻입니다. 대부분의 간첩 조작 사건이 이런 내용을 유포하지요. 민주화를 바라는 학생들과 시민들의 움직임을 간첩 소행인 것처럼 해서 차단하려고요.

재판에서 아무것도 아닌데도 사형부터 선고하는 것도 마찬가집니다. 당시 정권은 사형을 선고해 사람들에게 공포를 불러일으키려 했습니다. 사형을 선고받은 사람만이 아니라, 그걸 신문과 방송으로 보는 시민에게 '봐라, 우리한테 대드는 놈들은 죽이겠다'는 걸 보여 주려고요. 그래야 함부로 정권에 대들지 않을 테니까요. 이게 간첩 사건의 속사정입니다.

진짜 국가 기밀을 탐지한 교포들은 아마 없을 겁니다. 간첩이라면 국가 기밀을 탐지해야 합니다. 그게 없는데 간첩질을 했다는 건 날조죠. 저들이 내가 국가 기밀을 탐지했다며 내놓은 장소는 죄다 재외국민교육원에서 모든 비용을 대고 우리를 데리고 다닌 수학여행지입니다. 일을 겪고 보니, 이렇게 나중에 간첩으로 만들려고 일부러 그런 데를 데리고 다녔나 싶기까지 합니다.

보안사 수사관이 쓰는 「수사일지」가 있습니다. 오늘 저녁에 수사했다면 윗사람에게 보고서를 올립니다. 그러면 윗사람이 확인하고 다시 지시합니다. '여기에다가 이러이러한 거를 더 알아보고 보고하라.' 여기서 이러이러한 게 뭐냐면 바로 '국가 기밀을 탐지했다'는 것, 다시 말해 간첩 행위라는 겁니다. 그것을 확인해 보라는 게 아니라, 추가로 적으라는 겁니다. 그 지시를 따라 조작합니다. 그리고 결국 나는 수사관이 작성한 걸 그냥 베껴 쓸 뿐입니다.

나를 납치하러 온 사람 중에 기억하는 이름은 정인덕입니다. 이 사람은 재일 교포인데 보안사에 잡혔다가 회유당해 공작과에서 일했습니다. 이 사람 이름을 어떻게 알게 되었는지는 모르겠는데 기억했습니다.

수사과에는 수사관이 세 명 있었습니다. 장병화, 고병천, 강병덕입니다. 절대 내 앞에서 서로 이름을 부르지 않았습니다. 자기들이 하는 일이 불법이니 이름도 알려지면 안 되죠. 그런데 우연히 세 사람 이름을 알게 되었습니다. 장병화와 고병천은 보고서가 펼쳐져 있어서 이름을 보았습니다. 무슨 무슨 준위라고 적혀 있었습니다. 장병화 이름은 제대로 보았지만, 한순간 살짝 봤을 뿐이라 고병천은 고병창으로 기억했습니다. 나중에 김병진이 쓴 『보안사』를 보니 고병천으로 되어 있더군요. 그 이름이 맞습니다.

그리고 남은 한 사람 강병덕은 장병화가 말해서 알았습니다. 어느 날, 장병화가 강병덕에게 뭘 쓰라고 시켰는데 강병덕이 한자를 제대로 쓰지 못했어요. 그러자 장병화가 "강병덕, 이 젊은 새끼 한자도 제대로 모른다" 이리 한 겁니다.

그때도 갑자기 듣게 되어 강병덕이 아니라 강병태로 기억했습니다. 그런데 2015년쯤에 KBS 기자가 재일 교포 간첩 조작 사건으로 우리를 취재하러 와서 이야기하다 보니, 보안사에서 표창장을 받은 사람이 강병덕이라고 합니다. 그래서 강병태가 아니라 강병덕이라는 것을 알았어요.

그 사람들은 간첩을 날조하면서 자기 신분을 철저히 감추고 드러내지 않는 게 원칙이었을 테지만, 그런 틈이 생겼습니다. 보안사 수사관 정인덕, 장병화, 고병창(고병천), 강병태(강병덕), 이 사람들 이름을 어떻게든 기억해 나중에 기록에 남겨야 한다고 생각했습니다. 당시 얼결에 이름을 보고 들어 정확하지 않을 수도 있겠다 싶었지만, 이 이름이라도 기억하고 상황을 기억한다면 나중에 어떻게든 알아낼 거라 생각했습니다. 이 이름을 되풀이해서 계속 기억했습니다. 감옥에 있는 동안 어디에도 적지 않았지만, 한 번도 잊은 적이 없습니다. 내 마음에, 머리에 새겼으니까요.

당시 나를 기소한 검사 이름도 분명히 기억했습니다. 임휘윤

입니다. 검찰청 507호입니다. 506호가 가장 악질 검사라는 정형근이고, 508호가 이정국입니다.

이들뿐만 아니라, 15년간 만난 교도관들의 이름도 기억합니다. 책에는 교도관 이름은 빼고 '성'만 썼지만, 수기 원본에는 이름을 다 적어 놓았습니다. 15년간 만난 양심수와 일반수 이름도 기억합니다. 기록으로 남기는 거니까 일단 이름을 기억하는 게 중요합니다. 그리고 이름과 함께 그 사람한테 들은 이야기를 기억하는 거죠.

예를 들면 유격대로 활동하다 잡힌 이동걸 씨한테 이야기를 들었잖습니까. 그러면 가끔 그 이야기를 떠올려요. 그 사람이 빨치산으로 한 일, 말했던 것을 떠올리는데 그런 건 줄거리가 있으니 좀 외우기가 쉽지요. 운동장을 돌면서, 독방에서 체조하면서도 계속 기억을 되살립니다. 물론 말로 중얼중얼하지는 않습니다. 머릿속으로만 생각하죠. 틈날 때마다 들었던 이야기를 떠올리고 이야기해 준 사람을 떠올리고, 그렇게 이야기를, 이름을 15년 동안 기억하려고, 잊지 않으려고 했습니다.

3. 남은 이야기

가서 눈으로 본 죄

1981년 10월, 보안사가 사건을 발표하기 며칠 전, 보안사 사람이 일본 고베 우리 집에 가서 "김태홍이 부탁해서 왔다"며 내

옷 두 벌을 가져왔습니다. 양복 한 벌과 추리닝 한 벌입니다. 그걸 간첩이라는 증거물로, 북한에서 받아왔다는 증거물로 발표하려고 고베까지 다녀왔습니다. 두 벌 다 내가 일본에서 사 입은 일본 제품인데 말입니다.

보안사 사람이 무턱대고 우리 집에 갈 수는 없으니, 나한테 집에 연락을 시켰습니다. 수사관들이 나를 빙 둘러 에워싸고 수화기를 내밉니다. 신호가 가고, 넷째 형이 받았습니다. 다른 말은 못 하지요. 어떤 말도요. "형, 이러이러한 사람이 집으로 갈 테니까 내 옷을 주라"고 했지요.

확실히는 모르겠지만, 형도 통화하면서 뭔가 좀 이상하다 싶었겠지요. 넷째 형은 워낙 말이 없는 사람이에요. 평소 전화해도 용건만 말하는 성격입니다. 그날 통화도 그랬습니다. 더구나 나는 수사관들에 둘러싸였으니, 아무 말도 아무 눈치도 내비치지 못했습니다. 9월 9일 납치되어 갇힌 지 한 달여 지날 동안, 아무도 내가 여기 있는지 모르는데, 처음 바깥과 연결된, 더구나 집으로 연결된 전화에, 형의 목소리를 듣게 된 전화인데 말입니다. 아무 사실도 말하지 못하고, 도움을 요청하지도 못하고요. 그때 뭐라도 한마디 하면 바로 얻어맞았겠죠.

그렇게 해서 서울로 가져온 내 옷 두 벌은, 간첩이 되어 북한에서 하사받은 증거물이 되고, 그대로 재판에 제출되었습니다. 판사는 옷에 붙은 '메이드 인 재팬'도 확인하지 않았습니다. 검사가 내민 그 증거물을 판사가 직접 들춰만 봐도 알 사실을 그들은 외면했습니다. 손도 대지 않고 멀찌감치서 힐끗할 뿐이었지요. 북한에 다녀왔다는 사실 하나로, 보안사와 검찰, 그리고 재판부 모두 한패가 되어, 나와 연관된 모든 것을 '북한 간첩'의 증거물로 연결하려 들 뿐이었습니다.

나는 실제 북한에 다녀왔습니다. 하지만 저들이 주장하듯이 노동당에 가입하거나, 국가 기밀을 탐지하거나, 일본에 있다는 북한 공작원에게 보고하거나, 한국의 대학생들을 포섭하고 시위를 주동하거나 하지 않았습니다. 북한에 다녀온 건 순전히 형을 만나고 싶다는 이유, 그리고 북한 사회를 눈으로 보며 걸어 보고 싶다는 호기심 때문이었습니다.

큰형과 나는 나이 차이가 20년 납니다. 둘째 형과는 17년이고요. 1962년에 대학생인 둘째 형이 북한에 갈 때가 스무두세 살이었으니, 나는 대여섯 살이었겠죠. 나중에 커서 듣기로, 둘째 형이 북한에 가겠다고 할 때 큰형은 반대했습니다. 아버지도 처음에는 반대했는데 본인이 원한다면 그러라고 하셨죠. 당시는 재일 교포들이 살기도 어려웠고, 북한에서는 취직도 잘되고 살기 괜찮다는 소문이 돌았습니다. 둘째 형은 거기서 재일 교포 여자와 결혼해 자식도 여럿 낳고 삽니다. 지금도 셋째 형 편으로 소식을 줍니다.

워낙 어릴 때 헤어져 기억하는 게 거의 없지만, 그래도 잊지 않는 장면이 하나 있습니다. 어느 날 시장에 함께 갔는데, 둘째 형이 사준 바나나를 맛나게 먹었습니다. 그 기억만 또렷합니다. 추억은 거의 없지만, 언젠가 둘째 형을 꼭 만나고 싶었습니다. 기회가 된다면 꼭 한 번만이라도요. 1981년 1월 북한에 갔지만 둘째 형은 못 만났습니다. 일정이 안 맞았나 봅니다. 자세한 사정은 모르니 그리 생각했습니다.

일본에서 조선학교 학생들은 수학여행으로 북한에 다녀오기도 하고, 일본 사람들도 자유롭게 북한 여행을 다녔습니다. 형을 보고픈 마음도 컸지만, 북한을 직접 눈으로 보고 싶었습니다. 한국 사회가 반공이 철두철미하다 보니 오히려 호기심이 더 생겨났습니다. 대체 북한 사회가 어떻기에 반공이 이리 심한지 알고 싶었습니다. 일본에서도 북한을 알기에는 제한이 많았습니다. 책을 읽거나 이야기를 들어 아는 것과 직접 보는 것은 다르니까요.

북한 사회 전반을 알고 싶다는 호기심, 욕망이 커져 갔습니다. 내 눈으로 길거리를 다니는 사람들의 표정을 보고 싶었습니다. 게다가 보고 싶은 친형이 그곳에 있었으니까요. 내게는 남한과 북한이 똑같은 조국이었으니까요. 물론 내가 거기에 갔지만, 보고 싶은 것을 내 마음대로 보는 건 아니었지요. 그곳에서 안내해 준 것만 보니까요.

당시 북한은 지하철 시설이 잘되어 있었습니다. 한 100미터, 더 깊은 건 200미터가량 되었습니다. 일부 목욕탕이나 헬스 시설도 좋게 만들어 놓았는데, 생활용품은 좀 뒤떨어지는 편이었습니다. 변기는 일본 제품인 토토를 쓰더군요. 그러니까 생활면에서는 그때까지 다른 선진국에 비하면 많이 떨어졌지요. 직접 가서 눈으로 보니 느끼는 게 많았습니다. 하지만 이 때문에 나는 간첩으로 몰려 15년을 갇혔습니다.

감옥이라는 시간과 공간

1981년 10월 13일 보안사가 언론에 사건을 발표해 드디어 우리 가족이 내가 어디에 있는지, 무슨 일이 있는지 알았습니다. 하지만 11월에 가족과 변호사의 조력을 받기 전까지는 여전히 모든 걸 혼자 감당해야 했습니다. 운동도 접견도 죄다 금지되었는데, 명백히 불법이고 인권침해였습니다. 납치, 불법 구금, 고문, 접견 금지를 거치면서 생각했습니다. '내가 여기서 무슨 말을 해도 어차피 이 사건을 조작하고, 진실을 봉쇄하고, 전부 거짓으로 꾸민다. 재판이 열려도 그건 연극이 될 거다.' 사법부도 언론도 믿을 수 없었습니다.

변호사가 신문을 가져와 사건 기사를 보았는데, 조직도를 그럴듯하게 만들어 놨습니다. 조총련에서 일하는 사람들이 북한 공작원이 되었더군요. 일본에서 길거리를 걷다 보면 조총련 사람을 흔하게 만납니다. 나만 해도 형님이 조총련 간부인데요. 한집에만도 아버지는 민단, 딸은 조총련일 수 있습니다. 조직도 속의 두 조총련 사람 이름은 실재하지만, 공작원이라는 것은 거짓이고, 보안사에서 실제 잡아오지도 않았고, 조총련 활동이 일본 법을 위반한 게 아니니 잡아오지도 못할 사람들입니다. 나는 조직도 가장 가운데에 놓여 그 아래 같은 과 친구들을 포섭한 간첩이 되었습니다. '

사람은 어려울 때 참모습이 나옵니다. 어려울 때 자기만 빠져나가려고 수사기관에 협조하고 날조에 협력하며 배신하는 사람도 있었습니다. 보안사 수사관은 자기네 말을 들으면 감옥에 안 가도 되고, 다른 사람을 불면 앞으로 일이 잘 풀릴 거라며 회유합니다. 자기만 살고 다른 사람을 감옥에 집어넣는 데 협력하는 건 아무래도 마음에 가책되는 일인데, 그런 일에 태연한 사람도 있습니다.

나는 그러지 말자 다짐했습니다. 나만 살자고 다른 사람을 배신하고 모함에 빠뜨리는 인생은 보내지 말자고요. 비록 밖으로 일찍 못 나간다고 해도 당연히 내 양심은 지키자고요. 자기만 살자고 다른 사람한테 피해를 주면 나중에 비참한 인생이 될 뿐이라고 생각했습니다. 물론 당시 양심을 지킨 사람이 더 많았습니다. 떳떳하게 사는 길을 더 많이 선택했죠.

무기가 확정되고는 '언제 나가나. 살아서 나가게 될까' 하는 막연한 생각도 했습니다. 그런데 몇 년 살다 보면 감옥 생활에도 익숙해집니다. '여기 갇힌 사람들 언젠가는 다 나간다. 정치적인 상황에 따라 좀 빨리 나가기도 하고 늦어지기도 하겠지만, 언젠가는 나간다'고 확신했습니다. 1988년 사면에서 20년 형으로 감형되고는 일단 안심했습니다. 무기에서 유기로 바뀐 데다, 벌써 7년을 살았으니까요.

교도소에서는 재소자가 받는 대우가 괜찮을 때도 있고, 탄압받을 때도 있고 때마다 달라졌지만, 내가 세운 계획을 생각하며 버텼습니다. '감옥살이를 몇 년 하든, 나가서 내가 하고 싶은 일을 더 잘하게끔 준비하자.' 살아 나가서 인권침해를 폭로하리라 마음먹었으니까 이 시간을 유효하게 써야 했습니다. 감옥에 갇힌 시간은 길었지만, 실망하지 않았습니다.

나는 많은 사람과 연대했고, 지금도 여러 사람과 만나 좋은 관계를 맺고 있습니다. 감옥에 갇혔어도 혼자가 아니었습니다. 다른 양심수들이 있었습니다. 밖에서 보는 사람들은 감옥 안에 있는 재일 교포를 낯선 데 와서 사정도 잘 모르고 외롭고 고생한다고 불쌍하게 여기기도 했겠지만, 그건 잘 몰라 그렇습니다. 물론 고생은 했지만, 그것 말고도 그 안에는 다른 게 있었습니다.

그 안에서도 민주화 투쟁을 했습니다. 우리가 빨리 나가려면 사회가 민주화해야 하고, 당장 교도소 안에서 받는 처우를 고쳐 나가야 했으니까요. 그럴 때는 서로 이해관계가 맞으니까 단결해서 함께 싸워 나갔습니다. 한 번씩 처우 개선 투쟁을 하고 나면 사람들이 깨닫는 게 많았습니다.

뒤돌아보면 감옥 안에서 지낸 시간이 길게만 느껴지는 것도 아니었습니다. 그 안에서도 시간이 느리게만 가지는 않았습니다. 할 일이 많았으니까요. 할 일이 없는 사람에게는 그 시간이 무척 느리고 길 테지만요. 물론 나도 고될 때는 길게 느꼈겠지요. 끝나고 보니까 '뭐, 어느새 지나갔구먼' 하는 느낌도 들었습니다.

감옥에서는 물론 출소한 뒤에도 꾸준히 의학·수학·물리학·생물학·화학 공부를 했습니다. 2018년 12월 일본에서 『대부분의 병은 스스로 해결할 수 있다』라는 책을 냈습니다. 지금 의학계 치료에서 잘못된 부분이 뭔지, 개인은 어떻게 대처해야 하는지, 병원에서 엉터리로 치료할 경우 어떻게 알아채고 대처할지 이런 내용을 담았습니다.

보안 관찰 처분

석방되어 서울에서 열흘가량 머물다 부산에 사는 사촌 형 집으로 갔습니다. 대구교도소로 면회 와주었던 형이죠. 이 형도 오래전에 조총련 사람을 만났다는 이유로 고초를 겪었습니다. 그 조총련 사람은 바로 우리 큰형입니다.

1970년도에 오사카에서 엑스포70(일본 만국박람회)이 열렸습니다. 이때 이 형과 울산에 사는 사촌 형이 엑스포를 보러 놀러 왔습니다. 우리 큰형 집에서 자기도 하고 형이 구경도 시켜 주고 먹을 것도 사주고 용돈도 주고 그랬습니다. 두 형이 한국으로 돌아갈 때, 큰형은 사정을 아니까, 한국에 돌아가면 여기에 다녀온 거나 형을 만난 이야기를 남들에게 하지 말라고 주의를 줬습니다. 조총련 사람을 만난 사실 하나만으로도 죄를 만들어 내는 걸 아니까요.

그런데 이 형들이 구경한 걸 자랑하고 싶었나 봅니다. 그 얘기를 들은 누군가가 경찰에 신고했습니다. 두 형은 1~2년 실형을 살았죠. 한의사였던 부산 형은 석방 뒤에도 그대로 일했지만, 시청 공무원이었던 울산 형은 해고당하고 실형을 살았습니다. 내가 아직 구속되기 전, 방학에 울산 형네 놀러 가면 형이 차갑게 대했어요. 대신에 형수님이 잘해 주었죠. 그런데 내가 15년 감옥살이를 하고 나와 울산 형을 만났더니 예전과 달리 나한테 무척 잘해 줍니다. 형도 감옥살이를 해봐서 15년을 산 내가 안쓰러웠던 거죠.

감옥에 갇힌 기간은 다르지만, 두 사촌 형이나 나나 살면서 전혀 예상치 못한 일을 겪기는 마찬가지입니다. 어처구니없지만, 우리 사회가 지나온 시간이 그랬습니다. 지금은 많이 달라졌을까요? 석방은 되었지만, 완전히 자유로워지지는 않았습니다. 간첩죄나 〈국가보안법〉 위반으로 감옥살이한 사람은, 감옥 안에서나 출소하고 나서도 요시찰이 됩니다. 세상으로 나왔다고 해도 여전히 창살 없는 감옥에서 지내는 걸 의미합니다.

〈국가보안법〉으로 구속된 사람이 출소하면 지역 경찰서에 가서 수속을 밟아야 합니다. 당분간 부산 사촌 형네 집에서 지내니까 부산 동래경찰서를 찾아갔습니다. 어느 경찰관이 안내해 보안과 보안1계로 갔습니다. 거기서 나를 담당하는 형사를 만났습니다.

석방되고도 경찰은 계속 우리를 감시했습니다. 부산에서 한 달쯤 있다가 서울 친척집으로 간다고 하니, 그 전에 검사와 만나야 한다고 담당 형사가 그래요. 그가 지정한 장소로 가서 검사를 만났습니다. 검사는 나한테 사상과 동향을 물었습니다.

그 뒤 일본으로 가기 전까지 서울 마포구에 사는 사촌 누나와 외오촌 조카 집에서 지냈는데, 이때도 마포구에 있는 경찰서에 담당 형사가 있었습니다. 마포구를 관할하는 담당 검사는 물론, 부산과 서울에서 만난 형사와 검사 이름을 다 수첩에 적어 놓았습니다.

'경찰서로 와라', '검사를 만나야 한다'는 것은 다 내가 감시받는다는 걸 노골적으로 이야기하는 겁니다. '그러니까 일본에 가서 함부로 하지 마라' 이런 뜻이죠.

한번은 부산 형사가 김포공항에서 만나잡니다. 별것 아닌데도 자기가 직접 전달해 줘야 한다면서요. 그것도 다 보안 관찰의 일종이죠. 그런데 형사는 나를 본다는 핑계로 출장비를 받는 데 목적이 있었습니다. 나가 보니, 부인과 함께 와서는 김포 근방에 사는 아들네 집에 간다더군요.

보안 관찰은 일본에서도 마찬가지입니다. 물론 평소에는 의식하지 못합니다. 니시와키에 있는 메이메이공업, 첫 직장에 취직했을 때 일입니다. 사장이 여권을 만들어 오라고 해서 고베 주재 한국 영사관에 신청했습니다. 그런데 영사라는 사람이 한번 와달라고 해서 갔습니다. 그 사람은 내가 어디서 일하는지, 어디에서 살다 어디로 옮겼는지 다 압니다. 내 행적을 꿰뚫는 거죠. 그러면서 하는 말이, 출소한 다른 재일 교포들이라도 무슨 정보가 있으면 알려 달래요. 직함은 영사지만, 하는 말이나 태도를 종합해 보면 안기부에서 파견된 사람이었습니다.

보안 관찰 해지 결정서라는 게 있습니다. 보안 관찰 처분이 끝났다는 걸 알려 주는 종이입니다. 그게 나오기 전까지는 계속 보안 관찰을 한다는 겁니다. 해지되었다고 해도 경찰서에서는 따로 안 알려 줍니다. 이 책에 소개한 최양준 선생도 직접 발품을 팔아 해지 결정서를 찾았습니다. 그래서 나도 2018년 10월에 이 해지 결정서를 찾아보았습니다. 그런데 나는 해지 결정서가 없습니다. 결정서만 찾았습니다. 1996년 12월 30일자로 부산지방검찰청 동부지청 검사가 청구하고 법무부 장관이 승인한 결정입니다. 〈보안관찰법〉 제4조 1항, 제14조 1항을 적용해 보안 관찰 처분에 처한다는 것입니다. 나는 여전히 보안 관찰 중이거나, 아니면 보안 관찰 해지마저도 정부가 잊은 사람입니다.

재심

가네타니제화를 다닌 지 7년이 훌쩍 지난 2012년 8월에 재심을 신청했습니다. 2017년 11월 23일에 무죄가 확정되기까지 모두 5년 3개월이 걸렸습니다. 재심을 개시하라는 판결이 나는 데만도 2년 남짓 걸렸고요. 재심 개시 판결이 늦어진 건, 검사가 사건과 수형 기록을 재판부에 제출해야 하는데 2년 넘게 미뤄서 입니다. 재판을 늦추려는 방해 작전 같았습니다. 재심을 신청하고 처음에는 초조했는데 나중에는 때가 되면 다 될 거라고 느긋하게 마음먹었습니다. 재심에 걸리는 시간은 저마다 다릅니다. 어떤 양심수는 신청하고 1년쯤 지나 확정되었고, 보통은 2~4년 정도 걸렸습니다. 더 늦는 사람은 10년을 가기도 합니다.

재일 교포 가운데 가장 먼저 재심을 신청하고 무죄 확정을 받은 사람은 이종수 씨입니다. 그다음에 이헌치 씨, 윤종헌 씨가 무죄 확정을 받았습니다. 어느 날, 도쿄에 사는 김정사 씨가 나를 만나러 오사카로 와서는 나한테도 재심을 청구하라고 조언했습니다.

재일 교포 간첩 조작 사건 재심을 맡은 한국인 변호인단이 2011년 3월 11일에 오사카로 와서 재일 교포들을 처음 만났습니다. 나는 이때 가지 않았습니다. 오사카에서 유영수 씨가 운영하는 식당에서 양심수 동우회 모임을 주로 했습니다. 1988년에 재일 교포들이 많이 석방되었는데, 이때 나간 사람들이 일본에서 양심수 동우회를 만들었습니다. 나도 1996년에 석방된 뒤 동우회에 참여했는데, 초기에는 1년에 서너 번밖에 만나지 않았습니다. 연말 송년회나 봄철 벚꽃 놀이 등 특별한 일이 있을 때만 모였지요. 그러다 재심에서 무죄도 몇 사람 나오면서 달마다 모였습니다. 재심이 활발해지면서 이때 분위기가 좋았거든요.

그런데 사람들이 모여 회의를 하면 담배를 피우면서 해요. 그게 싫어서 그즈음 한 여섯 달 모임을 안 나갔습니다. 일본은 아직도 식당 실내에서 담배를 핍니다. 결국 회의할 때는 담배를 피우지 않기로 하고 다시 동우회 모임에 나갔습니다. 마침 내가 안 나갔을 때 변호인단이 와서 못 만났고, 그해 여름 조영선 변호사가 다시 일본으로 와서 만났습니다.

이때만 해도 변호사를 만나 상담만 해보려는 정도였지, 재심을 신청하겠다고 마음먹고 나간 건 아닙니다. 그때까지도 우리나라 상황을 정확히 모르니까, 상황을 판단할 수 없었거든요. 잘 모르니까 처음에는 불안하지요. 재심을 신청하더라도 과연 재심이 개시될지 안 될지, 개시된다 해도 무죄가 될지 안 될지 모르니까요. 앞서 신청한 사람들이 무죄 확정을 받았다고 해도 꼭 결과가 같으리라는 보장은 없잖아요. 물론 재판부가 민주적이라면 우리가 무죄를 받는 건 틀림없습니다. 그러나 우리가 워낙 당한 게 크다 보니, 나도 재심을 신청하면 무죄를 받는다는 믿음이 곧바로 생기지는 않았습니다. 의심하게 되죠. '그 사람들이 무죄 확정을 받은 건 우연히 그렇게 된 게 아니냐' 이렇게요.

게다가 보안대는 군 수사기관입니다. 군 수사기관은 민간인을 체포하거나 수사하지 못합니다. 그럼에도 민간인인 나를 납치해 고문·폭행하고 감금했습니다. 당시 서울구치소에서 재판을 받기 전에도 재판부가 민주적이라면 무죄판결이 날 거라고 생각했습니다. 불행히도 당시는 그러지 못했지요. 감옥에 있는 내내 언제든 사회가 민주화되면 이 일은 뒤집히고 바로잡힐 거라고 믿었습니다. 국가 기밀을 탐지하지 않았는데 간첩죄가 성립할 리 없잖습니까. 그 사실이야 감옥에서부터 알았으니까요.

2012년 당시 재판부가 얼마만큼 민주화했는지 잘 몰라 머뭇거렸습니다. 일하는 데 바빠 한국 상황을 잘 모르기도 했지만, 내가 알기로 여전히 〈국가보안법〉이 없어지지 않았어요. 그리고 그때까지도 〈국가보안법〉으로 구속되는 사람들이 있었고요. 안기부가 국정원(국가정보원)으로 이름을 바꿔 계속 있었죠. 뉴스를 보면 2000년대에도 간첩으로 잡힌 사람이 있었고요. 그러니 재판부가 제대로 판결할지 의심스러웠습니다.

그런데 변호사님을 만나 이야기를 들어 보니 한국 사회가 뭔가 그전하고 좀 달라진 듯하고, 내 경우도 무죄가 될 수 있다 하기에 재심을 신청했습니다.

오래 걸렸지만 무죄가 확정되었습니다. 재심에서, 내가 보안사 수사관들에게 고문·폭행당한 사실도 다 인정받았습니다. 내가 증언했고, 친구들도 증언해 주었습니다.

기록도 나왔습니다. 어찌 된 일인지, 나한테 한 가혹 행위 내용이 보안사 기록에 그대로 적혀 있었습니다. 예를 들어 '사흘 동안 잠을 재우지 않고, 강온 양면으로 수사를 진행했다. 어떨 때는 육체적 압박을 가한 다음 이러이러한 협박을 했다'는 기록이었습니다.

어머니가 돌아가시기 전까지 "막내 대신 내가 감옥에 들어가겠다"는 말씀을 자주 하셨다고 형님이 전해 주었습니다. 일본에서 광주까지, 감옥에 갇힌 막내 얼굴을 보러 오셨던 어머니는 내가 하루빨리 나오기만을 기다리다 못 보고 돌아가셨습니다. 국가기관은 내게 없는 죄를 뒤집어씌워 15년을 가두고 36년 만에 무죄 확정을 내렸지만, 어머니는 처음부터 당신의 막내가 무죄임을 알았습니다.

마음에 남은 흔적

감옥살이를 오래했지만, 그 안에서 충분히 운동해 몸은 오히려 좋아졌습니다. 여러 차례 단식했더니 중학교 때 골절되어 가끔 아팠던 무릎도 싹 나았습니다. 몸 건강으로만 보자면 어떤 흔적도 안 남았다고 할까요.

그런데 마음에는 남았습니다. 꿈을 좀 꾸었습니다. 일본으로 벌써 돌아왔는데 꿈속에서는 감옥에 갇혀 '아, 언제 나가나' 하며 고민하는 꿈이었지요. 꿈에서 깨고는 '아이고, 집이구나' 하고 안심했습니다. 이렇게 감옥에 갇힌 꿈을 석방되고도 5~6년은 꾸었습니다. 시간이 지나면서 꿈을 꾸는 횟수가 차츰 줄어들었습니다. 요새는 거의 안 꿉니다. 어쩌다가 한 번씩 꿈에 나올 때도 있지만요. 그리고 요새는 그런 꿈을 꿔도 옛날만큼 고통스럽지는 않습니다. 처음에는 몹시 고통스러웠죠.

특히 감옥에서 꾸었던 꿈은 더 심했습니다. 대부분 얻어맞는 꿈이었으니까요. 광주교도소에서 과민대장증후군에 걸려 몸이 안 좋았을 때는 막 가위눌리고 이상한 꿈을 자주 꾸었습니다. 몹시 고된 꿈이요. 아주 싫은 꿈을 아주 집중적으로 많이 꾸었달까요. 공포에 떠는 꿈이라든지, 죽어서 지옥에 있는 꿈이라든지. 단식할 때는 맛있는 음식을 먹는 꿈을 꿨고요. 꿈에서 맛있는 걸 먹다가 혹시 내가 지금 단식 중 아닌가 하면서 꿈에서 깨요.

그리고 다른 흔적은 불안감입니다. 석방되었지만 아무래도 불안감이 있죠. 앞으로 어떻게 생활해야 하나, 생활 기반을 제대로 만들 수 있을까 하는 불안감이 있었지요. 하지만 그것도 직접 부 딪쳐 나가면서 차츰 없어졌습니다.

감옥에서 본 희망

우리나라 사람들은 정이 있습니다. 사람을 직접 많이 대하다 보면 압니다. 친척들이 나에게 잘해 준 걸 봐도 그렇고요. 정을, 말로는 좀 표현하기 힘듭니다. 친근감도 느끼고 다정하고 그런 건데, 일본에는 정다운 사람이 얼마 없습니다. 약간 쌀쌀하지요. 더 담백하고, 뭔가 지켜야 하는 건 딱딱 잘 지키지만요.

내가 교도소에 있는 동안 바깥에서는 민주화 시위, 노동운동 이 활발했습니다. 우리도 안에서 가만히 있지만은 않았지요. 모 든 운동에는 갈등도 있고 분열도 있고 여러 문제도 있겠지만, 그 래도 우리나라 운동은 죽 발전해 왔어요. 나는 더 좋은 사회를 만들려고 연대하고 투쟁하는 사람들 속에서 희망을 보았습니다. 교도소 안에서부터 느꼈습니다. 한국 사회에서 그렇게 축적된 운 동이 촛불 혁명을 만들어 내지 않았나 생각합니다.

우리 사회가 통일된 사회였다면, 우리가 겪은 사건은 처음부 터 일어나지 않았을 겁니다. 분단이 만든 사건이지요. 앞으로는 남북이 융화해서 서로 이해하고, 더 나아가 통일하면 좋겠습니다. 지금 한 걸음 두 걸음 그 길을 간다고 믿습니다.

다시는 우리처럼 인권을 유린당하는 사람이 없기를 바랍니다. 그런데 우리가 겪은 일만 인권유린은 아닙니다. 예전에도 그랬지만, 여전히 이 사회에서는 힘이 없고 약하고 못사는 사람들, 몸이 불편하거나 가정환경이 좋지 않은 사람들이 안 좋은 대우를 받습니다. 이런 일도 인권유린입니다. 누가 대신하는 게 아니라, 모두 함께 노력할 때 좋은 사회를 만들게 될 겁니다.

부록

조국이 만든 간첩, 김태홍

조영선

이 기록은 체포와 수사 과정, 재판과 형사 재심 과정에서 무고한 재일 동포가 어떻게 정보기관의 먹잇감이 되어 '간첩'으로 창작되는지, 그 과정에서 보안사와 검찰은 무엇을 했고, 법원은 어떻게 판결했는지를 실증적으로 보여 주고자 재판 기록과 보안사 자료 등을 토대로 작성했다. 김태홍에 대한 유죄판결 이후 40여 년이라는 세월이 흘렀지만, 유죄의 증거가 없어서 무죄가 아니라 애초부터 무죄였고, 조국 대한민국의 자유민주적 기본 질서를 위태롭게 하려는 의사나 행위가 전혀 없었음을 밝히기 위해서다.

남한과 북한은 물론, 일본에서도 환영받지 못한 사람들. 재일 동포의 과거와 오늘의 현주소다. 일본에서 나고 자란 재일 동포 2세들은 어렸을 적에는 자신을 일본인과 다르지 않다고 여기지만, 결국 '조센진'이라는 차별과 천대 속에서 살아야 했다. 그러나 한국전쟁 이후 이 같은 재일 동포의 역사는, 일본 정부의 차별보다도 조국이 외면한 데서 기인한다. 다른 재일 동포 간첩단 조작 사건과 마찬가지로 김태홍 사건 또한 대한민국 보안사가 한 사람을 간첩으로 창작하고, 검찰과 법원은 이를 묵인한 부끄러운 역사를 증언한다.

무기징역 선고

김태홍은 1957년 7월 14일, 일본 효고현 고베시에서 고물상에 종사하던 김필도의 6남 1녀 중 막내로 출생한 재일 동포 2세로, 1974년 3월 히가시고베고등학교 야간부 1학년을 중퇴하고, 같은 해 4월 아카스카야마고등학교에 입학했다. 부모와 형제의 영향으로 조국을 알고 싶어 한국 유학을 결심했고, 1977년 12월 서울대학교 재외국민교육원을 수료하고는 1978년 3월 연세대학교 상경대학 경제학과에 입학해 모국 유학 생활을 시작했다.

김태홍은 연세대 상경대학 4학년에 재학 중이던 1981년 9월 9일 오후 4시쯤◆ 하숙집 앞에서 보안사 요원들에게 영장 없이 연행되어, 서울역 인근 2층집 갈월동 보안사 대공처 공작과 분실에서 조명윤·김제식·맹덕제·정인덕 등 수사관에게 조사받았으며, 공작과에서 3주 정도 흐른 뒤 서빙고 보안분실 수사과로 옮겨져 장병화·고병천·강병덕 등에게 조사받았다.

당시 김태홍이 조총련과 연계 사항을 부인하자 보안사 요원들은 고문과 폭행으로 공작원 나카무라의 지령을 받아 유학 왔다는 등의 허위 사실을 진술케 했다. 김태홍은 간첩, 구 〈국가보안법〉, 〈반공법〉 위반, 〈국가보안법〉 위반으로 1981년 10월 14일 구속영장이 집행된 뒤 10월 26일 서울구치소 송치를 거쳐 11월

◆ 「김태홍 검거 공작 진행일지」에 기록된 시각. 실제는 오후 3시 수업에 가려고 10분 전쯤 집을 나섰다가 보안사 요원들과 맞닥뜨렸다.

20일 기소되었다. 결국 무기징역 유죄판결을 확정받아 1996년 8월 15일 광복절 특사로 가석방될 때까지 약 15년, 5455일을 고국의 교도소에 갇혀 지냈다.

보안사의 사찰 공작

「중점대상자 김태홍 내사 및 공작계획」에 따르면, 1977년 8월부터 1981년 9월까지 보안사는 김태홍을 비롯한 재일 동포 유학생들을 프락치인 망원 등을 이용해 내사하고 수사 공작을 했다. 「김태홍 검거 공작 진행일지」(이하「공작 진행일지」)를 보면, 김태홍은 구속영장이 집행된 10월 14일보다 35일 전인 1981년 9월 9일 오후 4시경 보안사 공작과 수사관에게 연행되었다고 밝힌다.

즉, 보안사는 내사와 공작을 위해 김태홍이 거주하는 하숙집 주인과 동네 주부들, 화장품 외판원, 친척, 대학 교수와 교직원, 자동차 보험인, 동아리 친구 등 다양한 계통의 사람들을, 특히 이우○ 등을 협조 망원으로 약 4년 5개월 동안 활용했다. 보안사가 1979년 7월 23일에 작성한 공작서를 보면, 당시 망원으로 해군 보안부대를 통해 망원 선정 대상 이우○의 아버지 이효○ 장군의 협조를 받은 사실이 확인된다. 그리고 보안 유지를 위해 "업무에 협조하고 타인 및 기관(경찰)에게 누설치 않을 것을 서약한다"는 내용의 서약서를 받았으며, 협조 망원에 대한 교육과 임무를 지시한 사실을 「공작 진행일지」에서 확인할 수 있다.

한편 보안사의 수사보고서에는 김태홍을 1981년 9월 20일에 검거했다고 기록되었으나, 보안사령관에게 보고하고 결재받은 「국가보안법 위반 피의 사건 인지 및 동행보고서」에는 1981년 10월 5일에 검거한 것으로 나온다. 다른 한편 보안사가 작성한 「대국민 언론보도문」과 『대공활동사 I』에는 "9. 30. 김태홍 일당 검거"로 기록되었다. 그런데 공소장에는 1981년 10월 14일 서울지방검찰청 임휘윤 검사 청구로 구속영장이 집행되었다고 나타나는데, 이는 당시 보안사 수사관들이 불법 구금 후 35일이 지나서야 구속영장을 발부받은 사실을 은폐하려고 보안사 안에서 자의로 작성한 것으로 보인다.

보안사 대공처 공작과 공작하사관으로 근무하면서, 김태홍 조사 당시 가장 말단 직원으로 조명윤 조사관과 함께 김태홍을 연행했다는 맹학제는, 국방부 과거사진상규명위원회 조사 과정에서 다음과 같이 진술했다. "대공처 내에 1과 대공과, 2과 수사과, 3과 공작과가 있었고, 공작과 내에는 지도계, 우회계(대일계. 문두식·염완돈 소령), 직파계, 군부계가 있었고, 연세대 앞 하숙집에서 1981년 9월 9일 영장 없이 직접 연행했고 35일이 지나 구속한 것은 당시 관행이었고, 갈월동 VIP 원룸에서 조사했다. …… 최경조 1처장이 김태홍 사건에 관심을 많이 가지고 있어서 격려차 방문하고 회식도 시켜 주었다."

전 보안사 수사관 문두식은 국방부 과거사진상규명위원회 조사 과정에서 "김태홍 사건은, 김재규가 1977년부터 보안사로 하여금 민간인 수사를 못 하게 해서 하지 못하다가 1981년 처음으로 검거한 사건"으로 의미를 부여한 뒤, "정식 구속영장이 청구되기까지 35일 걸렸던 것이고 지금으로 따지면 불법이다. 하지만 당시는 인신 구속을 영장 없이 했고, 검찰, 중정(중앙정보부) 모두 관행이었다"면서 불법 체포·구금 사실을 인정했다. 그리고 김태홍 사건 주무 수사관은 김재식, 조명윤 상사, 정인덕 등이었다고 밝혔다. 박정희 군사정권 당시 중앙정보부와 보안사가 경쟁적으로 재일 동포 간첩 사건을 창작했는데, 김재규가 중앙정보부 부장으로 있던 1970년대 후반에는 김재규의 지시로 만들지 못했다. 그런데 10·26 이후 보안사가 그 위세를 회복했고, 김태홍 사건은 보안사가 전두환 군사정권하에서 '심혈을 기울여 만들어 낸' 첫 사건이었던 셈이다.

재일 동포로서 보안사에 연행된 뒤 회유·협박당해 재일 동포 간첩단 사건에 협력한 김병진이 일본으로 돌아가 고백하면서 쓴 책 『보안사』에 따르면 "수사2계는 보안사령부가 가장 신뢰하는 재일 협조망을 포함하고 있었기 때문이다. 그뿐만 아니라 2계 중에서도 반장 고병천 육군 준위 이하 네 명으로 구성된 학원이라고 불리는 팀은, 그들 식의 표현을 빈다면 가장 창작하기 쉬운 재일 동포 모국 유학생을 능숙하게 요리하여 상사의 의향을 만족시켜 온 직접적인 베테랑이었기 때문이다. 1980년대만 하더라도 보안사령부 안에서 이른바 성과라고 불리는 것을 올릴 수 있었던 것은 그들뿐이었다. 고려대학생 이종수 군, 연세대학생 김태홍 군처럼 재일 교포 모국 유학생만이 그들의 먹이가 되었다"면서 김태홍이 보안사의 '공작' 대상이었음을 밝힌다.

이는 민간인에 대한 수사 및 사찰 권한이 없는 보안사가, 당시 중앙정보부 등과 경쟁적으로 재일 동포 사건을 처리하는 과정에서 더 큰 성과를 만들어 내려고 의도적으로 망원 등을 동원해 정보를 위법하게 수집한 뒤, 김태홍과 같은 재일 동포 간첩 조작 사건을 만들어 낸 것이다.

권한 없는 보안사 요원이 체포·구금·수사

당시 〈군법회의법〉(현재 〈군사법원법〉)에 따르면 보안사는 민간인에 대한 사찰·체포·감금·수사 권한이 없다. 즉, 국군 보안사령부는 법령에 의한 방첩부대로서 〈군법회의법〉 제2조에서 언급한 군인, 군무원 등의 〈형법〉상 간첩, 〈국가보안법〉, 〈반공법〉(1980년 〈국가보안법〉 개정에 따라 폐지) 관련 수사 권한이 있었을 뿐, 보안사 수사관들이 '민간인'인 김태홍을 사찰하거나 체포·수사할 권한은 없었다.

김태홍은 1981년 9월 9일 당시 보안사 소속 수사관들에게 하숙집에서 강제 연행된 뒤, 같은 해 10월 14일 발부된 법원 영장으로 구속되었는데, 보안사 수사관들은 수사 권한이 없음에도 법관의 사전 또는 사후 영장조차 없이 강제로 체포했을 뿐만 아니라, 10월 8일에 발부된 영장을 불법 체포한 지 35일 만인 10월 14일에야 구속 집행했다. 35일 동안 불법 체포, 불법 구금한 상태에서 보안사 갈월동 분실과 서빙고 분실에서 자행된 고문 수사로 허위 자백을 받아 내는 과정이었다. 이후 검찰 수사는 보안사가 완성한 공소사실을 확인하는 형식적인 절차에 불과했다.

보안사 수사관들은 김태홍을 체포할 때 영장 제시는 물론 피의 사실 요지, 변호인 선임권과 진술을 거부할 수 있는 권리 등을 고지하지 않았다. 불법 체포·감금되는 동안에 어떤 방어권도 보장받지 못했다. 특히 김태홍에 대한 당시 수형 기록과 위임장을 보면 담당 검사 임휘윤이 구속영장 집행 다음 날인 1981년 10월 15일부터 기소 전날인 11월 19일까지 35일간 접견 금지 조치를 서울구치소에 의뢰했다. 체포되고 나서 70일 넘도록 고립시켜, 가족과의 면회와 서신 왕래를 차단함으로써 고문으로 조작한 사실이 외부에 알려지는 것을 막고, 동시에 자포자기하게 만들려 했다. 한국에 아무런 연고가 없는 재일 동포 처지에서는 혹독한 고문 못지않게 고립감이 절망적으로 다가온다. 재일 동포 간첩단 사건 피해자들이 1심 재판 과정에서 자백하는 것도 그래서였다.

결국 태윤기 변호사는 김태홍이 기소된 1981년 11월 20일 이후인 11월 24일경에야 서울형사지방법원 재판부에 위임장을 제출할 수 있었다. 김태홍도 기소되고 나서 비로소 변호인을 만난 것으로 기억한다고 진술했다.

고문·가혹 행위로 간첩 창작

보안사는 갈월동 공작과 조사 과정에서 공소사실이 일차로 정리되면 조사과가 이를 기초로 서류를 보완했다고 한다. 2007년 9월 16일 김태홍이 진실화해를위한과거사정리위원회에 제출한 이메일 증거 자료에 따르면, 다음과 같은 기억을 진술하고 있다.

여기서 모든 것을 말하지 않으면 너를 죽일 수도 있고 화학약품으로 고문해서 폐인으로 만들 수도 있다고 공포 분위기를 만든

다음 나의 손가락에 볼펜을 대서(손가락 사이에 볼펜을 교차로 넣어서 그 위를) 세게 눌러 고통을 주었다. 손가락이 아주 아프며 되풀이해서 볼펜으로 눌리니 아픔으로 손가락이 마비되었다. 엎드려 버틴 상태에서 발, 발바닥, 엉덩이 등을 몽둥이로 때리기 시작했다. 수사관들은 4~5일가량 협박과 구타를 되풀이했다. 3~4일가량 잠을 전혀 못 잔 것도 아주 힘들었다.

국방부 과거사진상규명위원회에서 수사관 맹학제가 진술한 내용만 보더라도, 당시 보안사 공작과는 수사과와 달리 원래 수사하지 않는 팀이었음에도, '실적'을 쌓아 간부들을 진급시키고자 김태홍을 검거했다. 수사관 문두식의 진술에 따르면 "강온을 겸비해서 수사를 진행한 것은 맞다. 그땐 군대뿐만 아니라 경찰과 검찰 모두 그런 식으로 했다. 당시 물리적·육체적 압박이 전혀 없었다고 말은 못 하겠지만"이라면서 고문·폭행 등 가혹 행위 사실을 간접적으로 인정했다. 그리고 문두식은 김태홍과 관련해 2000만 원 정도의 포상금과 두 명에 대한 정부 훈포장이 있었다고 확인했다. 보안사 내 공작과와 수사과의 공적 경쟁 과정에서 김태홍에 대한 범죄 사실이 처음부터 왜곡·과장되었을 법하다.

당시 보안사 공작과 「공작 진행일지」를 보면, 수사관들은 김태홍이 자백하도록 분위기를 조성한 뒤 회유하면서 신문을 시작했는데, 김태홍이 조총련계와의 연관성을 부인하자 수사관들이 "설득보다는 한 번쯤 육체적인 압박과 아울러 정신적인 긴장을 시키자는 데 합의"했고, 강력 수사관인 조 부장, 맹ㅇㅇ, 박 대리,

김○○ 등 네 명을 투입해 "간단한 육체적 압박과 정신적인 긴장을 주며 자술할 것을 요구하자, 자술할 의사를 표시하였다"고 기재되었다.

그리고 설득 수사관 한 명과 교체 입실해 "스스로 자술치 않을 경우는 항상 고통이 따른다는 얘기와 함께 대상자 설득시키자, 매우 상기된 얼굴 표정을 지으며 자신이 조총련계와 관련되는 모든 사항을 자술하였음"이라고 기록되었다. 또한 「공작 진행일지」에는 조사 기간에 잠을 안 재우며 철야 조사를 한 시간대별 상황과 가혹 행위를 한 정황, 그리고 참고인들을 연행하고 조사한 상황이 상세히 기록되었다.

서울구치소에서도 재판정에서도 만난 수사관

특히 보안사는 단지 수사에 멈추지 않고 이후 검찰 수사와 재판 과정에 이르기까지 공판정에 참관하고 수시로 김태홍을 보안사로 불러 면담하는 등 김태홍의 수사와 재판에 개입했다.

김태홍은 보안사 공작 분실과 수사 분실에서 조사받다가 10월 14일 구속영장이 집행되어 서울구치소에 송치되었는데, 서울구치소에서 작성한 수형 기록 중 「사상동향시찰내용」을 보면 "입소와 동시 1981년 10월 14~19일까지, 1981년 10월 24~26일까지 2차에 걸쳐 보안사령부 수사과에 수사차 신병 인도되어 일단 수사를 종결"지었으며, "11월 2, 3, 5, 6일 담당 검사로부터 취조받고 11월 7일 보안사령부에서 조사받는 등 빈번한 외부 이동"이 있었다고 밝혔다.

즉, 김태홍은 서울구치소로 송치된 10월 14일부터 26일까지 두 차례에 걸쳐 9일 동안 수사를 받았다. 이는 보안사의 불법 구금 기간 이후 검찰의 구속 수사 중에도 김태홍의 의지를 제압해 수사·재판에 영향을 미치려는 의도였고, 실제 고문 등을 당한 김태홍으로서는 보안사의 보복 등이 두려워 진술을 번복하는 데 용기가 필요했다.

또한 김태홍에 대한 공판이 진행되면 보안사에서 법원으로 파견한 연락관 또는 수사관이 공판마다 공판정에 참석해 「공판 동정보고서」를 작성해 보안사에 보고했다. 특히 김태홍에 대한 「공판 동정보고서」는 '일시와 장소, 재판관, 참관인, 재판 동정, 예정 사항' 등이 네 차례 작성되어 보고되었는데, 그중 2차 「공판 동정보고서」를 보면 재판 과정에서 우○○, 박○○이 북한 방송을 청취한 사실이 없다고 부인하자, 검사는 사건 관련자이며 친구인 강○○과 김종민을 증인으로 채택했고, 담당 검사가 보안사에 협조를 요청해 "북한 방송을 같이 청취했다는 강○○과 김종민이 부인하지 않도록 협조를 바라고 있음"이라고 표기되어 있다. 그런데 이런 수사관들의 염원과 달리, 증인들은 부인하는 취지로 증언했다.

김태홍의 수형 기록을 보면 "○ 수사 접견(5회) : 서울구치소(1982. 10. 27. 보안사 수사관 고○○), 대구교도소(1989. 6. 17.~9. 21. 간 4회. 대구 보안부대 수사관 박○○ 외 1명)"라고 기재되어 있다. 결국 보안사는 재판 진행 중에 교도소에 직접 요청하거나 안기부의 협조를 받는 방법으로 서울구치소와 대구교도소에 수감 중인 김태홍과 총 5회의 수사 접견을 통해 보안사에서 겪은 악몽을 되새겨 김태홍이 법정에서 진술을 번복하지 못하도록 공포 분위기를 조성했다.

증거 조작 및 수사 기록 위조

1987년 3월, 보안사가 공작 성과를 자화자찬하려고 직접 편찬한 『대공활동사 Ⅰ』에 따르면 김태홍을 검거하고 2일 후인 9월 11일 13시경 하숙방을 수색해 책상 서랍에서 일화 1만 엔권 13매, 책상 위에 있던 일제 라디오 1대, 헤드폰 1개를 압수했다고 기술했다.

그런데 보안사 수사관들은 결정적 증거가 모자라 공소 유지가 어렵다고 판단해 김태홍의 일본 집에 있는 신사복과 추리닝을 북에서 지급받은 것으로 위장하려고, 보안사 항공분실과 대한항공 지점장 등의 협조를 얻어 사건 발표 10월 13일 10시를 20분 앞둔 시각에 가까스로 도착하게 했다고 언급했다. 추리닝은 북한과 아무런 관계없는 일본산이었지만 보안사가 간첩을 만드는 데 얼마나 열성을 다했는지 보여 준다.

보안사 수사관들이 김태홍에 대해 작성한 피의자 신문조서, 진술서, 그리고 참고인 진술서, 진술 조서 등은 김태홍과 참고인을 불법 체포·구금하고, 고문과 가혹 행위 등으로 얻은 허위 자백을 기재한 것이므로 유죄의 증거로 사용될 수 없다. 특히 김태홍은 나카무라에게 포섭되거나 지령을 수수한 사실도 없고, 북으로부터 지령을 수수하거나 이적 목적으로 금전을 수수한 사실도 없지만, 고문과 협박으로 거의 심신상실 상태에서 허위 진술을 할 수밖에 없었다.

김태홍에 대한 구속영장을 보면, 구속영장 청구일이 '1981년 10월 4일자'로, 청구인이 '국가안전기획부 사법경찰관 수사관 김세중'으로 기재되어 있다. 이는 보안사가 민간인을 체포·수사할 권한이 없으므로 통상 보안사와 안기부 간 업무 협조에 따라 피의자 신문조서, 진술 조서 등 문서상 작성자를 안기부 직원으로 허위 기재했다. 보안사 또한 자신에게 권한이 없음을 인지한 셈이다.

보안사 수사관 문두식도 국방부 과거사진상규명위원회에서 "수사를 마치고 서울지검 공안부 사건과에 서류를 몽땅 들고 가서 접수했다. 공안부하고는 잘 통했다. 보안사에서 모든 수사를 진행했는데 안기부 수사관 명의로 작성한 것은 그게 안기부 조정 통제 규정을 그렇게 만들어 놓아서 그렇다. 우리가 다 만들어 놓고 형식적으로 그렇게 했다"라고 함으로써 보안사에서 수사했지만 안기부 명의로 허위 작성했음을 자인했다.

재판부의 묵인·방조

서울형사지방법원 1심 소송기록 중 2차 공판조서에서 김태홍은 용기를 내어 "수사기관에서 조사를 받을 때 고통을 당했는데 3일간 못 잤으며 약간 얻어맞았으며 나중에는 힘이 들어 수사관이 써주는 것을 보고 진술서를 작성하였다"고 진술했다.

그럼에도 재판부는 고문의 실체에 대해, 그리고 이런 고문이 증거와 진술을 어떻게 왜곡하고 창작했는지 밝히지 않은 채 유

김태홍 간첩단 사건 재판 경과

구분	검사	담당 판사	변호인	재판 진행
1심	임휘윤	김헌무, 최정수, 김병재	태윤기(사선)	• 1981년 11월 20일 기소 • 서울형사지방법원 : 1982년 4월 12일 선고(81고합1145판결), 무기징역(검찰 사형 구형)
항소심	장용수	이정락, 윤전, 신성철	태윤기(사선)	• 서울고등법원 : 1982년 7월 22일 선고(82노1430판결), 검찰 피고인 항소 기각, 무기징역
상고심		이일규, 전상석, 이성열, 이회창	이범호(국선) 태윤기(사선)	• 대법원 : 1982년 11월 23일 선고 (82도2201 판결), 파기환송
파기환송심	김종부	박만호, 고현철, 정호영	태윤기(사선)	• 서울고등법원 : 1983년 2월 17일 선고(82노3192판결), 무기징역
재상고심		정해균, 김덕주, 윤일영, 오성환	태윤기(사선)	• 대법원 : 1983년 5월 10일 선고 (83도665 판결), 무기징역 확정

죄를 인정했다. 법원 스스로 실체적 진실을 발견하는 것을 목적으로 하는 형사 사법절차를 무력화한 것이다. 그뿐만 아니라 보안사에서 시작해 검찰에 이르기까지 불법 체포·감금·폭행 등을 구조적으로 용인함으로써 국가의 위법행위를 완성했다. 많은 재일 동포 간첩단 사건이 보안사와 중앙정보부-안기부, 그리고 검찰과 법원이 상호 묵인·방조하는 가운데 만들어졌다.

진상 규명

2007년 11월 12일, 국방부 과거사진상규명위원회는 김태홍에 대한 조사 결과를 다음과 같이 밝혔다.

① 보안사의 장기간에 걸친 교포 유학생 내사와 수사 공작, 협조

망원 교육 등 일련의 공작 진행 사실, 보안사의 요청에 따른 문교부의 '재일 동포 모국 유학생 명단'과 신상 정보 제공 사실,

② 김태홍은 피의 사실의 요지, 변호인 선임권과 진술을 거부할 수 있는 권리 등을 고지받지 못하고, 영장 없이 보안사로 연행되어 35일간 불법 구금을 당한 사실,

③ 보안사가 이러한 사실을 은폐하려고 검거 일자를 사실과 다르게 기재하여 상부에 보고하였고, 수사 서류에도 조작된 날짜를 기재한 사실,

④ 보안사가 강력 수사관으로 하여금 '잠 안 재우기' 등 가혹 행위를 하게 한 증거 문서인 「공작 진행일지」를 확인했고,

⑤ 보안사는 대국민 홍보를 위해 김태홍이 '학생 데모를 선동하고 북한 노동당에 가입했다'고 확인되지 않은 사실을 과장해 언론에 공표한 사실,

⑥ 검사의 '과도한 접견 금지' 조치는 가족과의 서신·접견의 기회를 박탈했고, 이로써 김태홍은 적시에 변호사의 조력을 받을 수 없었고,

⑦ 보안사 수사관이 재판 과정에 참석해 작성·보고한 「공판 동정 보고서」 문건을 통해 불법 구금되어 고초를 겪은 바 있는 김태홍이 자유로운 진술을 하기 어려운 심리적인 압박을 느끼고 자포자기 심정이 될 수 있었음을 확인했다고 밝혔다.

한편 진실화해를위한과거사정리위원회는 2010년 6월 30일 국방부 과거사진상규명위원회의 조사 결과를 토대로 불법 구금과 가혹 행위 사실을 확인하면서 다음 사항을 권고했다.

① 국가는 보안사가 수사 과정에서 행한 위법한 구금과 가혹 행위, 범죄 사실을 과장·왜곡한 점에 대해, 진실 규명 대상자에게 사과하고 화해를 이루는 적절한 조치를 취하는 것이 필요하다.

② 국가는 진실 규명 대상자의 피해와 명예를 회복하기 위해 〈형사소송법〉이 정한 바에 따라 재심 등 상응한 조치를 취하는 것이 필요하다.

왜곡·과장·창작된 공소사실

한편 김태홍에 대한 간첩 사건에서 쟁점이 된 공소사실은 다음과 같다.

① 1973년 6월 교내 서클인 조선문화연구회 가입 후 같은 해 11월 조총련 효고현 본부 학생회에 가입했다.

② 1974년 7월 조선청년동맹 효고현 본부 정치부장 이창렬에게 포섭되어 북한 관련 내용에 대해 사상 교양을 받았다.

③ 1976년 7월 재일 북한 대민 공작 지도원 나카무라(35세가량)에게 북한 주체사상 등에 관한 사상 교육을 받고 포섭되었다.

④ 1977년 3월 남조선 사회의 제반 정보를 수집·보고하라는 지령에 따라 모국 유학생으로 위장·침투했다.

⑤ 1981년 1월 28일 일본 야마구치현 해안에서 북한 공작선 편으로 입북, 평양 근교 아지트에 수용되어 사상 교육을 받은 뒤 1981년 2월 21일 귀일했다.

⑥ 1977년 4월부터 피검 시까지 12회에 걸쳐 국내외를 내왕하여 특전사 위치, 편성, 교육, 기간, 경계 실태와 포항제철 현황, 5·18과 학원가 시위 동향을 탐지·수집·보고했다.

⑦ 연세대생 우○○, 박○○ 등 여덟 명에 대해 포섭 기도했다.

이 같은 사실로 〈형법〉 제98조 간첩, 구 〈국가보안법〉(법률 제549호) 제2조 군사목적 수행, 제6조 잠입·탈출, 제8조 회합·통신 등을 적용해 유죄판결을 했다. 그러나 공소사실 상당 부분은 권한 없는 보안사가 폭행·협박·회유해 거짓 진술한 허위 사실이거나 왜곡·과장되었다.

① 당시나 현재 재일 동포들은 민단이나 조총련계 형제, 친척, 친구 등과 함께 한 지역에서 살기 때문에 이들과 접촉하는 건 자연스럽고 당연하다. 보안사 등 정보기관은 재일 동포의 특수한 사정을 이용해 그들이 만난 사람을 '공작원'으로, 그와 나눈 대화를 '지령'으로, 용돈을 받은 것을 '공작금 수수'로 왜곡·과장했다. 재일 동포 조작 간첩 사건의 공소사실이 대부분 이렇다는 사실은 우연이 아니다.

② 또한 김태홍이 고교 시절 조선문화연구회 활동을 잠시 하거나 나카무라를 만난 것은 사실이나, 소위 조총련 공작원이라는 나카무라는 재일 동포이자 재력가로서 후원자 같은 사람이었고, 조총련에서 어떤 지위나 역할을 맡았는지는 지금까지도 알지 못하고, 공작원이라는 증거도 없었다. 나카무라가 조총련 공작원이라는 증거로 검찰이 제출한 영사 증명서*는, 작성자인

영사가 법정에 직접 출석해 그 작성 여부와 나카무라가 공작원임을 증언해야 유죄의 증거가 되는데, 이런 증언 없이 간첩을 증명하는 유력한 증거가 되었다.

③ 김태홍은 오로지 호기심 차원에서, 그리고 형을 만나려고 1회 방북한 사실은 있으나, 지령을 받으려고 간 사실도, 따로 지령을 수행한 사실도 없으며, 이런 취지에서 금전을 수수한 바도 없다. 북의 비협조로 형을 만나지도 못했다. 특히 보안사가 1981년 10월 13일 다양한 매체를 이용해 김태홍이 북한 노동당에 가입했다는 듯 언론에 보도했으나, 국방부 과거사진상규명위원회 발표와 같이 보안사가 조작했음을 알 수 있다. 증거법칙상으로도 방북한 사실, 지령, 금품 수수 운운에 대해서는 김태홍의 자백만 있을 뿐 보강증거가 없기에 이를 유죄의 증거로 인정할 수도 없다.

④ 당시 김태홍은 가정환경이 어려워 고등학교를 졸업하고 힘들게 유학 생활을 했기에 나카무라에게 받은 돈은 공작금이 아니라 가끔 만날 때마다 선물 구입 비용, 생활비 등으로 조금씩 받은 용돈에 불과하고, 그 또한 소액이었다. 그런데 이것이 엄청난 고액의 공작금으로 왜곡·과장되었다.

⑤ 포항제철, 현대조선, 철원 땅굴 등에 대한 '국가 기밀'은 서울대 재외국민교육원 당시 산업 시찰 과정에서 교육원생 누구나

◆ 일본 주재 한국 영사관에서 발급했다. 영사관은 조사 권한이 없음에도 안기부의 요구에 따라 관행적으로 발급했으며 재일 동포 간첩 조작에 활용되었다.

보고 들은 것이고, 김태홍이 수집했다는 서울 교통 상황, 술집과 다방 분위기, 시내 중심부 건물 상황, 시민들의 표정 등은 단순히 서울 생활에서 보고 느낀 것일 뿐, 국가 기밀이라고 말할 수 없는 유치한 것이었다.

김태홍에 대한 공소사실은 당시에도, 수사 권한이 없는 보안사 수사관들이 폭행·협박으로 과장·왜곡하고 창작한 허위였으며, 김태홍의 유일한 자백에만 근거했기에 보강증거 없이 유죄로 인정할 수도 없었다. 그럼에도 '인권의 최후 보루'여야 할 법원마저 이런 내용을 유죄로 인정했다.

무죄를 위한 5년여 장정

김태홍 재일 동포 간첩 조작 사건은 2012년 8월 16일 형사 재심 청구서를 접수한 뒤 2년 10개월 만에 어렵게 재심 개시가 결정되었다. 그러나 검찰이 즉시항고를 신청해 다시 9개월가량 지연되었다. 결국 대법원이 재심 개시 결정에 대한 즉시항고를 기각함으로써 2017년 6월 15일 서울고등법원 무죄판결에 이어, 2017년 11월 23일 대법원에서 최종 무죄가 확정되었다. 재심 청구서를 제출한 지 5년 3개월 만이었고, 영장 없이 체포된 지 36년 2개월 만이었다. 서울고등법원(제10형사부)은 형사 재심 사건(2012재노52)에서 다음과 같이 판결했다.

① 피고인과 나카무라라는 인물의 접촉, 통신 등의 경위, 피고인

의 입북 경위 등에 관해 검사가 제출한 증거들은 대부분 증거
능력이 없고, 증거능력이 있는 경우라도 한국과 일본에 왕래
한 사실, 학교생활, 교우 관계 등을 인정할 수 있을 뿐이다.

② 피고인이 북한 등의 지령을 받아 국가 기밀을 탐지, 수집하기
위해 출국, 입국하였다는 점에 관해 뚜렷한 증거는 없다.

③ 포항종합제철이나 현대미포조선 등의 산업 시설과 제2 땅굴
등을 단체로 견학하고, 친구들과 대화 나누거나 신문 기사나
라디오방송 등을 통해 보고 들어 아는 정보는 대한민국의 안
전을 해할 정도로 우려가 있어 기밀로 보호할 실질 가치를 가
진다고 보기 어렵다.

④ 남북한 경제 등에 대해 의견을 밝힌 것으로는 대한민국의 존립
안전이나 자유민주적 기본 질서에 실질적 해악을 끼칠 명백한
위험성이 있는 것으로 보기 어렵다.

⑤ 피고인이 전공 분야인 경제학에 관한 연구를 위하여 공산주의
경제 이론과 관련된 서적을 취득한 것만으로는 이적利敵 목적
이 있었다고 보기 어려운 점 등을 비추어, 나머지 증거만으로
는 합리적 의심을 할 여지가 있을 정도로 증명되었다고 보기
부족하고, 달리 이를 인정할 만한 증거가 없다.

검찰이 다시 자동 상고했지만, 대법원도 2017년 11월 23일에
선고한 판결(2017도10262)에서 원심이 "공소사실이 범죄의 증명
이 없다고 보아 이를 무죄로 판단한 것은 정당하고, 거기에 상고
이유 주장과 같이 논리와 경험의 법칙에 반하여 자유심증주의의
한계를 벗어나거나 불법구금, 가혹행위, 증거능력, 증거의 증명력,

기밀성에 관한 법리를 오해하는 등의 잘못이 없다"고 판단했다.

창작된 판결을 뒤집는 데 너무 오랜 세월이 흘렀다. 법원이 증거법칙상 이유를 들어 무죄를 선고했지만, 영장 없는 체포와 고문에 의한 것임을 인정한 점에 비추어, 애초부터 유죄를 인정할 공소사실이나 증거는 없었다. 즉, 애초부터 무죄였다.